정부의 미래지향적 인사 혁신을 위한 제4차 인사행정혁명

인사비전 2045

정부의 미래지향적 인사 혁신을 위한 제4차 인사행정혁명

인사비전 2045

초판 1쇄	2016년 11월 24일
2쇄	2017년 02월 07일

지은이	인사혁신추진위원회
	인사혁신처
	인사혁신처장 김동극
	인사혁신처차장 박제국
	인사혁신국장 최재용
	인사혁신기획과장 이정민
	인사혁신기획과 배원초, 이소영
발행인	김재홍
편집장	김옥경
디자인	박상아, 이유정, 이슬기
마케팅	이연실

발행처	도서출판 지식공감
등록번호	제396-2012-000018호
주소	경기도 고양시 일산동구 견달산로225번길 112
전화	02-3141-2700
팩스	02-322-3089
홈페이지	www.bookdaum.com

ISBN	979-11-5622-253-8 13350

CIP제어번호	CIP2016028901
	이 도서의 국립중앙도서관 출판도서목록(CIP)은 서지정보유통지원시스템 홈페이지 (http://seoji.nl.go.kr)와 국가자료공동목록시스템(http://www.nl.go.kr/kolisnet)에서 이용하실 수 있습니다.
발간등록번호	11-1760000-000023-01

PERSONNEL MANAGEMENT VISION 2045

정부의 미래지향적 인사 혁신을 위한 제4차 인사행정혁명

인사비전 2045

| 인사혁신추진위원회·인사혁신처 |

지식공감

인공지능 시대에도 결국 '사람'이 모든 문제를 해결할 것이다!

    얼마 전에 있었던 구글 딥마인드Google DeepMind가 개발한 인공지능 컴퓨터 바둑 프로그램 알파고AlphaGo와 프로 바둑 기사 이세돌의 세기적 대국 이후 인공지능과 미래 환경 변화에 대한 관심이 급격히 늘어났다. 예상보다 빠른 인공지능 시대의 도래에 대한 장밋빛 전망과 더불어 이에 따른 걱정도 동시에 생겨났다.

    미래는 글로벌 저성장 경제 환경 고착화, 고령화, 기후변화로 인한 기상이변과 자연재해 증가, 에너지 수급 불안, 스마트 기기의 발달, 저물가, 저금리, 소비 위축, 투자 부진, 소득 불평등, 규제 강화, 일자리 감소 등등 구조적이고 획기적인 변화 요인들로 인해 현재와 전혀 다른 모습으로 급변할 것이라고 예상되며, 또한 이런 큰 변화의 흐름 속에서 각 개인에게 미칠 영향에 대한 불확실성이 불안감을 안겨준다. 그러나 너무 우울해 하지는 말자. 미래는 고정불변이 아니다. 현재의 우리가 준비해서 미래의 변화를 이끌어갈 수 있는 가변적인 것이므로 선제적으로 대응하고 준비한다면 불확실성에 따른 불안감은 상당수 해소할 수 있다. 아니, 어쩌면 우리에게 새로운 기회가 될 수 있을 것이다.

그렇다면 이런 대대적인 혁명적 변화 속에서 우리의 미래 정부는 어떤 모습을 하고 있을까? 미래 변화에 대응하기 위해서 과연 우리는 어떤 준비를 해야 할까? 미래의 공무원은 어떤 역할을 할 것인가? 앞으로 20~30년 후 정부의 동력으로서 능력을 발휘할 수 있는 우수한 인재를 선발하고, 그들의 관리는 어떻게 해야 할까? 다행스럽게도, 이런 의문에 대한 해답을 우리의 과거와 현재의 모습 속에서 찾을 수 있다. 즉, 과거에 대한 반성과 성찰을 통해서 우리의 미래지향적 정부의 모습을 꽤 정교하게 그려볼 수 있다.

　　이러한 고민들을 바탕으로 대한민국 공무원의 인사를 담당하고 있는 인사혁신처는 관련 학계는 물론이고 민간의 학자들과 함께『정부의 미래지향적인 인사혁신을 위한 인사비전 2045』연구용역[1]을 진행했으며, 이 결과물을 바탕으로 이 책『인사비전 2045』를 발간하게 되었다.

　　『인사비전 2045』에서는 2045년 국내외 미래 환경 변화에 영향을 미치는 요인을 사회, 기술, 경제, 정치, 인구, 환경, 자원 등 각 분야별로 나누어 분석하고, 이를 통해서 인사제도에 주는 시사점을 도출했다. 또한, 역사적 맥락에서 인사제도 패러다임의 변화상을 분석하고, 미래 정부와 인사제도의 역할을 숙고해 보았다. 마지막으로, 2045년 미래 환경 변화에 따른 이상적인 인재상과 필요한 인재의 선발 및 교육훈련 등 관리 방안을 모색하고, 변화하는 미래 행정수요에 대응한 인사 혁신 세부 실천 전략을 마련했다.

1　주관 연구기관인 한국행정연구원과 카이스트 문술미래전략대학원, 인사혁신추진위원회 등이 참여하여 2015년 8월부터 2016년 8월까지 문헌 연구, 해외 사례 비교 조사, 전문가 자문회의, 델파이(delphi) 조사 등을 실시했다.

미래는 우리가 지나온 과거보다 더 빨리, 더 복잡한 양상으로 우리에게 다가올 것이다. 하지만 아무리 앞으로 인공지능 시대가 온다고 하더라도, 결국 다가올 미래의 변화를 준비하고 실천하는 것도 '사람'이며, 문제를 해결할 수 있는 것도 당연히 '사람'이다. 즉, 모든 고민의 답은 결국 '사람'으로 귀결되며, '사람의 변화'를 통해 그 변화를 선도할 수 있다. 따라서 우리가 미래지향적 정부 인사 시스템을 마련하여 미래의 변화를 주도해 나간다면 불안한 미래가 아닌 기대로 가득 찬 멋진 신세계를 분명히 맞이할 수 있을 것이다.

차례 contents

차례 contents

Part 4
인사 혁신 **방향**과 실행 **과제**

차례 contents

Part
1

혁신을 요구하는
미래의 환경 변화

CHAPTER 1

2045년 국내외 미래 환경 변화 전망

21세기에 접어들면서 한국 사회는 지난 반세기 동안 겪었던 패러다임의 변화 그 이상의 기술적·경제적·사회적·환경적 특이점에 직면해 있다. 글로벌 경제 위기의 반복, 저성장 기조의 고착화, 기후변화와 기상이변의 증가, 자원 부족 심화, 저출산·고령화 가속화, 과학기술의 융·복합적 발전 등 정책 환경이 급변하고 있다. 각각의 거시적 트렌드들은 그 자체로서 강력한 영향력을 가지고 있으며, 상호작용을 통해 미래의 새로운 도전과 기회를 만들어 내고 있다.

이 장에서는 문헌조사 방법을 이용해 30년 후 미래 사회를 전망하는 해외 학자, 연구기관 및 여러 조사 자료를 바탕으로 정부의 인사제도에 영향을 미칠 요인들을 분석했다. 이 분석은 〈표 1-1〉에서 보듯이 카이스트 문술미래전략대학원이 개발한 미래 사회 변화 분석 체계인 스테퍼STEPPER 방법론을 기본 틀로 적용하고, 미래 인사제도에 영향을 미칠 수 있는 27개 동인을 상세히 예측했다. 스테퍼 분석은 사회society, S, 기술technology, T, 경제economics, E, 정치politics, P, 인구population, P, 환경

Environment, E, 자원resources, R 등 일곱 가지 분야에 있어서 미래의 변화상을 균형 있게 분석하고, 연구 주제와 관련 있는 변화의 핵심동인drivers of change을 찾아내는 기법이다. 스테퍼 분석 결과는 미래 한국 사회에서 발생 가능한 시나리오를 도출하는 데 기본적인 자료가 된다.

〈표 1-1〉 스테퍼(STEPPER)별 미래 환경 변화에 영향을 미치는 요인

분야	미래 환경 변화	번호
사회(S) (society)	① 지역·계층·세대 간 갈등 ② 경제적·신체적·정신적 양극화 심화 ③ 사회적 역동성 상실 가속화 ④ 전 지구적 문화의 동기화	사회1 사회2 사회3 사회4
기술(T) (technology)	① 클라우드, 빅데이터, 사물인터넷, 가상현실, 증강현실 ② 인공지능, 로봇, 드론, 자율주행차 ③ 바이오기술, 나노기술 ④ 에너지저장장치, 양자 컴퓨팅, 3D 프린터	기술1 기술2 기술3 기술4
경제(E) (economic)	① 뉴노멀 시대의 도래 ② 복지 수요의 확대와 재정건전성 악화 ③ 부동산 거품 붕괴 및 가계부채 증가 ④ 실업률 증가 및 고령 빈곤층 증가 ⑤ 공유경제의 부상	경제1 경제2 경제3 경제4 경제5
정치(P) (politics)	① 다양한 이해집단의 정치 참여 확대 ② 고령민주주의의 도래 ③ 국제적 협력 및 방어체계 증가 ④ 통일을 대비한 행정 기반 구축	정치1 정치2 정치3 정치4
인구(P) (population)	① 저출산·고령화의 급속한 진전 ② 외국 인구의 국내 유입 증가 및 다문화 사회로의 진전 ③ 삶과 죽음의 질에 대한 관심 증가 ④ 1인 가족 등의 다양한 가족 형태의 등장	인구1 인구2 인구3 인구4
환경(E) (environment)	① 기후변화로 인한 기상이변과 자연재해 증가 ② 환경오염과 생물다양성 감소 ③ 판데믹 취약성 증가	환경1 환경2 환경3
자원(R) (resources)	① 에너지·식량·수자원 부족 심화 ② 원자력발전의 지속가능성 및 위험성 증대 ③ 북한을 포함한 한반도 자원 개발의 필요성 증대	자원1 자원2 자원3

1 사회

　사회 분야에서는 30년 후 한국의 사회 변화를 묘사할 때 '지역·계층·
세대 간 갈등'과 '경제적·신체적·정신적 양극화의 심화', '사회적 역동성
상실 가속화', 그리고 '전 지구적 문화의 동기화'를 주요 특징으로 뽑았
다. 그 구체적인 내용과 행정수요의 변화는 다음과 같다.

지역·계층·세대 간 갈등

　미래 한국 사회는 각종 사회 갈등이 지금보다 악화될 가능성이 우려
된다. 첫 번째 이유는, 우리 사회 내부에서 지역 간, 계층 간, 세대 간
갈등을 중재할 사회적 시스템이 취약하고 앞으로 크게 나아질 가능성
도 희박하기 때문이다. OECD 24개국의 사회갈등지수를 비교해 보면,
2011년 기준으로 한국은 5위로 터키, 그리스, 칠레, 이탈리아 다음으로
사회 갈등이 심각하다. 특히 정부의 행정능력을 계량화한 사회적 갈등
관리지수는 조사 대상 34개국 중 27위로 하위권에 머물러 있다한국보건사
회연구원. 2014. 향후 인구구조의 변화로 인한 조세수입의 지속적인 감소세
는 행정조직의 축소를 야기하고, 그에 따라 사회 갈등의 중재자로서 정
부의 위상도 점차 낮아질 전망이다. 사회 갈등을 조정해야 할 정치권의
역할도 생산적이지 못하다는 평가이다.

　두 번째 이유는, 인구구조의 급격한 고령화와 남북 관계 개선에 따
른 부작용 때문이다. 한국은 세계에서 가장 빠르게 인구고령화의 추세

를 따라가고 있다. 2015~2045년 사이 노인부양비율생산가능인구 대비 65세 이상 노인 비율은 17.3%에서 60% 내외로 3배 이상 높아지고, 총인구는 5,000만 명 이하로 떨어질 전망이다통계청, 2015. 이러한 급격한 인구 변화는 필연적으로 사회 갈등을 수반한다.

남북한의 대치 상황은 미래 어느 시점, 즉 21세기 초반에 통일 단계까지는 아니더라도 적어도 관계 정상화로 방향을 전환할 가능성이 크다. 남북이 상호 실체를 인정하고 경제적·인적 교류가 활발해질 경우를 예측해 보자. 한국은 아시아 대륙으로 진출을 가속화하면서 사회 전반에 새로운 변화의 바람이 불 것이다. 반대급부로 이질적 사고방식을 지닌 남북한 국민 간의 대규모 교류, 상시 접촉으로 인한 여러 가지 예상치 못한 사회 갈등도 그만큼 커지고 오랫동안 지속될 전망이다.

한국 사회의 지역 갈등은 그 역사적 뿌리가 깊다. 일제강점기와 해방정국에는 한반도의 정치적 주도권을 놓고 서울과 평양을 중심으로 남북 갈등이 컸다. 한국전쟁이 끝난 이후 경제성장이 본격화되면서 영호남 간의 정치적 갈등이 불거졌고, 민주화 이후에는 수도권과 비수도권의 현격한 도농 간 경제 수준 격차가 사회문제로 떠올랐다. 미래 한국 사회의 지역 갈등 양상을 예측해 보면, 고질적 병폐인 영호남 갈등은 수그러드는 대신, 수도권과 비수도권 간의 격차는 앞으로도 지속될 가능성이 크다설동훈, 2013. 여기에 북한과 관계 개선으로 북한이 실질적 경제 영토로 다가올 경우 지역 갈등은 북한의 지역 간 격차평양 vs 비평양까지 포섭하는 한층 복잡한 구도로 바뀌게 된다. 결국, 우리 사회는 주거 지역에 따라 수도권과 비수도권의 갈등 구도에 평양과 비평양으로 암묵적 서열이 만들어지는 이른바 4단 지역 갈등 구도가 한동안 고착화될 수도 있다.

한국 사회의 계층 갈등은 미래에 더욱 큰 문제로 불거질 전망이다. 대기업 주도의 경제성장이 주는 낙수효과는 사라졌고, 고용 없는 성장에 따른 소득과 부의 편중 현상을 정부가 나서서 적극적으로 개선할 여지도 적다. 일단 확실한 미래 트렌드는 중산층의 비중이 향후 30년간 꾸준히 감소한다는 것이다. 사회 곳곳에서 뚜렷해지는 안정된 일자리의 축소, 은퇴 이후 뚜렷한 수입원 없이 빈곤층으로 편입되는 초고령 인구 증가, 로봇 자동화로 인한 일자리 감소 등을 감안하면 장기적으로 한국 사회의 중심축인 중산층의 점진적 몰락은 피하기 어려울 전망이다. 대중의 정치적 압력에 따라 기본 소득제를 비롯해서 최소한의 생계를 보장하는 사회안전망이 만들어져도 과거 중산층처럼 안락한 삶을 유지할 수준에는 못 미칠 것이다.

청년세대와 노인세대 간의 갈등은 미래 한국의 자연스러운 사회현상으로 고착화될 전망이다. 출산율 저하와 평균수명 연장, 여기에 고용 없는 저성장이 겹치면서 지금까지 한국인들이 경험하지 못했던 세대 간 갈등의 폭풍에 더욱 노출될 것으로 전망된다. 최근 임금피크제 도입을 둘러싼 논쟁은 정부가 추진하는 세대 간 상생정책이 부모세대의 임금소득을 줄여서 자식세대의 고용을 늘리는 제로섬 게임zero-sum game의 프레임에 갇혀 버리는 결과를 보여준다. 더 큰 문제는 한국의 노인세대도 생존을 위한 한국 사회의 제로섬 게임에서 젊은이들에게 양보할 여지가 많지 않다는 것이다. 「노령화사회의 세대 간 정의Intergenerational Justice in Aging Societies」라는 보고서에 따르면, 한국을 노인층과 청년층에 대한 지원이 치우침 없이 공평해서 세대 간 정의가 가장 잘 실현된 나라로 꼽았다Vanhuysse, P., 2013. 경제성장의 기회를 독식해 온 기성세대 때문에 요즘 젊은 세대가 손해를 본다는 사회통념과는 매우 동떨어진 분석이다. 대부분의 복지선진국이 노년층에게 과도한 복지재원을 몰아주면서 청년층이 소외되는 결과를 낳고 있는데, 한국은 노년층에 대한 자원배분이 OECD 평균에 크게 모자란다. 실제로 한국 노령층의 빈곤율은 52.6%로 조사 대상 29개국 가운데 가장 높다. 따라서 노인들이 청년들의 몫을 빼앗는다는 비판은 현실에 맞지 않는다. 결국, 한국 정부의 복지 서비스는 노인과 청년층 어느 쪽도 만족시킬 수 없는 상황에서 초고령화 사회로 진입할 것이고, 사회적 대타협을 이루지 못하면 가까운 미래에 노골적인 세대 간 갈등이 촉발될 가능성이 크다. 노령화에 대한 사회 전반의 부정적 인식 때문에 노년층의 연령 구분도 기존 유엔UN에서 정한 65세가 아니라 70세 이상으로 높아지거나 신체적 나이와 무관하게 사회적 은퇴 여부로 정해질 가능성도 크다.

지역·계층·세대 간 갈등 고조에 대응해 2040년대 정부 조직은 변화한 미래 사회의 인구분포를 적극적으로 반영할 필요성이 제기된다. 예를 들어, 한반도 북부 지역 및 거주민과 관련된 행정수요는 반드시 북한 출신의 공무원, 전문가들이 참여한 가운데 정책 결정과 집행이 이뤄지는 식이다. 또한, 평균수명의 증가와 초고령화로 더욱 깊어질 젊은 세대와 고령 세대 간의 갈등을 완화하려면 정부 조직의 인적 구성을 세대 간 균등 원칙에 맞추라는 압력이 예상된다. 특히 근로 능력을 갖춘 고령 인구의 비중이 대폭 늘어남에 따라 공무원의 정년도 연장하는 것이 불가피할 전망이다. 청년세대를 위한 정책 결정에서 젊은 연령대 공무원의 권한 강화를 제도적으로 보장해야 정부 재원의 세대 간 편향된 집행에 대한 의구심과 논란을 줄일 수 있을 전망이다.

경제적·신체적·정신적 양극화 심화

　미래 한국의 또 다른 특징은 경제와 신체, 정신의 양극화다. 경제 분야의 양극화는 계층 갈등의 미래 전망과 궤를 같이한다. 국민들에게 기본적인 삶의 수준은 보장하겠지만, 로봇 자동화와 인공지능 기술의 발달은 한국 사회에서 직업의 양극화와 이로 인한 부의 편중 현상을 더욱 심화시킬 것이다. 보스턴컨설팅그룹BCG은 2015~2025년까지 제조업 현장에서 생산인력을 로봇으로 대체할 때 인건비 절감 효과가 가장 큰 나라로 한국을 꼽았다. 향후 국내 제조업계의 생산직 고용감소는 확실한 트렌드이다BCG, 2015.

　영국 옥스퍼드대학의 칼 프레이Karl Fray와 마이클 오스본Michael Osborne 교수는 석·박사 학위를 취득한 고소득 직군의 경우 인공지능artificial intelligence, AI으로 교체될 확률이 상대적으로 낮다는 분석을 했다Frey & Osborne, 2013. 하지만 장기적으로 인공지능의 발달은 생산직, 운전사 등의 육체노동뿐만 아니라 의사, 변호사, 작가, 외환거래사 같은 지적인 노동의 알고리즘화도 가속화할 것이다. 결국, 한국의 중산층을 떠받칠 양질의 일자리는 계속 줄어들고, 경제적으로 양극화된 사회가 빈자리를 차지하는 우울한 전망이 유력하다.

　신체와 정신의 양극화는 인간의 몸과 지식, 인지 능력이 자본화되는 추세의 연장선에서 어렵지 않게 예측할 수 있다. 현재 우리 사회에는 아무리 부유하고 신체 조건이 뛰어나고 성형수술을 받거나 피부색이 달라도 생물학적으로 한 가지 종류의 인간종homo sapiens만이 존재한다. 하지만 미래 사회에는 전통적인 인간 외에 다양한 과학기술을 활용해 호모사피엔스의 생물학적 테두리를 일정 부분 벗어난 새로운 인간종이 등장하고, 결국은 신체적 양극화란 새로운 트렌드가 나타날 것이다.

2015년 중국 광저우 중산대학의 과학자들은 인간 배아의 유전자를 최초로 편집해서 맞춤형 아기를 만드는 전 단계에 한 걸음 다가섰다연합뉴스. 2015. 유전자 편집 기술은 아기가 태어나기 전에 난치성 유전에서 선호하는 신체적 특성을 갖춘 맞춤형 아기를 디자인하는 데도 활용될 가능성이 크다. 부모라면 누구나 더 건강하고 잘생긴 후손을 원하기 때문일 것이다. 중국 하얼빈 의대는 원숭이 머리 이식 수술에 성공했다. 30년 이내에 노화를 방지하는 획기적인 신약이나 나노기술, 줄기세포 치료법도 등장할 것이다.

앞으로 한국인은 더 건강한 삶을 물려주기 위해 아들과 딸의 유전자를 튜닝tuning하거나 부모가 물려주신 신체발부身體髮膚를 인공장기나 로봇, 타인의 몸으로 바꾸는 시도를 점점 더 갈구할 것이다.

향후 인공지능의 발달은 인간의 정신세계도 양극화할 가능성이 있다. 인공지능이 인간의 창의적 사고를 능가할 정도로 진화할 경우, 사람들의 반응은 큰 틀에서 두 가지 유형으로 나뉠 것이다. 한 부류는, 인간을 닮은 인공지능과의 경쟁을 포기하고 컴퓨터의 지시를 수동적으로 따르는 데 점점 익숙해질 것이다. 다른 부류는, 외부 인공지능을 개인의 두뇌 안에 이식시켜 기억력, 사고력을 비약적으로 강화하는 전략을 선택할 것이다. 앞선 인공지능을 자아의 일부로 포섭한 사람과 인공지능을 똑똑한 타자로 간주하는 사람, 두 그룹 간의 두뇌 능력은 엄청난 차이가 날 것이다.

이처럼 인간의 신체 조건과 사고 능력을 극단적으로 강화하는 과학기술들이 결코 모든 국민에게 허락되지는 못할 것이다. 많은 사람들이 비용 부담이 너무 크거나 전통적 인간상을 위협한다는 이유로 너무 과격하게 '강화된 인간'이 되기를 포기할 것이다. 반면에 소수의 사람들은 호모사피엔스의 굴레에서 벗어나 더 수명이 길고 우월한 신체와 사고 능력을 갖춘 또 다른 인간homo으로 진화하는 방향으로 아낌없이 돈과 시간을 투자할 것이다. 인간 신체의 양극화는 한국 사회의 정체성을 뿌리부터 흔들 이슈이다. 국가란 같은 인간들이 모여 사는 집단이란 명제가 와해되고, 대신 새로운 형태의 계급사회가 등장할 가능성이 있기 때문이다. 대중의 시각에서 생물학적으로 강화된 인간이 평범한 사람들과 같은 수준의 권리와 의무를 누리는 것은 오히려 공정하지 못하다고 여겨질 것이다. 구성원 간의 현저한 신체적 격차는 정치적 선택과 행정 서비스의 차이로 이어지고, 정부 기능의 이원화를 촉진할 것이다. 각종 생명공학기술과 꾸준한 건강 관리로 기대수명이 100세를 넘는 '강화된 인간 집단'이 실제로 부상한다면, 기대수명이 여전히 80대 중반에 머무르는 '기존 인간 집단'에 비해서 분명히 더 장기적이고 지속 가능한 정부 정책을 선호할 것이기 때문이다.

사회적 역동성 상실 가속화

한국은 한때 '다이내믹dynamic 코리아'라는 표현 그대로 사회적 역동성이 넘치는 나라였다. 한국전쟁의 폐허를 딛고선 국민들은 저마다 신분 상승의 기회를 찾아서 열심히 일했고, 최선을 다해 자식을 교육시켰다. 고도 성장기에는 가난한 집 자식도 고소득 전문직을 갖고 고위 관리직에 오르고 사업으로 큰돈을 버는, 개천에서 용 나는 이야기가 가능했다. 반면에 오늘날의 한국은 금수저, 흙수저라는 자조적 신조어가 보여주듯이 계층 간 이동의 사다리가 끊겨가고 있다. 전통적으로 한국 사회에서 신분 상승의 공정한 기회는 평등한 교육에서 출발해왔는데 최근 세대로 올수록 부모의 높은 학력 수준이 그대로 자식에게 물려지는 반면에 하위계층에서 우수한 학업 성적을 올리는 비율이 줄어드는 트렌드가 뚜렷해지고 있다여유진·정유식, 2016. 경제 분야도 한국을 대표하는 부호들은 부모의 상속으로 부를 키운 사례가 압도적으로 높아서 자수성가형이 대부분을 차지하는 미국이나 중국의 거대 부호들과 대비된다헤럴드경제, 2015. 한국 경제는 스스로 창업해서 당대에 부를 축적하는 성공신화가 사라지는 추세다.

향후 30년 이내에 남한과 북한의 유의미한 관계 개선은 이뤄지겠지만, 급작스러운 통일이 아니라면 계층 간의 장벽이 무너질 정도의 사회변화가 일어날 개연성은 크지 않다. 유감스럽게도 한국의 미래는 남북통일이라는 변수를 제외한다면 다이내믹 코리아가 아닌 '스태틱static 코리아'로의 변화 가능성도 있다.

전 지구적 문화의 동기화

늦어도 2030년대에는 지구촌의 언어 장벽이 사실상 사라질 것이다. 구글, IBM 등 대형 IT업체들이 개발 중인 실시간 번역real-time translation 기술은 가까운 미래에 인공지능의 발달에 힘입어 외국어의 미묘한 뉘앙스나 반어법, 전문용어, 사투리까지 신뢰할 만한 수준으로 전달할 것이다. 결국, 대부분의 인류는 외국어를 배우지 않고도 전 세계 누구와도 일상적인 대화가 가능하고, 다양한 언어로 구성된 콘텐츠에 쉽게 접근할 수 있을 것이다. 그리고 자국어로 만든 콘텐츠를 세계인을 상대로 확산시키기도 쉬워질 것이다. 예를 들어, 외국어 서적을 볼 때 자국어 서적처럼 보이는 가상현실 안경이나 한국어로 부르는 노래를 실시간으로 외국어 발성으로 바꿔주는 노래방 서비스도 등장할 것이다.

외국에서 유학, 비즈니스, 취업을 할 때도 언어의 장벽은 더 이상 문제가 되지 않고, 그에 따라 국제결혼도 크게 늘어날 것이다. 『뉴욕타임스』, 『인민일보』, 『아사히신문』, 『BBC』 등 해외 언론매체의 보도 내용도 누구나 직관적으로 이해할 수 있어 저널리즘 시장의 국경이 먼저 사라질 것이다. 영화제작사, 방송국, 언론매체들은 자사의 콘텐츠가 자국민 외에 외국 시청자들에게 어떻게 평가될지 민감하게 반응할 것이다. 내수 중심의 광고시장이 거의 완전하게 국제화되기 때문이다. 따라서 자국 우선, 민족주의를 내세우는 문화상품은 시대착오적인 것으로 평가되는 분위기가 될 것이다. 주류 문화산업은 지구촌 전체를 상대로 하는 글로벌 코드에 맞춰서 재편될 것이다. 가요 프로그램의 경우, 매주 각 대륙을 돌면서 수천만 명이 실시간 투표를 해서 대륙별 최고의 인기

가수를 뽑은 뒤, 다시 경쟁을 시키는 〈나는 가수다〉의 월드 버전이 가장 높은 시청률로 인기몰이하게 될 것이다. 거리에서 만나는 모든 외국인이 인공지능 통역 서비스를 통해 한국어를 유창하게 구사하게 되면서 민족주의 성향이 강한 한국에서도 외국인의 사회활동과 문화적 참여가 크게 늘어날 것이다. 언어장벽이 사라지고 글로벌 문화의 동기화同期化가 이뤄지면서 지구촌 가족의식이 강화되고, 진정한 지구평화가 이루어질 것이란 낙관론이 한동안 퍼지겠지만 섣부른 기대로 판명이 날 것이다. 다른 나라의 문화와 국민에 대한 전반적인 이해도가 높아졌음에도 불구하고 이질적인 문화권 사이의 혐오감과 국가 간 갈등은 여전할 것이기 때문이다. 여러 사람들이 모여 사는 세상에서 단지 말이 통한다고 해서 싸움까지 줄어드는 것은 아니기 때문이다.

정부 조직은 글로벌 문화의 동기화, 언어장벽의 소멸에 따라 주요 정책 현안에 대해 내국인 말고도 다른 나라 국민, 이해집단의 반응도 함께 신중하게 고려해야 하는 상황에 놓이게 될 것이다. 그동안 직업외교관들에게나 요구되던 국제 감각과 세련된 매너가 일반공무원들이 갖춰야 필수 소양으로 부각될 것이다.

2 기술

기술적 요인은 사회적 요인과 더불어 미래를 바꾸는 변화의 양대 축으로, 여기서는 인사제도에 영향을 줄 수 있는 새로운 과학기술들에 대해 상세히 분석했다.

클라우드, 빅데이터, 사물인터넷, 가상현실, 증강현실

: 클라우드는 외부 전산 자원에서 아바타 클라우드로 진화할 것이다

클라우드cloud는 본래 인터넷상에서 수많은 구름처럼 존재하는 외부의 전산 자원을 빌려서 비용 절감을 꾀하는 서비스를 뜻한다. 미래 사회에는 타인의 인지 기능과 신체, 로봇까지 실시간으로 빌려서 사용하는 아바타 클라우드의 개념까지 진화할 것이다. 예를 들어, 특정한 장소에서 일해야 하지만 직접 가기 곤란한 상황에 처했을 때 타인의 신체, 지각 기능에 접속해서 원격으로 사회활동을 하는 서비스도 등장할 것이다. 이런 변화로 역으로 타인의 삶과 행복을 대신 경험하는 것도 가능해질 것이다.

노동시장에서도 인간의 노동이 필요한 만큼 실시간으로 빌려 쓰는 '온디맨드on-demand 휴먼 클라우드'가 보편화되면서 심각한 고용불안과 사회적 갈등을 야기할 것이다. 따라서 인간 노동의 파편화와 정규직의 소멸을 우려하는 노동단체들의 거센 반발을 불러일으킬 것이다. 정부는 클라우드 기반의 노동력 제공회사에 대해서 일정 수준의 노동할당

량과 임금 수준을 보장하도록 관련 기업들에게 규제를 가하게 될 것이다.

: 빅데이터는 미래 사회의 핵심 뉴스원이 될 것이다

디지털 환경에서 쏟아지는 대량의 데이터를 통해서 결과를 평가하고 미리 예측하는 빅데이터^{big-data} 기술은 미래 사회에서 보이지 않는 공기처럼 한국인의 일상을 지배할 것이다. 인공지능과 결합한 빅데이터는 마치 일기예보가 지역별 날씨를 알려주고 경제 뉴스에서 증시의 주가변동을 보도하듯이, 개인의 일상, 정치, 경제, 사회, 과학, 문화 등 전 영역에 걸쳐서 예상치를 실시간으로 알려줄 것이다. 아침에 눈을 뜨면 하루의 스케줄과 관련된 빅데이터 기반의 분석 정보와 예측이 제공될 것이다. 그리고 출근길에 어느 곳이 막힐 가능성이 높고, 외국에서 수입된 특정한 식재료의 세균 오염 가능성이 있는 곳이 어떤 식당이니 오늘 점심때는 가지 말라고 주의를 줄 것이다. 미래 사회에서 뉴스 정보의 절반은 빅데이터 관련 분석 내용이 차지하고, 제품과 서비스 가격도 실시간으로 연동될 것이다. 치안 분야에선 전국의 CCTV, 센서망과 연계한 빅데이터 예측이 범인의 도주 경로를 파악하거나 범죄 예상 지역에 경찰을 사전에 투입해 범죄를 미리 예방하는데 뚜렷한 효과를 얻을 것이다. 빅데이터 분석에 따라서 대중들이 이리저리 쏠리면서 빅데이터가 권력의 통제 도구로 악용되거나 사생활을 지나치게 침범한다는 우려도 나타날 것이다. 일부 대학과 쇼핑몰에서는 디지털 데이터의 생산과 전송을 아예 차단해서 사람들의 프라이버시를 보장하는 빅데이터 프리존도 곳곳에 생겨날 것이다. 결국, 정부는 많은 시행착오 끝에 빅데이터의 생성과 유통, 폐기와 관련한 범사회협약을 체결하고 행정효율을 명분으로 국민들의 사생활을 침해하지 않도록 하는 국회 주도의 상설 감시 기구를 승인할 것이다.

: 사물인터넷에서 '만물인' 인터넷으로 진화할 것이다

일상의 다양한 사물을 유무선 네트워크로 연결하여 정보를 수집하고 공유하는 사물인터넷internet of things, IoT은 꾸준히 지능화되면서 거의 모든 물건이 인격성을 띄는 '만물인萬物人' 인터넷internet of thing person으로 진화할 것이다.

초기 사물인터넷의 확산은 그 사용자에게 주변 사물을 작동시키는 만능스위치를 가진 것처럼 느껴질 것이다. 그다음에는 연결되는 사물들이 인공지능을 통해 사용자의 의도를 알아차리고 마치 살아있는 생물처럼 반응하기 시작할 것이다. 2040년대에는 지능화된 사물인터넷이 필요에 따라서 대화 기능과 인지 능력을 갖춘 일종의 가상 인격체처럼 작동하는 현상이 일어날 것이다. 예를 들어, 침대와 조명등에서 수집된 정보를 바탕으로 아침에 자고 있는 아이들을 언제 깨울지 판단하고, "이제 일어나 학교 가라!"는 잔소리를 할 수 있는 가상의 가정부가 집집마다 등장할 것이다. 영화 〈그녀Her〉는 컴퓨터와 연결된 기기에만 가상 인격체가 존재하지만, 미래 사회에는 조그만 통신용 칩이 내장된 사물은 무엇이든지 어느 정도 사람의 일부로서 작동하게 될 전망이다. 이러한 가상 인격체는 일상을 에워싼 사물인터넷망을 통해서 언제, 어떤 장소든지 등장해서 다양한 능력을 발휘할 수 있다. 이를 모든 사물에 깃든 새로운 인간형, '만물인萬物人'이라고 부른다.

정부는 일정 수준 이상의 행위 능력을 지닌 '가상 인격 소프트웨어'에 대해서 자동으로 일련번호를 발급하고, 소유자의 법적 권리와 책임 범위를 규정하는 서비스를 운영하게 될 것이다.

: 가상과 현실의 구분이 없어지는 지각혁명이 일어날 것이다

미래 사회에는 장자莊子의 '호접몽胡蝶夢' 고사처럼 가상과 현실의 차이가 희미해진다. 2020년대 후반이 되면 사고로 얼굴을 심하게 다친 환자를 위한 홀로그램hologram 기반의 증강현실augmented reality, AR 메이크업 장치가 등장할 것이다. 헬멧을 닮은 홀로그램 장치를 착용하면 끔찍한 화상을 입은 얼굴도 지극히 멀쩡한 모습처럼 주변 사람에게 보일 것이다. 이후 홀로그램 메이크업 장치는 가장 인도적인 첨단 기술의 활용 사례라는 찬사 속에서 폭발적인 인기를 끌 것이고, 목도리, 안경과 같은 형태로 소형화되면서 일반인에게 점차 확산될 것이다. 특히 노년층은 주름살, 처진 피부를 수술하기보다는 웨어러블 홀로그램wearable hologram 기술을 통해서 수십 년 젊은 외모로 바꾸는 것이 훨씬 효과적이고 비용도 저렴하다는 사실을 인식할 것이다. 젊은 여성들은 매일 화장을 하듯이 증강현실 메이크업 기기를 활용해서 독특한 외모로 변신하는 상황을 즐길 것이다. 길거리에는 증강현실 기술을 이용해서 기이할 정도로 젊은 얼굴을 가진 노인이나 피부 문제를 시각적으로 커버한 중년 여성들이 흔해질 것이다. 사회생활에서 가상과 현실의 구분이 모호해지고, 실체보다 어떻게 보이느냐가 더 중요하다는 사고방식이 확고히 자리 잡을 것이다. 민얼굴을 함부로 노출하면 오히려 실례로 간주될 정도가 될 것이다. 젊은 세대는 가상현실, 증강현실을 세상에 자연스럽

게 존재하는 현실의 일부로 받아들이게 될 것이다.

행정 측면에서 가상현실과 증강현실의 확산은 행정 서비스 채널도 현실 세계와 가상·증강현실의 융합 방향으로 진화하는 것을 의미한다. 예를 들어, 시민들이 가상현실 정부 포털 사이트에서 원하는 지역을 선택하면 실제 주민센터에 들어간 것과 거의 같은 환경에서 업무를 볼 수 있을 것이다. 또한, 공무원들도 증강현실 서비스를 통해서 민원인이 있는 장소 어디라도 함께 접속해서 문제점을 정확히 파악하기 때문에 행정 서비스의 수준을 높이는 데 큰 도움이 될 것이다.

인공지능, 로봇, 드론, 자율주행차

: 인공지능이 내 영혼의 일부로 간주될 것이다

현재 한국 사회에서는 인공지능이 사람보다 더 똑똑해지면 인류의 지배적 지위가 위협받고, 일자리가 대부분 사라질 것이라는 비관론이 팽배하고 있다. 하지만 인공지능의 진화는 2045년 시점에서 볼 때 아직 사람과 비슷한 종합적 판단력을 갖춘 '강한 인공지능'의 단계에 진입하지는 못할 것이다. 하지만 전문 분야에서 인공지능의 활용도는 꾸준히 늘 것이다. 인공지능을 통한 외국어 실시간 번역이 확산되면서 외국어 교육시장은 큰 폭으로 감소할 것이다. 노인들도 인공지능을 손쉽게 활용하는 방법을 터득하면 사회 적응 능력이 높아져 지적인 수준에서 세대 간 격차도 줄게 될 것이다. 전지전능한 인공지능 때문에 인간이 갑에서 을의 위치로 전락하고 대부분의 일자리를 빼앗길 것이라는 우려는 결국 과장된 것으로 판명날 것으로 보인다. 인공지능이 인류를 위협하는 위험한 기술에서 유용한 도구로 위상이 바뀐다면, 그 핵심 원인은 인공지능의 내재화 때문일 가능성이 크다. 인공지능의 인터페이스는 외부 기기에서 안경, 콘택트렌즈로 바뀌고, 그다음은 뇌신경의 생체신호와 실시간 연동시키는 서비스로 진화할 것이다. 대중들은 외부 정보기기를 조작해서 정보를 검색하는 대신, 머릿속에서 특정한 키워드나 문장을 떠올리면 저절로 인공지능이 추천한 결과가 떠오르고 마치 본래부터 알고 있던 지식처럼 활용할 수 있다. 인공지능 두뇌 연동 서비스는 의학적 안전성을 담보해야 하는 문제점이 있지만, 사용자의 활동 능력을 놀랍도록 향상시키기 때문에 인공지능을 수용하는 대중들의 시각은 결국 긍정적으로 바뀌게 될 것이다. 사실상 인공지능을 활용하는 입출력 단계가 두뇌 속에서 수행될 뿐이지만, 사람들은 인공지능을 위협적인 존재가 아니라, 또 하나의 믿을 만한 두뇌, 확장된 영혼으로 간주할 것이다. 정부는 인공지능의 사회적 파급력이 커지면서 전담 부서를 설립할 것이며, 인공지능 서비스의 고른 분배와 민주적 통제가 정부의 주요 과제로 떠오를 것이다.

〈그림 1-1〉 로봇택배부(왼쪽)**와 웨어러블 로봇**(오른쪽)

출처: 영화 〈아이, 로봇〉(왼쪽)과 일본 도쿄에 본사를 둔 세계적인 다국적기업 혼다(Honda) 홈페이지(오른쪽). 공상과학영화와 현실 속의 로봇 기술은 쓰임새가 많이 다를 것으로 전망된다.

⋮ 로봇이 거의 우리 눈에 띄지 않는 자동화 세상이 올 것이다

로봇 기술의 미래를 묘사하는 SF영화를 보면, 천편일률적으로 인간형 로봇이 등장해서 주변 사람들에게 여러 가지 서비스를 제공한다. 하지만 실제 미래 사회에서 로봇 기술의 활용은 SF영화 속의 로봇 세상과는 큰 차이가 날 것이다. 생산 현장에서 로봇 자동화가 꾸준히 진전되어 제조업의 노동인력에 대한 수요는 꾸준히 줄어들 것이다. 의료, 물류, 국방, 치안 등 전문 분야에서 로봇 자동화 기술이 인간을 대체하는 비중도 크게 늘어날 것이다. 수요가 늘어날 생활 속의 로봇 아이템을 예상해 보면, 〈그림 1-1〉과 같이 노약자의 신체 활동을 보조하는 착탈식 웨어러블 로봇이 야외활동을 나갈 때 입는 등산복처럼 노령화 사회의 필수품으로 인기를 끌 가능성이 크다. 나이가 들어도 날렵한 움직임은 누구나 원하는 능력인데, 웨어러블wearable 로봇 기술을 통해 이러한 욕망을 간단히 충족시킬 수 있기 때문이다. 하지만 평범한 일상에서 인간을 돕는 서비스 로봇 분야에서는 스마트폰에 버금가는 히

트상품을 기대하기 어려울 것이다. 인간을 닮은 덩치 큰 로봇이 가정과 사무실, 거리에서 돌아다니는 상황을 소비자들이 별로 반기지 않기 때문이다. 로봇이 요리와 집 안에서 심부름을 대신해 주는 공상과학 속 장면도 끝내 대중화되기는 어려울 전망이다.

인공지능이 사물인터넷과 연동해 제공하는 다양한 서비스가 큰 인기를 끄는 데 비하면, 인간형 로봇에 기반한 서비스는 아직 대중화되지 못할 것으로 전망된다. 결국, 귀찮고 힘든 일을 로봇이 전부 처리하고 사람들은 편안하게 로봇의 시중을 받으면서 즐기는 세상은 향후 수십 년간 기대하기 어려울 것이다. 정부는 최소한의 사회적 고용을 촉진하기 위해서 사람이 개입하지 않는 로봇 자동화 장비보다는 인간이 작동 과정에서 개입하는 원격 로봇 장비를 구매할 경우 세제 혜택을 더 주는 식으로 자동화 기술의 부작용을 최소화하기 위한 노력을 해야 할 것이다. 로봇 기술과 관련해 오랫동안 논란을 일으켜온 자동화세^{robo-tax}는 어떤 형태로든지 도입되어서 대규모 실업을 유발하는 자동화 장비, 소프트웨어 구매자는 실업자들의 재교육, 취업 알선에 사용되는 비용을 일부 부담할 수도 있을 것이다.

: 드론은 혁신적 이동수단이지만 파급효과는 제한될 것이다

드론^{drone}은 2010년대 이후 물류시장에 혁신의 아이콘으로 관심을 끌었지만, 무거운 화물을 싣지 못하는 기술적 한계는 여전히 극복하지 못하고 있다. 드론 운행의 안전성을 향상시키는 지역별 드론관제센터가 24시간 운영되고 있고, 일정 무게 이상의 드론은 정해진 루트만 비행하고, 추락에 대비한 낙하산 부착이 의무화됐다. 인구밀도가 낮은 도서

지역과 농촌에서 드론은 소규모 택배 용도로 쓰이지만, 도심 지역은 비행 중 안전문제에 대한 주민들의 우려 때문에 민간의 드론 사용은 여전히 제한되고 있다. 국내 물류 수송 분야에서 드론 운송이 차지하는 비중은 극히 미미하다.

경찰은 치안 유지를 위해 전국을 커버하는 드론 시스템을 대규모로 운용하고 있다. 교통사고나 범죄, 재해 현장에는 치안용 경찰 드론이 어김없이 먼저 출동해서 초기 현장 통제를 수행하고, 달아나는 용의자를 공중에서 쫓기도 한다. 사람이 탈 수 있는 탑승형 드론은 소방서의 인명 구조, 교외 지역에서 부유층의 레저용으로 운용된다. 하지만 탑승형 드론이 도심지에서 널리 쓰이는 대중적인 교통수단으로 정착하기에는 여전히 갈 길이 멀다.

: 자율주행차는 고령화 사회를 지탱하는 핵심 인프라가 될 것이다

자율주행차는 고령화 사회를 유지하는 핵심 인프라로 자리 잡을 것이다〈표 1-2〉 참조. 시판되는 차량 대부분이 완전한 자율주행을 기본 사양으로 채택할 것이며, 따라서 전국의 도로 인프라와 교통법규도 자율주행에 맞춰서 바뀔 것이다. 한국의 높은 교통사고율도 자율주행차의 보급에 따라 OECD 국가 평균 수준으로 내려가면서, 자율주행차량의 확산은 국민들의 생활 방식을 놀랍도록 바꿔 놓을 것이다. 한편, 운전을 못 하는 청소년이나 여성, 노년층의 자가용 활용이 자유로워지면서 그들이 새로운 소비의 주역으로 부상할 것이다. 주차장이 부족해 차량 접근이 힘든 도심지 상권에도 유동인구가 밀려들고, 부동산 가격이 다소 오를 수도 있다. 운전자가 없어도 필요한 시간과 장소에서 미리 대기

하는 자율주행기술 덕분에 주차장에 주차된 차량의 대수가 눈에 띄게 줄어들 것이다. 한 걸음 더 나아가 자신이 사용하지 않는 시간대에 자율주행차를 타인에게 빌려주거나 적절한 장소에서 바꿔 타는 서비스도 인기를 끌게 될 것이다.

〈표 1-2〉 자율주행기술 로드맵

유럽도로교통자문위원회(ERTRAC) 발간		
연도	승용차	상용차
2016년	주차 보조	
	교통 체증 운전 보조	
2018년	교통 체증 운전 대리 자동차 전용도로 시속 60km까지 교통 체증 운전, 차선 변경 지원	
2019년		트럭 차간거리 제어 시스템 실용화
2020년	무인 발레파킹	트럭 자동주차 기능
2020년	고속도로 운전 대리(130km/H 이하): 비상시 인간이 운전 책임	고속도로 운전 대리(90km/H 이하): 비상시 인간이 운전 책임
2022년		트럭 차간거리 제어 기반의 군집 주행 실용화
2024년	고속도로 무인운전: 비상시 차량 시스템이 운전 책임	고속도로 완전 무인운전 + 집단주행
2030년	무전 무인운전 승용차: 운전자는 목적지만 입력	완전 무인운전 상용차

출처: 유럽도로교통자문위원회(European Road Transport Advisory Council, ERTRAC), 「자율주행 기술 로드맵(Automated Driving Roadmap)」, 2015. 7.

자율주행기술은 근거리 이송, 택배 분야에서 새로운 부가가치를 창출하게 될 것이다. 소형 무인카트가 아파트 단지, 주택가를 스스로 돌아다니면서 고객이 주문한 택배 물품, 세탁소에 맡긴 옷, 반찬거리, 배달음식까지 전달하게 될 것이다. 고령자들이 많이 사는 실버타운에서는 치약이나 우유 한 통, 생선 한 마리도 배달해 주는 자율주행카트가 없으면 생활이 곤란할 지경까지 이를 것이다. 국가 경제에서 자율주행용 도로 인프라와 자율주행차량의 개발·관리가 점점 중요한 비중을 차지함에 따라 관련 전문가들의 공직 진출도 대폭 늘어날 것이다.

바이오기술, 나노기술

: 바이오기술로 인간 수명도 조작이 가능한 사회가 도래할 것이다

미래에는 사람이 오래 살고 일찍 죽는 것이 하늘의 뜻이 아니라 바이오기술에 달렸음이 확실해질 것이다. 줄기세포를 분화시켜서 손상된 피부와 장기를 대체하고 신체의 노화 속도도 크게 줄여서 100세 이상까지 건강하게 생활할 수 있게 될 것이며, 대부분의 신체적 장애도 첨단의학과 바이오기술 덕분에 기술적으로 극복이 가능해질 것이다. 사회적 위화감을 조성한다는 이유로 정부에서 강력히 규제하고는 있지만, 태아의 유전자 배열을 조작해서 더 건강하고 신체 조건이 뛰어난 맞춤형 아기를 만드는 시술이 확산될 가능성이 높다. 인간은 출생부터 과학적 검증을 마친 우월한 유전자와 위험성을 내포한 열등한 유전자로 나뉠 수도 있다. 맞춤형 아이들이 현실화되고 성인이 될 무렵이면 한국 사회의 통합을 깨뜨리는 최대의 갈등 요인이 될 것을 우려하는 목소리가 높아질 것이다.

치과 분야도 손상된 치아와 잇몸을 재생하는 기술이 보편화될 것이다. 금과 레진resin으로 충치를 때우는 전통적 구강 치료는 더 이상 실행되지 않을 것이다. 개인의 건강 상태는 웨어러블 디바이스wearable device

와 칫솔, 화장실 변기 등에서 수집되는 생체 정보를 종합해 상시 모니터링이 가능해질 것이다. 손톱만 한 칩을 이용해서 암을 비롯한 온갖 질병을 자가진단하는 바이오 센서 키트sensor kit는 물론 바이오 생약 등을 약국에서 손쉽게 구입할 수 있을 것이다.

이제 한 사람에게 부여된 생물학적 수명은 주어진 유전자, 생활 방식, 바이오기술에 따라 유의미한 수준으로 사전예측이 가능해질 것이다. 첨단 의료 서비스를 받는 노년층의 경제적 부담을 국가와 개인 중 누가 부담할 것인지에 대한 문제가 발생할 것이다. 의료 서비스에 대한 경제적 부담으로 대다수 노인들은 은퇴 시점을 가능한 한 늦추거나 경제 활동을 지속하기 위해 노력할 것이다.

미래의 정부는 바이오 기술에 대한 연구·기술 개발에 대한 투자 확대와 더불어 항노화 치료 등에 대한 보험 적용 확대 방안 등을 마련해야 할 것이다.

⋮ 나노기술은 양극화를 더욱 심화시킬 수 있다

나노기술nano technology은 특히 생명공학과 융합해서 미래 한국인의 삶에 중요한 변화를 가져올 것이다. 전문가들에 따르면, 나노스케일nanoscale의 극소형 센서를 몸속에 주사하면 상세한 몸 전체의 혈관지도가 만들어진다. 미세한 핏줄의 어느 곳이 막히고 터질 가능성이 큰지 미리 알 수 있기 때문에 2030년대 이후 한국인의 혈관질환 사망률은 크게 낮아질 가능성이 크다. 여기서 한 걸음 더 나가면 나노로봇을 몸속에 주입해 병든 세포나 해로운 독소만 골라서 제거하고 기능을 상실한 눈의 망막세포를 되살리는 단계까지 기대할 수 있을 것이다. 이론적으로 나노기술을 이용해서 분자 단위에서 인간의 신체를 새롭게 디자인하는 것이 가능해진다면, 인류가 추구해온 무병장수의 꿈에 한 걸음 더 다가서는 상황이 현실로 다가올 것이다. 반면에 한정된 지구 생태계에서 너무 급진적인 수명 연장과 신체 조작은 인류공동체의 존속을 위태롭게 할 가능성이 크다. 종교계나 환경단체는 의학 분야에서 첨단 나노기술을 적용하는 데 제한을 두자는 목소리를 낼 것이다.

특히, 나노기술은 양극화 문제를 더욱 심화시킬 수 있다. 이는 나노로봇을 투입해서 특별한 질병을 치료하는 것이 아니라 노화 세포를 제거해 수명을 크게 늘리는 의료 서비스를 받는 계층이 나타날 수 있기 때문이다. 결국, 나노기술의 혜택을 받는 계층과 그렇지 못해 상대적으로 짧은 수명이 예정된 사회적 계층 간의 위화감과 갈등이 이슈로 부상할 수 있다.

에너지저장장치, 양자 컴퓨팅, 3D 프린터

: 에너지저장장치는 에너지 부담을 줄여줄 것이다

남아도는 전력을 저장했다가 필요할 때 송전하는 에너지저장장치 energy storage system, ESS는 2045년이 되면 국내 총 전력 공급량의 40%를 차지할 것으로 예상된다. 2030년 이후 분양되는 아파트, 오피스빌딩, 개인주택은 대부분 ESS 시설을 기본 사양으로 설치할 가능성이 크다. ESS는 해당 건물의 유리창과 지붕에 부착된 태양광발전, 유휴시간대의 전력, 전기차 배터리 여유분 등을 수시로 모아서 아파트 가구에 적절히 배급할 것이다. 덕분에 아파트, 개인주택 거주자들의 전기차 충전 및 가전제품 사용에 따른 전기료 부담은 크게 줄어들 것이다. 일부 상업용 빌딩은 외부 전력을 전혀 쓰지 않는 100% 에너지 자급 인증을 받는 사례도 늘어나게 될 것이다. ESS 보급에 따라서 주택가를 뒤덮었던 전신주와 전력선이 상당수 사라져 도시 미관도 한층 미려美麗해질 것이다. ESS에 기반을 두고 지역 단위의 소규모 전력 공급 시스템인 마이크로그리드Microgrid가 전국적으로 확대되면서 2030년 이후 원자력발전소, 화력발전소의 신규 건설은 사실상 중단될 것이다. 이 경우 한국의 이산화탄소CO_2 배출 증가세도 크게 줄어 OECD 국가 평균 수준으로 낮아질 것이다. 한국의 전력시장은 ESS 대중화로 인한 매출 감소를 극복하기 위해 장기적으로 산업용 전력시장과 북한의 전력 인프라 재구축 사업에 관심을 두게 될 것이다.

： 양자 컴퓨팅은 음지에서 미래 사회를 움직이는 지능 인프라가 될 것이다

양자역학quantum mechanics을 활용해서 방대한 데이터를 초병렬적으로 계산하는 양자 컴퓨팅quantum computing 기술은 미래 사회를 음지에서 움직이는 지능 인프라로 작동할 전망이다. 대부분의 컴퓨터 전문가들은 2020년대 미국을 선두로 양자 컴퓨팅 기술의 실용화가 시작될 것이라고 내다본다. 초기 양자 컴퓨팅 기술은 국방·과학연구용으로 각광을 받겠지만, 차츰 개인이 접속 가능한 클라우드 서비스로 확산될 것이다. 결국, 2030년대에 이르면 컴퓨터의 성능은 인간이 체감하기에는 사실상 차이를 느끼지 못할 정도로 평준화될 가능성이 크다. 또한, 해커들이 양자 컴퓨팅을 활용해 기존 보안 시스템을 무력화하는 시나리오도 충분히 예상할 수 있다. 이는 세계 보안시장에 일대 특수로 이어질 것이다. 무한대에 가까운 양자 컴퓨팅의 연산 능력 덕분에 기상예측이 눈에 띄게 정확해질 것이고, 무인자동차의 도로 상황 인식 능력과 길 찾기 기능은 인간을 단연 능가할 전망이다. 제약업계는 신약 개발에 따른 시간을 대폭적으로 단축하고, 개인의 체질에 따라 약성을 높이고 부작용은 낮춘 약품을 맞춤형으로 개발해 주는 서비스도 활성화될 것이다.

정부 입장에서 양자 컴퓨팅의 실용화에 따라서 행정 서비스의 투자 대비 효과를 계량하는 작업을 거의 실시간으로 매우 저렴한 비용으로 진행할 수 있게 될 것으로 기대된다. 양자 컴퓨팅을 통해 산출한 행정 서비스의 효과 분석은 정부 조직의 개편과 공무원 인사의 기초자료로 활용될 수 있을 것이다.

: 3D 프린팅은 내가 원하는 모든 것을 손안에 넣어줄 것이다

3D 프린팅3D Printing은 이론상 미래 사회에서 필요한 대부분의 물건을 만들어줄 수 있다. 그렇다고 미래 한국의 가정에서 매장에 가지 않고 3D 프린터로 원하는 디자인의 옷을 직접 출력하거나 각종 물건의 부품을 뽑아서 사용하는 수준까지 보편화되지는 않을 것이다. 3D 프린팅이 제조업과 유통업의 공동화를 불러오는 파괴적 영향력 때문에 일부 기업의 도산과 사회적 갈등이 현실로 나타날 경우 정부로서는 선택의 여지가 많지 않을 것이다. 이럴 경우 대부분의 3D 프린팅 서비스를 생산물의 디자인 저작권을 가진 제조사 또는 관련 유통업체가 주도하는 산

업 구도를 형성해서 3D 프린팅 기술의 사회적 부작용을 줄이는 방안이 유력할 것이다. 그래서 기존 24시간 편의점이나 대형 유통점이 소비자들이 주문하는 온갖 3D 프린팅 상품의 제작 및 유통채널로 변신할 것이다. 이때 3D 프린팅으로 만든 제품은 대체로 보급형으로 인식되고, 사람이 직접 만든 수제 상품은 훨씬 비싼 시장 구조가 형성될 것이다. 외진 곳에서도 3D 프린터를 통해서 어지간한 물건을 손쉽게 얻을 수 있으므로 산골이나 외딴 섬에 사는 주민들의 생활 편의성은 크게 향상될 전망이다. 3D 프린팅으로 제작한 저렴하고 가벼운 폴더형 하우스가 보급되면서 저소득층의 주거문제 해결에 도움을 줄 수 있다. 의학 분야에서 3D 프린팅을 이용한 연골과 치아, 뼈, 피부, 장기 등의 속성 제작은 많은 환자들의 재활에 큰 도움을 줄 것이다. 큰 화상을 입거나 신체 일부가 손상되어도 의학용 3D 프린팅을 활용해서 훨씬 신속하게 재활이 가능해질 전망이다.

3D 프린팅의 확산과 대형 제조업의 공동화로 부족해진 세수를 충족하기 위해서 각국 정부는 3D 프린팅으로 제작한 물건을 일정 규모 이상 판매할 경우 세금을 부과하는 법안을 마련할 가능성이 크다.

3 경제

뉴노멀 시대의 도래

뉴노멀New Normal이란 세계경제의 재편을 통해 떠오르게 되는 새로운 표준이라는 의미이다. 2008년 세계경제 위기 직후 세계 최대의 채권운용회사 '핌코PIMCO'의 CEO 무함마드 엘 에리언Mohamed A. El-Erian이 뉴노멀 현상을 거론하면서 주목을 받기 시작했다. 구체적으로는 저성장, 저물가, 저금리, 고령화, 소비 위축, 투자 부진, 소득 불평등, 규제 강화, 일자리 감소 등의 경제 상태를 설명하는 개념이다. 이는 미국 경제학자 래리 서머스Larry Summers가 지적한 장기 정체와도 같은 맥락이다.

뉴노멀이 주목받게 된 데는 중국 경제의 신창타이新常態 개념도 관련이 있다. 최근 성장 일변도의 중국 경제가 한계에 부딪혀 새로운 경제체제로의 전환이 요구되는 가운데 신창타이라는 개념이 대두되게 되었다. 중국의 신창타이란 뉴노멀과 유사한 의미로, 이를 중국어로 풀어 쓴 것이다. 그러나 신창타이는 뉴노멀과 다르게 새로운 상태라는 의미로 현상적인 측면을 강조한다.

이는 중국 경제가 개혁개방 이후 36년간의 고도성장을 끝내고 새로운 전환기에 접어들었다는 판단하에 이와 같은 상태를 지적한 것으로, 중국 국가주석 시진핑習近平이 기존의 개념에 중국 경제의 내용을 적용하여 2012년 제18차 당 대회 이후 각종 경제회의와 보고에서 지속적으로 언급했다. 이후 2014년 5월부터 신창타이에 대한 언급이 증가하게 되었다. 신창타이의 구체적인 내용은 '경제성장 속도 전환기', '구조조정

진통기', '경기부양정책 소화기'라는 3개의 시기가 중첩되는 '삼기첩가三期疊加'로서 향후 중국 경제가 새로운 국면으로 접어들 것이라는 예상과 이에 대한 대비를 촉구하기 위해 회자되고 있다^{한국정보화진흥원, 2011}.

뉴노멀이 대두된 배경에는 세계경제가 IT 중심의 산업구조로 재편되어 전체적인 고용과 산업 형태가 크게 바뀐 데 있다. 기술혁신과 로봇 등의 등장으로 인해 고용 감소가 우려된다는 주장 등이 대두되면서 본격적인 뉴노멀 시대가 찾아왔다고 볼 수 있다.

향후 뉴노멀 시대에는 세계경제의 탈동조화로 인한 불확실성이 가중되고 저성장의 장기화 및 고착화, 이에 따른 대규모 일자리 감소 등이 막대한 영향을 가져올 것이다. 이러한 중국의 성장 둔화와 유로존의 위기가 심화되면서 한국 경제 또한 영향을 받을 것으로 전망된다. 또한, 우리나라는 서비스 부문의 생산력 저하로 인해 국가경쟁력이 위협받을 수 있다는 우려도 존재한다. 뉴노멀 시대 초기인 2010년대 후반 정부 조직은 사회 각 부문의 고통을 경감하는 복지 서비스에 대응하는데 많은 재원을 투입하지만, 점차 예산상의 한계에 부딪혀 다시 2020년대 후반이 되면 담당 공무원의 숫자를 줄이고 불필요한 정부 부서를 슬림화 하라는 목소리가 커질 것이다.

복지 수요 확대와 재정건전성 악화

향후 저출산과 고령화로 인해 의료 비용은 지속적으로 증가할 것으로 전망된다. 그뿐만 아니라 사회 통합의 측면에서 소득 격차를 완화해

나가기 위한 노력과 대규모 일자리 감소로 인해 실업인구의 사회안전망 구축에 대한 복지 수요 또한 점차 증가하고 있다.

우리나라는 65세 이상 노인인구의 구성비로 미루어 볼 때 이미 2008년에 10.2%를 넘어서서 고령화 사회aging society에 진입했고, 2020년에는 15.7%로 고령사회aged society로 접어들 것으로 전망된다. 이러한 고령화 추세는 전국적인 복지 수요를 불러올 것이다. 기존의 농촌 지역의 고령화뿐 아니라 향후 도시 지역의 급격한 고령화 속도와 삶의 질에 대한 관심이 증대되어 선진국형 복지재정수요가 지속적으로 증가할 것이다김용하, 2012.

우리나라는 OECD 국가의 소득분포 개선율 평균41.1% 대비 2000년에서 2004년까지 소득분포 개선율이 3~4.5%에 불과하고고경환, 2009, 2008년은 8.4%, 2011년은 9.1%여경훈, 2012로 정부의 조세와 복지 지출을 통한 소득재분배 효과가 OECD 평균의 1/3에도 못 미치는 수준이었다. 우리보다 낮은 국가는 멕시코와 칠레뿐이었다.

국내총생산GDP 대비 공공사회복지 지출 비율이 OECD 국가 중 최하위를 기록하여2014년, 10.4% OECD 평균21.6%보다 11.2% 가까이 뒤처졌다. 따라서 향후 사회통합의 측면에서 격차를 줄이는 노력과 함께 선진국형 복지정책으로 나아갈 경우 지속적인 복지 지출의 확대가 이루어져야 할 것이다.

한편 중앙정부뿐 아니라 지방자치단체의 복지 비용은 나날이 증가하고 있다. 광의의 사회복지 재정인 사회개발비와 협의의 사회복지 지출인 사회보장 부문 모두 전체 예산 규모 대비 비중이 지속적으로 증가하고 있다. 또한, 재정건전성이 나날이 악화되고 있지만, 새로운 재원 확보의 수준은 이를 따라가지 못하고 있다.

재정적자의 확대로 인해 공무원 연봉 인상률 또한 오랫동안 물가상승률 수준에서 묶여 있다. 2040년대의 공무원은 직업안정성을 제외하면 소득 수준에서 크게 만족할 만한 직업군이 아니므로 다른 형태의 보상이 절실한 상황이 벌어질 수 있다.

부동산 거품 붕괴 및 가계부채 증가

2016년 현재 우리나라의 가계부채는 1,000조 원을 초과한 상태이며, 향후 지속적으로 늘어날 전망이다. 가계부채 중 주택담보대출의 비율이 가장 높은데 정부의 부동산 정책 기조로 미루어 보았을 때 앞으로도 지속적으로 증가할 가능성이 크다. 이러한 현상의 이면에는 부동산 시장의 양적 완화로 인한 주택자금대출이 최고치에 달하는 것을 그 원인으로 들 수 있다. 또한, 저금리로 인한 가계부채에 대한 상환 의지가 희박해진 점도 또 다른 원인으로 들 수 있다.

소득계층에 따른 특성을 살펴보면, 저소득층과 중간소득층은 가처분소득이 최저생계비에도 못 미치는 수준으로 생활비를 마련하기 위한 생계형 대출이 대부분인데 반해, 고소득층은 부동산 구입 및 사업자금 마련 등을 위한 투자형 대출이 확대되는 등^{현대경제연구원, 2013} 크게 두 가지의 형태를 띠고 있다. 그리고 가계의 부채상환 능력은 점진적으로 약화되고 있다. 가처분소득 대비 가계부채 비율은 2007년 140.5%, 2010년 154.0%, 2013년 160.7%로 지속적인 상승세를 보이고 있다^{KDB산}

그러나 정부가 주택담보대출비율loan to value ratio, LTV 규제를 풀면서 주
택담보대출이 사상 최고로 증가하고 있는 추세이며, 전세가격 상승도
지속되고 있다. 정부의 주택시장 정상화 조치 등으로 경기를 낙관하며
주택거래량이 확대되고 있으나, 단기적인 현상이라는 것이 전문가들의
분석이다. 이러한 현상과 정부 정책의 경향을 바탕으로 보면, 2020년
이전에 미국의 금리 인상에 따른 주식과 채권 시장에서 외국 자금이
이탈, 그리고 국내 부동산의 거품 붕괴가 이어질 가능성이 높다고 볼
수 있을 것이다. 저금리 기조에서 무리하게 부채로 주택을 구입한 가계
가 부동산을 내놓으면 실질주택가격은 2019년 이후 하락세로 접어들
전망이다. 공무원 인사 측면에서 부동산 거품의 붕괴와 가계부채 증대
는 복지예산에 대한 국민들의 의존도를 높여서 관련 행정의 투명성에
대한 목소리가 더욱 높아질 전망이다.

실업률 증가 및 고령 빈곤층 증가

기술 발전으로 인해 산업구조가 재편되면서 전 세계적으로 청년들의
일자리 감소에 대한 우려가 커지고 있다. 다보스세계경제포럼이 발표한
「일자리의 미래」 보고서에 따르면 인공지능, 로봇, 나노기술, 3D 프린팅
등으로 인해 일자리가 크게 영향을 받을 것으로 전망했고, 향후 사무
직이 가장 높은 비율로 사라질 것으로 전망했다.

이 보고서에 따르면, 2020년까지 향후 5년 동안 인공지능 등의 영향

으로 200만 개의 신규 일자리가 생겨나지만, 710만 개의 일자리가 사라져 총 500만 개 이상의 일자리가 순감할 것이라고 예상했다. 늘어나는 일자리보다 줄어드는 일자리가 훨씬 많을 것이라는 전망이다. 청년 일자리의 감소와 맞물려 고령 인구의 빈곤 또한 향후 문제가 될 수 있다. 참고로 우리나라의 노인빈곤율은 2011년 45.1%로 OECD 평균을 크게 상회하고 있다.

공무원 인사 측면에서 높은 실업률과 고령 빈곤층의 증가는 중앙부처와 지자체 공무원을 겨냥한 일자리 나누기, 잡셰어링job-sharing에 대한 사회적 압박을 높일 것이다. 이에 따라 전일제 근무가 아닌 시간제 공무원의 비중이 매년 크게 늘어날 것이다.

공유경제의 부상

공유경제sharing economy란 소유하고 있으나 활용하지 않는 실물자산, 지식, 시간, 경험 등을 상호 빌려주거나 교환하는 '협력적 소비collaborative consumption'를 지칭한다. 협력적 소비란 소유를 목적으로 하는 전통적인 소비와는 달리, 자신이 가진 자산과 기술을 필요한 다른 이에게 서로 대여하거나 빌려서 쓰는 공유의 방식으로 새로운 가치를 창출하는 소비의 형태를 의미한다. 일반적으로 해외에서는 공유경제와 똑같은 의미를 가진다고 보고 있다. 협력적 소비는 세 가지 유형으로 분류할 수 있다. 첫째는 쓴 만큼만 요금을 내는 방식, 둘째는 특정인이 가진 자산을 다른 사람에게 다시 분배하는 방식, 셋째는 실물자산이 아니라 재능·기술·자금·시간 등을 함께 공유하는 방식이 있다. 이용자로서는 자주 쓰지 않는 상품이나 서비스에 대한 비효율적 지출을 억제할 수 있어서 이득이다. 또한, 공급자로서는 남아도는 잉여 자원을 이용하여 사회 기여도 하고 수익을 늘리는 측면이 있다[양희동, 2014].

2008년 세계금융위기 이후 저성장과 가계소득 저하, 실업문제 등은 소비 주체들의 인식 변화를 불러와 소유보다는 유휴자원을 효율적으로 활용하고 공유하자는 움직임이 주목받게 되었다. 공유경제는 기존의 전통적인 상업경제와 대비되는 개념으로 제시할 수 있다. 전통경제는 소유를 바탕으로 자원을 소비하는 형태의 경제로 자원고갈을 불러온다. 또한, 전통경제의 목표는 이윤창출인데, 이는 과잉소비를 부른다. 또한, 스마트폰이 빠른 속도로 보편화되면서 소셜네트워크서비스SNS가 등장하여 개인과 개인 간의 공유P2P가 가능하게 되었다. 이러한 플랫폼의 발달로 공유경제는 부상을 넘어서 확장 단계로 들어서고 있다.

세계 공유경제 시장은 지난 2013년 51억 달러를 기록했다. 향후 활성화된 거래와 낮은 구매 비용 덕택에 매년 80%가 넘는 폭발적인 성장이 기대되는 거대한 시장이 될 것이다. 현재 세계 공유경제의 95%를 북미65%와 유럽35%이 주도하고 있다. 2014년 세계 공유경제 시장은 100억 달러를 넘어섰다[양희동, 2014]. 영국 런던에 본사를 둔 글로벌 회계 컨설팅 기업 프라이스워터하우스쿠퍼스Pricewaterhouse Coopers, PwC의 보고서에 의하면, 공유경제 시장은 2025년까지 크라우드 펀딩crowd funding, 온라인 인력공유, P2P 숙박, 카셰어링car sharing 서비스 등 5개 주요 분야를 중심으로 약 3,350억 달러약 350조 원로 추정되고 있다. 또한, 기존의 자동차, DVD 등의 렌털 분야가 사양길로 접어들고 온라인 인력공유, 크라우드 펀딩과 같은 새로운 공유경제 분야가 대두될 것으로 전망된다.

정부 입장에서 공유경제의 부상은 소유권과 과세 측면에서 새로운 기준을 만들어야 하는 과제를 안겨준다. 또한, 공유경제로 인한 국민들의 만족과 이득을 계량화하는 새로운 소득지표를 개발할 필요성이 요구된다.

4 정치

다양한 이해집단의 정치 참여 확대

초연결 네트워크 사회가 될 2030년경에 국가 권력은 약화되고, 기업과 개인, 온라인 네트워크, 비정부기구NGO의 영향력은 커질 전망이다 WEF, 2008. 디지털 정치, SNS 등으로 인한 다양한 이해집단의 정치적 얽힘은 훨씬 더 증대될 것이다. 이러한 네트워크 사회의 발달로 인해 수평적인 관계망이 보편화되고 수요자 중심으로 직접적이고 자발적인 개인 중심의 정치 참여가 심화될 것이다. 또한, 정부와 민간의 경계가 다양한 영향력 행사 집단으로 인해 희미해질 것이며, 사이버 정치활동 증가와 사이버 공동체의 이익단체화로 인해 갈등의 축이 새롭게 재편될 것이다.

네트워크 사회로 접어들면서 시민들의 정치 참여가 확대될 것이다. 이는 정치 시스템이 실질적 참여민주주의participatory democracy, 직접민주주의로 점점 가까워지는 것을 의미한다. 즉, 사이버 민주주의로 대표되는 인터넷상의 토론과 비평 등이 활성화되어 민주주의가 한층 더 성숙할 수 있는 발판이 마련될 전망이다. 기존의 연고형 폐쇄적 집단 중심 정치 참여에서 네트워크로 연결된 개인 중심의 정치 참여 형태로 변화될 것이며, 권위와 집단, 조직을 중요시하는 개념이 옅어지고 개인 주체의 정치 참여와 함께 숙의민주주의deliberative democracy가 정착될 것이다.

공무원의 역할도 국내법 제도에 기반을 둔 기획, 집행보다는 여러 이익집단 간의 이해 조정과 면대면 커뮤니케이션 능력이 더 높이 평가받는 방향으로 진화할 것이다. 2020년 이후 정부는 공무원 승진에 협상술을 새로운 평가 항목으로 넣거나 민원 업무 담당 공무원이 자동번역기의 도움을 받아 외국 출신 민원인을 상대하는 전담 인력을 배치해야 할 것이다.

고령민주주의의 도래

저출산·고령화 사회로 접어들면서 전체 인구 대비 노년층의 비율이 일정 수준을 넘어서 대다수를 차지하게 될 것이다. 이로 인해 고령층이 국가의 의사결정 주도권을 잡고 있는 고령사회의 등장이 불가피해질 것이다. 일본에서는 이러한 고령사회의 민주주의 시스템을 실버 민주주의 고령민주주의[2]로 칭하고 있다. 이런 현상은 비단 일본에서만 벌어지는 일은

---

2 전성인, 「노령사회가 무섭고 두려운 이유」, 『주간경향』 1122호, 2015. 4. 21.
http://weekly.khan.co.kr/khnm.html?mode=view&code=115&artid=201504141027171

아니다. 세계 각국의 선거권 연령을 18세로 간주하고 18세 이상 유권자 중 50세 이상 인구 비중을 계산해 보면, 일본은 이미 2002년에 50%를 넘어섰고, 프랑스 역시 2014년에 50%를 돌파했다. 우리나라는 2022년 이 되면 50%에 도달할 것으로 전망된다.

일본의 사례를 비춰보면, 구체적인 상황을 전망할 수 있다. 현재 일본은 2013 회계연도 예산 기준으로 연금, 간병보험, 의료보험을 모두 포함한 사회보장 급여 규모가 110.6조 엔을 기록했다. 이는 2013 회계연도 경상 GDP의 23.4% 수준으로 경제 전체에 큰 부담으로 작용하고 있다. 보험수지의 악화와 사회보장 지출의 팽창은 재정지원 확대에 따른 재정적자 누적을 가져오고, 이는 생산적인 재정지출 위축을 초래해 저성장과 고용부진을 불러오게 된다. 이는 다시 사회보장 지출의 확대라는 악순환을 만드는 상황을 초래하게 된다.

일본의 사회보장 급여는 이러한 추세가 계속될 경우 2050년에 무려 257.1조 엔으로 늘어날 것이란 비관적인 전망도 있다. 이런 추세라면 일본의 사회보장 급여는 2050년이 되면 예상 국민소득의 62%에 달할 것이다. 노령화에 의한 사회보장 재정 수요가 크게 늘어나면서 일본 국민의 조세부담도 확대될 것이다. 결국, 소득 대비 조세와 사회보장 재정의 부담 비율은 계속 치솟아 71.6%에 달할 전망이다(이혜림·이지평, 2014).

이를 직감적으로 알 수 있는 것이 일본의 세대회계[3]이다. 1954년 이전에 태어난 세대는 수익이 지불금액보다 4,000만 엔 정도 높게 나타났으나, 1986년 이후에 태어난 세대는 약 8,300만 엔 정도 지불금액의 초

---

3 한 사람이 평생토록 의료, 연금 등 정부로부터 얻을 수 있는 수익과 세금 및 보험료 등 정부에 지불하는 부담액의 차액을 연령별로 계산한 것. 호세이대학의 오구로(小黒) 교수가 계산했다.

과가 나타났다. 즉, 이 두 세대 간에는 1억 2,000만 엔의 차이가 생기게 된다. 이러한 격차의 배경에는 고령민주주의가 있다. 사회보장제도의 급여 조건 및 예산 배분 등이 투표권이 집중되는 고령층 위주로 편성되어 있는 것이다. 특히 일본은 고령 유권자의 투표율이 훨씬 높게 나타나 점점 이러한 격차가 벌어질 것이다.

이러한 사회에서는 청년층을 포함한 노년층 이외의 집단과 관련된 의사결정이 다수의 표에 의해 이루어지는 시스템 때문에 노년층이 주도적으로 결정하게 되는 모순이 발생하게 된다. 나아가 세대 간의 갈등을 심화시키고 사회통합을 저해하여 사회 전반에 위기를 가져올 수 있다.

결국, 일부 지자체는 고령민주주의의 모순을 극복하고 구조적으로 소외받아온 젊은 세대의 권익을 우선적으로 보호하기 위해 고령 유권자의 투표권을 제한하는 실험에 나설 것으로 보인다. 중앙정부도 유권자의 인생 주기에 따라 투표권 비중을 조정해서 고령층에 과도하게 몰린 정치권력을 분산하는 법 제도의 도입 고려도 논란을 불러일으킬 것이다.

국제적 협력 및 방어체계 증가

이슬람국가Islamic State, IS 같은 테러 조직의 등장으로 국제적인 대규모 무차별 테러에 대비한 국제적 협력 및 방어체계가 절실해지고 있다. 향후 국제적으로 대량살상무기와 무차별 테러에 대비한 범세계적인 공조가 강력히 요구될 것이다. 따라서 새로운 안보 이슈에 대한 무기 등의 구입 요구와 군사적 영향력이 증가할 것이다.

또한, 중국발 대기오염이 심각해지고 후쿠시마원전사고 같은 원자력 발전소 사고, 지구온난화와 기후변화, 메르스MERS 및 지카바이러스Zika virus 등과 같은 대규모 전염병 유행으로 인한 판데믹pandemic과 같은 범국가적인 환경문제의 해결을 위한 국제적인 협력이 더욱더 요구되고 있다. 그뿐만 아니라 매장 자원의 활용과 배분 측면에서도 외교적인 수요가 급증하고 있다. 즉, 자원과 에너지 확보를 둘러싸고 국가 간 분쟁 가능성이 증대되면서 군사력 증강 및 외교 전략이 필요하게 되었고, 향후 이와 같은 상황은 점점 더 심화될 것이다. 나아가 대한민국의 세계적인 사회·경제적 위상 증대에 따라 개발도상국을 지원하는 공적개발원조official development assistance, ODA 분야의 국제적인 요구 또한 증가할 것이다. 정부는 외국 정부에 비해 공무원의 해외파견이 적다는 판단하에 2017년까지 국제원자력기구IAEA, 국제부흥개발은행IBRD, 국제통화기금IMF, 경제협력개발기구OECD, 유엔개발계획UNDP, 세계보건기구WHO 등 국제기구에 근무하는 공무원의 숫자를 100명 이상으로 늘려나갈 계획이다. 이 같은 변화에 따라 공무원 채용 및 승진, 교육훈련 과정에서 국제정치와 지역 정세, 외국어 실력의 필요성이 지금보다 크게 늘어날 전망이다.

통일을 대비한 행정 기반 구축

한국 사회를 둘러싼 이슈 중 통일에 관한 부분을 빼놓을 수 없을 것이다. 미국 국가정보위원회^{NIC} 보고서에서는 2025년까지 단일 국가 또는 남북연방체제의 형태로 통일 한국을 전망했다^{NIC, 'Global Trends 2025: A Transformed World', 2008. 11.}. 또한, 남북 통합으로 빠르면 2050년에는 남과 북이 사회교류 및 경제협력을 통한 실질적인 통일체제로 발전할 가능성이 높다고 전망했다^{한국정보화진흥원, 2010}. 이는 북한의 대외 개방 및 경제개혁이 진전되면서 북한의 노동력과 남한의 기술력 및 혁신력을 결합한 남북한 경제협력이 향후 가속화될 것을 염두에 둔 것이다.

그러나 최근 한반도 정세의 불안정성이 극대화되면서 미국과 중국의 상호 견제 및 동북아 지역에서의 중국의 영향력 확대 등으로 인해 지정학적 리스크 또한 크게 증가할 전망이다. 또한, 동북아 군비 경쟁으로 경제성장이 위협받을 수 있는 요인도 존재한다. 또한, 통일비용에 대해 엄청난 재정적 부담이 발생하고, 비핵화를 둘러싼 전략적 협상 결과에 따라 남북한에 의한 한반도 판도 변화도 발생할 수 있을 것으로 전망했다^{국토연구원, 2009}.

장기적으로는 통일정부의 행정수요를 뒷받침하기 위해 남북한 모두를 아우를 수 있는 행정 기반 구축과 인재 확보의 수요가 늘어날 것이다. 또한, 북측의 풍부한 자원과 노동력을 활용하기 위한 시스템을 준비해야 하며, 국내 경제성장으로 이어질 수 있도록 발 빠른 대처가 필요할 것이다. 단기적으로는 남북의 평화체제 구축을 위한 정교한 전략 및 유연한 대처 능력이 요구될 것이다. 통일 인프라 구축과 남북 경제협력을 통한 한반도 평화체제 구축의 선순환 구도 정착, 통일 기반 조성을 위한 법 및 제도적 역량 강화가 필요할 것이다. 우선은 북한에서 교육받은 인재들을 공무원으로 선발하기 위해 별도의 교육 프로그램과 인사제도를 정비할 필요성이 제기된다. 이에 따라 정부는 통일 인재 육성을 명분으로 지방공무원 선발 인력의 일정 부분을 북한이탈주민에게 배정할 필요가 있다.

5 인구

저출산·고령화의 급속한 진전

한국의 연도별 출생아 수는 1970년에는 100만 명으로 합계출산율은 약 4.5%였다. 이후 출생아 수가 지속적으로 줄어들어 1980년대 후반 출생아 수는 63만~65만 명 수준까지 줄어들었다^{합계출산율 약 1.6%}. 물론 출생아 수가 소폭 상승하는 해도 있었지만, 이후에도 꾸준히 감소하여 2005년은 43만 5,000명으로 역대 최저 합계출산율인 1.08%를 기록했다. 이후 소폭 상승하여 2010년부터는 2012년까지 47만~48만 명을 기록하다가, 2013년과 2014년은 약 43만 5,000명을 기록했다. 결혼율의 감소와 더불어 출생아 수는 지속적으로 줄어들 것이다.

결국, 2045년에는 베이비붐 세대의 많은 인구가 노년층이 되어 있을 것이며, 생산가능인구는 크게 줄어들 것이다. OECD[2010] 통계연보에 따르면, 한국은 이미 2000년에 노인인구 비율이 7%로 고령화 사회에 진입했고, 2018년에는 고령사회[14%], 2026년에는 초고령사회[20%]에 이를 것으로 전망했다. 이후, 2050년에는 65세 이상의 인구 비율이 38%로 세계 최고 수준이 될 것으로 전망된다. 따라서 세금으로 부양받는 인구는 이전보다 크게 증가함과 동시에 세금을 내는 층의 인구는 이전보다 크게 감소하여 국가 재정에 큰 부담이 될 것이다. 젊은 세대의 부담이 증가함에 따라 세대 간 갈등이 심화될 수도 있다. 생산가능인구 감소는 인건비 상승과 더불어 국가의 재정적자 증가는 국가경쟁력에 부정적인 영향을 미칠 것이다.

외국 인구의 국내 유입 증가 및 다문화 사회로의 진전

세계가 글로벌화될수록, 한국 사회 역시 다원화될 것이다. 생산가능인구의 비율 감소 문제를 해결하기 위해 한국 정부가 외국인의 국내 유입을 유도하기도 할 것이다. 여러 가지 이유로 한국에는 다양한 인종과 민족이 유입하게 될 것이며, 이로 인해 문화와 종교, 생활양식이 다양해질 것이다. 젊은 해외인력이 한국으로 유입되어, 회사에 인력 수급 문제를 해결해 줄 것이며 내수시장을 유지해 줄 것이다. 또한, 한국에 이민 온 외국인들이 높은 출산율을 보이면서 저출산 문제에 어느 정도는 긍정적인 영향을 줄 것이다. 하지만 외국인의 이민으로 인해 다른 가치관을 가진 집단끼리의 갈등은 늘어날 것이다. 기존 한국의 문화와 사회, 생활양식과 다른 형태의 삶을 추구하는 유입된 외국 출신의 구성원은 한국 사회의 정서와 질서 등과 충돌을 빚게 될 것이다. 법과 제도가 보완되겠지만, 이들은 제도적으로 차별을 느끼며 사회와 국가에 반감을 가질 수도 있을 것이다.

외국 인구가 한국에 유입되어 다문화 사회가 되어가면서, 외국에서 온 이민자가 국가공무원이 될 수 있는가에 대한 논의가 필요할 것이다. 이민자 혹은 이민자 2세 등이 군인과 같은 특정 직업을 가질 수 있도록 할 것인지 여부에 대해서도 이슈가 될 수 있다. 게다가 전 세계가 가까워짐에 따라 한국의 대표자로서 일해야 할 사람이 현재보다 많아질 것이다. 그러한 상황 속에서 이민자가 국가공무원 중 군인과 경찰이 될 수 있는지와 관련된 논의는 더욱 활발해질 것이다. 자신의 모국과 대치되는 상황 속에서 이민자가 한국의 이익을 위한 선택을 할 것인지, 자신의 모국 출신 이민자가 범법 행위를 저질러도 공정한 치안 행위를 할 것인지를 고민할 필요가 있을 것이다. 또한, 우리나라를 대표하여 한국의 국익을 위해 일해야 하는 곳으로는 외교부와 국가기밀기관 등이 있다. 또한, 글로벌 조직들 내부에서도 각 조직의 핵심 부처에 외국인 이민자가 근무할 수 있는지 여부 또한 논의가 있을 것이다. 저출산·고령화의 인구구조 속에서 해외 우수 인력을 영입하는 정책을 지휘할 수 있는 전담 부서 이민청을 세우고, 범정부적 공조 체제를 강화해야 한다. 또한, 우리 사회에 필요한 외국 전문 인력을 평가하는 기준과 절차를 통일하고, 외국 인력이 효율적으로 활동할 수 있는 문화적 인프라를 개선하는 일도 필요할 것이다.

물리적 요인으로 한국에 들어온 외국인 이민자도 많지만, 해외에서 한국 기업에 원격으로 근무하는 근로자도 많아질 것이다. 이러한 외국인이 거주하는 곳은 한국 외의 나라지만, 원격 기술과 통역 기술, 통신 기술이 좋아짐에 따라 근무시간에는 한국에 가상으로 존재하게 될 것이다. 한국 내의 사무실에서 일하는 것처럼 외국의 어느 장소에서 근무하게 될 것이며, 한국 내 조직에서 일하게 되므로 한국 문화와 뉴스 등을 많이 접하게 될 것이다. 물리적 거주지가 국적과 문화권을 정하는 기준이었지만, 교통과 통신 등의 기술 발달로 인해 물리적 장소를 기준으로 생각하는 강도가 약해질 것이다. 생산가능인구가 부족한 한국 정부는 해외에서 한국 내의 조직에 근무하는 가상인구를 실질적인 경제활동인구로 간주하려고 시도해야 할 것이다.

삶과 죽음의 질에 대한 관심 증가

일단 의료 기술이 발전하고 위생 상태가 좋아져 평균수명이 많이 늘어날 것이다. 사전 예방적인 건강 관리 체계 인프라가 널리 확산되고, 건강검진이 크게 강화되어 큰 고통을 유발하는 병이나 난치병에 걸리는 사람은 크게 줄어들 것이다. 그리고 고령화가 진행됨에 따라 노령인구의 나이 기준이 기존보다는 높아져 이전보다 더 많은 나이까지 일하게 되지만, 많은 부분 자동화되고 로봇이 대체하게 되어 이전보다 여유 시간이 많이 늘어날 것이다.

이러한 상황 속에서 인간의 삶과 죽음의 질에 대한 사회적인 관심이 증가할 것이다. 다양한 여가 활동과 문화 활동 등에 대한 관심은 지금보다 더욱 커질 것이며, 다양한 자기계발 관련 프로그램이 생겨날 것이다. 또한, 교통수단이 획기적으로 발전하여 국내와 국외로의 이동 시간과 비용이 크게 줄어들 것이다. 그리하여 국내와 해외로의 이동이 더욱 쉬워져서 타 지역으로의 이동 빈도가 대폭 증가할 것이다.

과거에는 오래 사는 것에 대한 관심이 많았고, 현재 건강에 대한 관심이 많은 것처럼, 미래에는 삶의 질뿐만 아니라 죽음의 질에 대한 관심도 증가할 것이다. 오래 사는 것보다는 건강하게 살다가 여유를 갖고 건강하게 죽음을 준비한 후 죽는 방법에 대한 관심이 집중될 것이다. 여유 있게 계획을 갖고 죽음을 준비하는 사람이 많아짐에 따라 그와 관련된 서비스와 시장이 형성될 것이다. 죽음을 준비하는 초고령의 노인들이 많아짐에 따라 정부 차원에서 초고령층이 모여 사는 전용 타운 건설사업을 선도적으로 진행할 필요성이 제기될 것이다. 현재의 실버타운의 변형된 모습으로 볼 수도 있는데, 이른바 웰다잉well-dying을 기치로 내세우는 실버타운이 더욱 많아질 것이며, 그 안에서 가능한 사회 활동이 많아지고 분위기 또한 밝을 것이다.

1인 가족 등 다양한 가족 형태의 등장

　여성의 경제활동참가율은 계속 증가할 것이다. 여성의 경제활동참가율 증가와 결혼관의 변화 등으로 인해 핵가족화와 소가족화 현상이 더욱 심화될 것이다. 전통적인 가족관과는 다른 방향으로의 가치관 변화로 인해 이혼이 증가하게 될 것이며, 이것은 재혼의 증가로 이어질 것이다. 또한, 교통과 통신 등이 더욱 발달하여 다문화·글로벌 사회가 되면서 국제결혼이 증가할 것이다. 국제결혼이 증가함에 따라 결혼 당사자와 가족들의 사회적·문화적 이해 부족으로 인해 가족 내의 종교와 문명의 충돌로 인한 갈등이 증가할 것이다.

이뿐 아니라 싱글족[1]인 가족과 노인단독세대, 딩크족Double Income, No Kids, 독신가구도 증가할 것이다. 그리고 기존에는 많이 보이지 않던 여러 부부와 자녀가 함께 모여 사는 공동체가족, 일정 기간 다른 자녀를 위탁 양육하는 위탁가족, 동성끼리 부부로 사는 동성애가족 등의 가족 형태도 증가할 것이다. 이러한 다양한 형태의 가족이 늘어남에 따라 각 특성에 따른 맞춤형 서비스를 제공하는 새로운 산업들이 나타날 것이며, 특히 노인 부양과 자녀 양육과 관련된 서비스 시장은 크게 확대될 것이다.

또한, 교통과 통신기술의 발달로 인해 가족들 간의 물리적 거리가 점점 멀어질 것이다. 이전보다 가족이 먼 곳에 살더라도 교통 기술의 발달로 왕래에 필요한 시간은 많이 줄어들 것인데, 사실적인 입체 형태의 영상통화 등 통신기술의 발달로 원활한 소통이 가능하기 때문이다. 그래서 각자 이루고자 하는 목표나 원하는 삶의 모습 등이 다변화되면서 이전보다 거주지에 대한 선택권이 증가하게 되고 서로 떨어져 사는 가족 간의 물리적인 거리는 늘어나게 될 것이다. 행정 측면에서 가족 간의 물리적 거리 확산은 기존 세대 형태를 사람의 숫자 외에도 가족 간 커뮤니케이션의 빈도수에 따라서 규정할 필요성이 제기될 것이다. OECD의 「2015 삶의 질」 보고서에 따르면, 한국은 어려움에 처했을 때 도움을 청할 가족, 친구가 있는지 여부를 측정하는 사회연계 지원 부문에서 최하위를 기록한 바 있다. 가족 간의 거주지가 떨어져 있어도 정기적 교류와 원격 커뮤니케이션의 빈도에 따라 실질적 도움을 주는 상황 차이가 많이 발생하기 때문에 정부는 가족 간의 물리적 거리 외에 심리적·정서적 거리를 계량화하는 방법을 도입할 필요가 있다.

6 환경

기후변화로 인한 기상이변과 자연재해 증가

온실가스 배출량은 오랫동안 지속적으로 증가해왔다. 1912년부터 2008년까지 세계 평균기온이 0.74℃ 증가하는 동안, 한국의 연평균기온은 1.7℃ 증가하여 우리나라의 온난화 문제가 다른 나라보다 더욱 심각한 상황임을 보여준다. 2100년 한국의 평균기온은 현재보다 2~4℃ 증가할 것으로 예상되는데, 그러한 경우 한반도는 아열대화되어 기후 환경에 큰 변화가 있을 것이다.

지구온난화로 인해 해수면이 상승하고 있다. 한국의 해수면 상승은 최근 40년간 약 10cm 상승했는데, 이는 세계 평균값보다 높은 편으로 아주 심각한 수준이다.[4] 해수면이 상승함에 따라 일부 섬들이 물속에 잠길 것이며, 해안 지역의 육지와 바다의 경계가 많이 바뀌어 국토의 모습이 변할 것이다. 해수면 상승으로 인해 내륙 쪽으로 더 깊이 해수가 들어오게 될 것이며, 해수가 들어온 내륙 지역은 식수 공급과 농업 분야에서 큰 피해가 나타날 것이다. 따라서 해수면 상승으로 인해 변화된 해안 지역에 대해 식수원과 농경지 보호를 위한 정비사업이 필요할 것이다. 삼면이 바다로 되어 있는 우리나라의 경우, 전반적으로 해안 지역을 대상으로 정비사업을 벌일 경우 소요될 비용 규모가 작지 않은 수준으로 중·장기적 재원 마련 대책이 필요할 것이다.

기후변화로 인해 대규모 홍수와 가뭄, 폭염 등 대형 재해 가능성이

---

4 김병준, 「한반도 해수면 상승률, 40년 동안 10cm나 상승 '세계 평균 상회'」, 『이데일리』, 2015. 12. 16.

증가할 것이다. 한국에서 발생하는 대가뭄과 대홍수의 강도와 빈도가 지난 30년간 세 배 이상 증가했고, 앞으로 더욱 증가할 것이다국토연구원, 2009. 자연재해의 규모와 빈도가 이전보다 증가하면서 이로 인한 피해가 더욱 클 것임은 자명하다. 특히, 이전에는 자연재해가 별로 없어 그에 대한 대비가 충분하지 않은 지역에서 자연재해가 발생할 경우 그 피해의 규모는 의외로 아주 컸었다. 따라서 정부에서는 대규모 자연재해 투입을 전제로 군대 조직의 훈련 과정을 개선할 필요성이 제기된다. 후방지역에 배치된 일부 부대의 경우 군사훈련 외에 다양한 자연재해를 상정한 시설 복구와 인명 구조 훈련을 체계적으로 병행하여 국민들의 생명과 안전을 종합적으로 보호해야할 필요가 있을 것이다.

환경오염과 생물다양성 감소

중국이 계속적으로 산업화됨에 따라 중국의 대기오염 문제는 더욱 심각해질 것이다. 2013년 중국의 대기오염으로 인한 사망자 수는 160만 명이었다.[5] 중국의 대기오염의 원인은 석탄 사용으로 인한 미세먼지로, 이것은 한국의 대기에도 적지 않게 부정적인 영향을 미치고 있다. 또한, 중국의 사막화로 인한 황사 역시 수시로 한국의 대기 환경에 부정적인 영향을 미치고 있다. 중국 정부가 오염된 대기를 정화하기 위해 노력하지만, 큰 성과는 기대하기 어렵다. 중국의 대기오염이 심각해지

---

5 최용순, 「매년 전 세계 대기오염 사망자 5,500,000명」, 「서울경제」, 2016. 2. 14.http://economy. hankooki.com/lpage/worldecono/201602/e20160214174432143160.htm

면서 한국에 더욱 부정적인 영향을 미치게 됨에 따라 아주 중요한 외교적 안건으로도 떠올랐다. 결국, 한국과 중국의 지자체들은 동북아시아에서 발생해서 흘러다니는 미세먼지, 오염물질을 추적하는 감시망을 갖추고 대기오염 피해를 보상하는 국가 간 소송 체계를 가동하기 시작했다.

생물종의 멸종 속도는 포유동물의 경우 그 계통의 존속 기간이 약 100만 년이며 1종이 멸종되는 데는 약 200년이 걸리는 것으로 과학자들은 추정하고 있으나, 최근에는 이보다 50~100배 정도 빠르며, 현재 3만 4,000여 식물종, 5,200여 동물종, 전 세계 1/8 이상의 조류종이 멸종위기다. 우리나라 역시 246개의 생물종이 멸종 혹은 멸종위기에 처해 있다^{환경부, 2012}. 우리나라의 평균기온이 높아져 아열대기후로 변화된다면, 기존 생물종 중 상당수가 멸종될 것이다. 아열대화로 인해 농업 부문에서도 장기적 전략 수립이 필요할 전망이다. 예를 들어, 사과와 배 등의 온대성 과일을 재배할 수 있는 곳은 강원도 일부 지역으로 줄어들고, 대신 단감과 감귤, 망고 등의 아열대 과일이 남부 지역에서 재배 가능해질 것이다.

또한, 바다의 수온이 높아짐에 따라 이미 동해안에 아열대 어류가 출현하고 있다. 2009년 노랑자리돔, 2009년 쏠배감펭, 2010년 바다뱀과 쥐가오리, 고래상어, 실전갱이, 흑가오리 등의 아열대 어류가 최근 많이 발견되었다.[6] 바다의 수온이 높아짐에 따라 기존의 어류 종은 한국 해역에서 없어질 것으로 예상되며, 현재 동남아시아 등지에서 보이는 아열대 어류 종이 많이 보일 것으로 전망된다.

6 곽성일, 「한반도 아열대화 빨라지고 있다 — (7) 아열대로 바뀐 바다와 수산물」, 『경북일보』, 2015. 9. 7.

아열대성 외래종 생물이 한국에 유입되어 정착에 성공하는 경우가 많이 늘어날 것이다. 아열대 종이 새로 유입되는 반면에, 한반도에 아주 긴 시간 동안 살아온 수많은 고유종들이 사라질 것이다. 이와 관련된 사례로, 제주도에 있는 한라산의 구상나무숲에서 구상나무가 18.8% 죽은 것으로 나타나는 등 급격히 쇠퇴하고 있는데, 34.8%가 온도 상승에 의한 생리적 장애, 65.2%는 강한 바람이나 폭설, 폭우 등의 자연재해가 원인인 것으로 분석됐다. 이뿐 아니라 제주 특산종인 23종과 북방계 고산식물과 그 파생 특산식물 145종까지 그러한 위험에 처한 것으로 예측되고 있다.[7]

한반도의 기후가 아열대화되면 새로 유입되어 정착하는 생물이 많아질 것이다. 하지만 수많은 한반도 고유의 생물이 멸종하게 될 것이다. 그리고 아열대기후의 한반도에 유입되는 모든 생물종이 성공적으로 정착하는 것은 불가능하다. 유입되는 생물종 중 상당수가 기후 외의 다른 한반도의 특징으로 인해 정착하지 못할 것이다. 결과적으로 한반도에 존재하는 생물의 다양성은 크게 감소할 수 있다. 따라서 정부는 기후변화가 우리 사회에 미칠 영향을 다각적으로 시뮬레이션하는 상설기구를 설립하고 멸종위기종을 보호하는 공간 단위의 행정명령을 내릴 수 있도록 법 제도를 개선할 필요가 있다.

---

7 김정도, 「해수면 상승 전국 최고, 제주 특산 23종 멸종위기」, 『제주의 소리』, 2015. 12. 28., http://www.jejusori.net/?mod=news&act=articleView&idxno=171332

판데믹 취약성 증가

환경이 오염되고 지나친 항생제 사용으로 인해 신종 전염병이 발생할 것이다. 도시 지역은 깨끗하게 유지되겠지만, 환경이 심각하게 오염되는 지방이 늘어나 전염병 발생 빈도가 과거보다 많이 증가할 것이다. 전염병이 발생했을 때, 전염병의 유입을 막기 위해 각 국가의 노력은 이전보다 더욱 커지지만, 인적·물적 교류가 많기 때문에 전염병의 유입을 막는 것은 이전보다 어려울 것이다. 인적 교류가 빈번하게 일어나 세계가 더욱더 가까워짐에 따라 이러한 전염병의 확산은 이전보다 빠르고 넓을 것이다.

이외에도 의료 기술의 발달과 확산으로 약과 주사 등을 이용한 치료가 증가함에 따라 항생제 사용이 많아질 것이다. 치료를 위한 항생제 사용은 필요하지만, 과도한 항생제의 사용은 변종 바이러스의 출연을 야기할 수 있다. 매년 새로운 독감 바이러스가 생기는 것처럼 변종 바이러스로 인한 전염병이 생겨날 것이다. 미래에는 모든 병이 치료되거나 예방할 수 있다는 일부 사람의 믿음과는 달리, 다양한 변종 바이러스를 완벽하게 예방하는 백신의 개발은 어쩌면 영원히 불가능할지도 모른다. 항생제 사용으로 인해 생겨난 변종 바이러스가 만들어 낸 전염병은 헬스케어 체계와 위생 시스템이 열악한 지역에서 많이 발생할 것이다. 몇 번의 전염병이 세계를 위협한 이후, 국제기구가 이러한 전염병의 발생을 예방하기 위한 노력을 본격적으로 수행할 것이다. 이와 관련된 몇 가지 대책으로써 위생 시스템 발전을 위해 투자와 개발이 이루어질 것이며, 위생과 밀접하게 관련된 식수와 수돗물 공급에 먼저 노력을 기울여야 할 것이다. 한국의 경우 수돗물의 직접 음용률이 2~3%로 매우 낮은 상황^{환경부, 2013}에서 위생적인 식수 공급을 국민 모두에 보장하려면 수돗물 수질의 고도화 외에 첨단 정보통신기술을 적용할 필요성이 제기될 것이다. 예를 들어, 각 가정에 들어가는 관거管渠의 수질을 실시간으로 측정해 주민들에게 알려주는 수질 경보 시스템을 구축할 경우 국민 대부분이 정수기나 생수 구매에 의존하지 않고도 위생적으로 식수를 마실 수 있을 것이다.

7 자원

에너지·식량·수자원 부족 심화

산업화와 도시화, 화석연료 사용 등으로 온실가스가 증가하여 지구 온난화가 지속될 것이다. 이는 식량 부족 문제를 유발할 것이다. 미국의 경우도 지속적인 기상이변 증가와 온난화로 인해 곡물 생산량이 감소했다. 특히 밀과 옥수수는 지난 30년간 수확량이 4~5% 정도 감소한 것으로 추정된다. 이로 인한 곡물 가격 상승은 인구 증가로 인해 위험에 놓인 지구 곳곳에 위협적 요소가 되었다. 따라서 빈곤층은 가난에서 벗어나기 위해 더욱더 도시로 몰려올 것이다.

세계 인구 증가와 삶의 질 향상, 신흥개발국의 에너지 수요 증가에 따라 에너지 소비가 급격하게 증가할 것이다. 2007년부터 2030년까지

1차 에너지 수요는 연평균 1.5% 증가하여 총 40% 증가할 것으로 전망되며, 세계적인 전력 수요는 2030년까지 연평균 2.5% 증가할 것으로 전망된다.[8] 에너지 소비 증가와 환경오염 속에서 선진국들은 에너지 위기에 대응하기 위해 석유 등 화석연료 사용을 줄이고 친환경에너지를 개발하기 위한 노력을 하고 있다. 우리나라의 경우 신재생에너지 보급률이 OECD 국가 중 최하위 수준인데, 향후 정부의 정책적 의지로 신재생에너지 비율은 점진적으로 확대될 전망이다[국토연구원, 2009]. 다만, 좁은 국토 면적과 높은 토지 비용, 다른 국가들에 비해 상대적으로 부족한 풍력과 태양광 자원, 타 에너지원보다 상대적으로 낮은 경제성 등으로 인해 우리나라의 경우 신재생에너지가 급속히 확대되거나 주력 에너지원이 되기는 어려울 전망이다. 결국, 정부가 국내 전력 수요를 억제하지 못한다면 미세먼지의 주요 배출원인 화력발전소 또는 원전의 건설을 계속 늘리는 것이 불가피할 전망이다. 이럴 경우 신설 화력발전소를 적절한 지역에 설치해서 발전소에서 배출되는 미세먼지 피해를 최소화하도록 행정력을 발휘해야 할 것이다.

한국의 기후가 서서히 아열대화되어감에 따라, 한국에 살던 곤충이 북쪽 지역으로 이동하고 있고, 아열대 외래종이 유입되고 있다. 외래곤충이 한국에 정착하게 되면서, 외래종 해충이 국내 농가에 큰 피해를 주고 있다. 해외에서 사용하는 방제약은 토질이 달라 국내에서는 효과가 없는 경우가 많다. 그리하여 기존의 방제약으로 막지 못하는 새로운 해충을 막기 위한 방제약을 개발하기 전까지 외래종 해충으로 인한 농업 생산량 감소에 속수무책인 상황이 될 수 있다. 한반도 기후가 계

---

8 IEA, 「World Energy Outlook 2009」, 2009.

속 변함에 따라 외래종 해충으로 인한 피해는 계속 증가할 것으로 보이며, 이는 식량 자원을 부족하게 하는 하나의 원인이 될 것이다.

아프리카, 중동, 인도 등의 급격한 물 수요 증가와 물의 절대량 부족으로 인해 세계적인 물 부족 현상이 심화될 것이다국토연구원, 2009. 그리하여 물값이 원유가격 수준으로 상승하거나 심각한 물전쟁이 발발할 가능성도 있다. 우리나라의 경우 강수량이 여름 장마철에 많이 몰려 있는데, 이로 인한 문제를 극복할 수 있도록 물 저장 관련 기술과 시설을 구축할 필요가 있다. 그리하여 한국의 물 총량이 부족하지는 않겠지만, 지역별 물 수요와 공급의 불일치에 따라 물 관련 분쟁이 발생할 수 있다국토연구원, 2011.

미래 한국은 자원 부족 문제를 극복하는 과정에서 국가 어젠다가 '성장'에서 '보존'으로 무게중심이 상당 부분 이동하게 될 것이다. 현재도 한국은 쓰레기의 분리수거 비율이 세계에서 최고 수준인데, 미래 사회는 특히 자원 재활용이 큰 화두가 될 것이다. 정부는 자원을 아끼기 위해 재활용을 적극적으로 유도할 것이며, 이러한 노력으로 재활용품 사용은 이전보다 크게 확산될 것이다. 사용한 물건을 깨끗하게 하는 등 손질을 하여 다시 쓰는 재사용 역시 중요한 경제활동으로 자리 잡을 것이다.

원자력발전의 지속가능성 및 위험성 증대

국제에너지기구IEA에 의하면, 미래에는 화석연료 중에서 가스 사용이 매우 증가할 것이며, 원자력발전은 여전히 중요한 에너지원으로 사용될 것이라 전망된다. 많은 기대를 모으고 있는 재생에너지의 사용 비율이 급증하지는 않을 것이며, 현재보다는 조금 증가한 정도로 활용될 것이다. 신재생에너지가 기대만큼 성장하지 못하여, 기존에 감축하고자 했던 화석연료와 원자력발전은 한동안 더 계속적으로 활용될 것이다. 그리고 온실가스를 배출하는 화석연료 사용을 줄여야 하기 때문에 결국 원자력발전의 의존도가 크게 감소하지는 않을 것이다.

하지만 원자력발전의 사용이 증가함에 따라 방사능 오염으로 인한 생태계 파괴의 우려가 커질 것이다. 체르노빌, 스리마일아일랜드, 후쿠시마 원자력발전 사고 이후에도 몇 차례 원전의 크고 작은 사고로 인해 그 위험성을 심각하게 인식하여 안전에 최선의 노력을 기울일 것이다. 하지만 원자력발전의 위험성이 아주 낮더라도 위험성은 존재하고 있으며 그 영향력이 이전의 사고보다 더 클 수 있기에 이와 관련된 논란은 계속될 것이다.

결국, 원자력발전을 더욱 안전하고 효율적으로 활용할 수 있는 연구가 계속 수행될 전망이다. 원전에서 사고가 발생하더라도 원자력발전소 외의 지역으로 방사능이 유출되지 않으며, 사고에 잘 대처할 수 있도록 하는 안전 시스템과 관련된 연구도 많이 수행될 것이다. 이러한 노력으로 원자력발전에 대한 대중의 인식이 다소 개선되는 가운데 예상치 못한 원전사고의 위험은 황해 너머에서 올 수도 있다. 중국 정부가 해안지역에 즐비하게 건설한 원전의 일부가 부실 설계, 테러, 지진 등으로 방사능 유출 사고가 발생할 경우 한국만이 아닌 동아시아 전체의 원전 폐기를 강하게 주장하는 집단이 등장할 전망이다. 정부로서는 국민들을 보호하는 원전 리스크 관리가 특정 국가의 행정력을 벗어나는 사안임을 직시할 필요가 있다. 이에 따라 한국 정부는 인접한 중국, 일본 정부와 원전사고 예방 및 대응체계에서 실시간 정보 공유와 협조가 가능한 시스템을 구축할 필요성이 제기될 것이다.

북한을 포함한 한반도 자원 개발의 필요성 증대

에너지 자립을 위해 한반도에 있는 자원 개발의 필요성은 더욱 커질 것이다. 기술 개발을 통해 동해의 독도 부근에 매장되어 있는 메탄 하이드레이트methane hydrate의 채굴과 보관, 수송이 가능해져 이것을 새로운 에너지원으로 활용할 것이다. 이외에도 에너지 자립에 긍정적인 영향을 줄 수 있는 요인들이 일부 나타나 자원의 해외의존도가 현재보다 조금 줄어들 것이다.

하지만 신재생에너지 보급률이 종전의 기대에 못 미친 상황 속에서 화석연료와 원자력발전 사용 비중은 일정 기간 동안 획기적으로 크게 감소하지는 않을 것이다. 한국은 자원이 많은 나라가 아니기 때문에 에너지의 해외의존도가 여전히 높은 상황이다. 그에 대한 대책으로 자원외교 활동을 비롯한 다각적인 노력을 기울일 것이다. 하지만 한국뿐 아니라 자원이 고갈되고 있는 나라를 포함한 여러 국가의 자원의 의존도가 높아져 국제적으로 자원 확보에 대한 경쟁이 심화될 것이다.

한편, 북한에는 아직 채굴되지 않은 다양한 지하자원이 있다. 북한 지역에 존재하는 지하자원에 대한 추가적인 경제성 분석이 필요하지만,

현재 북한 지역에는 석탄과 석회석, 마그네사이트, 철광석, 우라늄, 희토류 등의 풍부한 자원이 있다. 중국과 러시아가 북한에 매장되어 있는 자원을 공동으로 개발하는 협약을 맺는 등의 행보로 인해 한국이 북한 지역의 자원을 선점하기는 쉽지 않을 것이다. 하지만 한국의 에너지 자립도가 낮은 상황을 타개하기 위해 지리적으로 가까운 북한의 자원 개발에 대한 목소리가 커질 것이다. 이는 남북 관계에 크게 영향을 받는 것으로 남북 대치 상황이 완화되는 수순에 따라 남북자원협력 기능을 확대하거나 별도 조직을 신설하는 등의 준비가 필요할 것이다. 또한, 에너지자원공학과와 북한학과를 연계해서 북한 체제의 특성에 대한 이해도가 높은 전문 인력을 육성하는 대비책이 요구된다.

CHAPTER 2

미래의 환경 변화가
공무원 인사제도에 주는 시사점

1 제4의 기술혁명, '인공지능혁명'

앞서 살펴본 것처럼 미래의 환경은 급격히 복잡하게 변화하고 있다. 이는 기존의 정부 형태나 조직, 사람공무원으로는 대응하기가 점점 더 어려워지고 있음을 의미한다. 미래의 여러 환경 변화들 가운데 특히 주목해야 할 것이 인공지능, 드론, 로봇, 자율주행차 등으로 대표되는 인공지능과 무인기술이 가져올 새로운 미래의 혁명일 것이다. 인류는 현재 농업혁명, 산업혁명, 정보통신혁명을 넘어 제4의 기술혁명인 '인공지능혁명'을 목전에 두고 있다. 인공지능혁명은 인류의 미래 모습을 근본부터 흔들어 놓을 수 있는 중대한 변화이자 새로운 특이점singularity이라고 할 수 있다.

현재 인공지능 발전을 주도하는 핵심기술은 크게 두 가지 '기계학습machine learning'과 '딥 러닝deep learning'이다. 컴퓨터는 기계학습 과정을 거치면서 구체적인 사례를 인식하고 일정한 패턴을 찾아낸다. 이 결과 컴퓨터는 인간의 지시가 없어도 새로운 상황 변화에 대처할 만한 판단 능력을 갖추게 된다. 또한, 컴퓨터는 딥 러닝을 활용해서 데이터 자체의 성격과 특징, 예를 들어, 시각 정보와 음성 정보를 구별하는 것이 가능해진다. 딥 러닝 기술을 활용한 언어 인식 서비스의 발달은 언어 관련 일자리를 대부분 대체할 가능성이 높다.

영국 BBC는 자동화 기술에 의한 일자리 대체 가능성을 직업별로 보여주는 뉴스 서비스를 2015년 9월부터 시작했다. 영국 국민들은 이 서비스를 활용해서 향후 기술 진보가 자신의 일자리를 사라지게 하는데 얼마나 위협을 가하는 수위인지, 동일 직종의 노동자 규모와 평균 임금을 알아볼 수 있다.

현재 영국에서 자동화와 인공지능의 발달로 일자리가 사라질 우려가 가장 큰 직종은 텔레마케터로 나타났다. 영국 내에서 연간 1만 9,768파운드의 소득을 얻는 텔레마케터의 채용 규모는 4만 3,000명으로 집계된다. 이러한 텔레마케터 직종이 사라질 가능성은 무려 99%라고 한다. 이 밖에도 첨단 기술로 대체될 위험성이 90%가 넘어서는 직업은 총 51개에 달한다. 또한, 앞으로 20년 이내에 더 이상 사람을 뽑지 않을 가능성이 큰 직종 15개 군의 채용 규모는 152만 7,000명에 달한다. 특히, 조만간 도태될 것으로 예상되는 15개 일자리텔레마케터, 컴퓨터 입력 요원, 법률비서, 경리, 분류 업무자, 검표원, 판매원, 회계관리자, 회계사, 보험사, 은행원, 기타 회계 관리자, NGO 사무직, 지역공무원, 도서관 사서는 단순 사무직에 포함되어 기존의 육체노동이 자동화로 사라질 것이란 통념을 무색케 한다. 자동화 기술과 인공지능의 확산에 따른 인간노동력 수요의 감소는 육체노동을 넘어서 사무직으로까지 그 범위가 제한되지 않을 것이다.

한편, 2015년 6월, 호주의 호주경제발전위원회Committee for Economic Development of Australia, CEDA가 발표한 '기술에 의한 노동시장의 변화 연구'에 따르면 향후 15년 이내에 호주 노동자 500만 명, 노동인구의 40%가 자동화 기술의 확산에 따라 해고 위협에 직면할 것으로 보인다. 이제 기술 진화에 밀려서 사라질 가능성이 있는 일자리는 육체노동을 넘어서 사무직으로 확산되는 추세임을 알려준다.

2 민간 부문의 변화

공공 부문에 선행하여 민간 부문에서는 이미 인공지능과 가상현실을 활용한 소비자들의 쇼핑 방식을 연구하고 있다. 이를 통해 고객에게 더 많은 정보를 제공하고, 고객 서비스 수준을 높이며, 더 많은 제품을 판매할 기회를 모색한다. 그러나 이제 곧 정보 제공만으로 불충분한 시대가 열릴 전망이다. 미래의 소매업체는 온라인 고객이 오프라인 상점의 문을 열고 들어오는 시간을 파악하여 판매 직원이 전날 웹사이트에서 고객이 살펴봤던 제품에 관해 이야기를 나눌 수 있도록 할 것이다. 대도시에만 오프라인 매장을 가진 소매업체는 시골 지역 고객이 자신의 거실에서 오프라인 상점으로 걸어들어가 쇼핑하는 경험을 제공하는 온라인 쇼핑 공간을 구현할 것이다. 이렇게 새로운 방식으로 고객을 몰입시키기 위해 가상현실, 인공지능, 클라우드 등 새로운 기술이 필요하게 될 전망이다.

버진애틀랜틱항공Virgin Atlantic Airways은 가상현실 경험을 서비스에 활용하기 시작했으며, 마이크로소프트와 손잡고 고글안경과 윈도우10 기반의 앱을 개발하고 있다. 이 기술을 전시회와 기업 고객 미팅에 이용하고 있다. 고객들은 버진애틀랜틱항공의 어퍼 클래스upper class 좌석을 이용해 여행했을 때의 경험을 간접적으로 체험할 수 있다. 또한, 등산 장비를 사기 위해 상점을 방문한 고객이 가상현실 시스템을 이용해 산 정상에서 아래를 내려다볼 때의 경험을 체험하는 방법도 구상되고 있다. 가상현실은 고객들이 더 많은 하이킹과 스키를 즐기도록 장려할 수 있으며, 이는 새로운 재킷, 부츠, 장비 판매에 도움을 줄 것이다.

미국 초호화 백화점 니만 마커스Nieman Marcus도 가상현실 또는 증강현실을 통해 고객이 찾는 제품이 위치한 층과 장소로 고객을 인도할 길이 보이는 시스템을 고안 중이다. 또한, 상의를 고르면, 가상으로 다른 무늬와 색상의 옷을 확인할 수 있다. 누군가의 거실에서 내 디지털 상점이 시각적으로 구현될 것이다. 가상현실은 모든 장소에 상점을 위치시킬 수 있도록 도와주기도 한다.

소매업체들은 고객들이 인공지능의 도움을 받아 자신이 원하는 제품을 찾고, 인공지능이 고객이 모르는 신제품과 서비스를 소개하는 시대가 멀지 않았다고 말하고 있다. 미국 아웃도어 제품 회사 노스페이스The North Face, Inc는 인공지능이 신규 고객을 중심으로 온라인 고객들에게 도움을 준다고 강조하고 있다. 이 회사의 고객들은 온라인 재킷 카탈로그를 스크롤하는 방법으로만 쇼핑하는 것이 아니다. 인공지능 시스템은 고객에게 재킷을 착용할 장소, 재킷을 착용하는 용도 등을 묻는다. 그리고 기상, 스타일, 용도^{활동}를 기준으로 적합한 재킷을 추천한다. 즉, 사람이 쇼핑을 돕는 것과 비슷한 경험을 제공한다.

니만 마커스도 인공지능을 통해 고객을 파악하고, 고객에게 관련된 질문을 하여 답을 제시할 방안을 연구하고 있다. 소매업체는 인공지능을 이용해 쇼핑객의 행동을 분석하고, 고객이 더 효율적으로 필요한 제품을 구입할 수 있도록 지원할 수 있다. 예를 들어, 고객이 상점에 들어가면, 모바일 앱이 내 건강을 토대로 음식을 추천하는 방식도 좋은 사례가 될 수 있다. 할인 중인 상품, 그 상품이 위치한 장소 등의 정보도 제공할 수 있다. 또 예산에 맞는 경제적인 쇼핑을 도와줄 수도 있다.

클라우드는 기업이 중요 시스템의 설정, 구성, 유지 관리에 대한 작업 부담의 상당 부분을 덜어줄 수 있다. 또한, 소매업체가 더 많은 기술, 더 큰 네트워크를 이용할 수 있도록 해준다. 클라우드는 방대한 리소스^{resource}를 이용할 수 있도록 해주는 기술이다. 스스로는 경제적으로 구현할 수 없는 그런 리소스들이다. 본사에서 멀리 떨어진 상점들이 내부에 이런 리소스를 구축하지 않고도 기술을 이용할 수 있도록 해준다. 다시 말해, 기술을 중앙화하는 방식이라고 할 수 있다. 소매업체들은 신기술을 더 많이 이용하면서 클라우드의 중요성이 커질 것이며, 새로운 기술 모두가 소매 산업에 더욱 중요해질 것이다.

인공지능, 가상현실, 클라우드는 앞으로 소매산업에서 아주 큰 역할을 하게 될 것으로 전망된다. 초기에는 조기수용자^{early adopters}를 중심으로 그 장점을 십분 활용하게 될 것이나 결국에는 사업에 보편적으로 활용하는 기술로 자리 잡게 될 것이다.

3 기술의 발전과 미래 정부의 변화

　인공지능과 로봇 등과 같은 기술의 발전은 이미 '일자리 문제' 등과 같은 도전적 과제를 정부에게 던지고 있다. 그러나 기술 역시 정부를 위한 새로운 접근 방법을 제시하고 있는 것 또한 사실이다. 결국, 새로운 기술의 발전은 미래의 정부 형태와 조직에 근본적인 변화를 요구하고 있다. 실제로 민간 부문에서 이미 활용되는 인공지능, 가상현실, 클라우드 기술 등을 접목해서 참여자들이 스스로 정부를 운영하는 대표적인 사례가 바로 〈그림 1-2〉의 글로벌 가상국가인 비트네이션Bitnation이다.

〈그림 1-2〉 글로벌 가상국가 비트네이션

출처: 비트네이션 웹사이트., https://bitnation.co/main/

　'비트네이션'은 디지털 비트digital bit로 만들어진 국가란 뜻이며, 가상암호화폐 '비트코인bitcoin'의 핵심기술인 '블록체인blockchain'을 활용해서 새로운 국가관리 구조를 만드는 시민들의 공동 플랫폼을 지칭한다. 기존 정부 시스템이 정보의 독점으로 인한 부정부패에서 자유롭지 못했지만, 비트네이션은 누구나 공유할 수 있는 온라인 장부 기술인 블록체인을 활용해서 행정부의 주요 기능을 대체한다는 비전을 차츰 실현하고 있다. 비트네이션은 행정 서비스와 교육, 법률, 치안 등 국가관리와 운영을 위한 기본 플랫폼의 역할을 할 수 있다. 굳이 정부 시스템에 의존하지 않고도 개인 간의 결혼이나 출생 및 사망 신고, 공증, 토지 및 기업 등기를 비트네이션에 등록하면 충분할 것이다.

비트네이션 정부에도 물론 자칭 공무원들은 존재한다. 그러나 이들은 국민국가의 공무원과는 달리 비트네이션을 운영하는 데 필요한 시스템의 개발과 유지·보수 업무를 자발적으로 담당한다. 또한, 비트네이션은 새로운 형태의 직접민주주의 원칙을 도입하여 인공지능 프로그램을 이용하여 가입한 시민들의 정치적 의견을 실시간으로 수렴한다. 또한, 정책 결과를 가상 시뮬레이션을 통해서 공유하는 등 민주주의 이상에 근접한 정책의 논의와 결정 과정을 추구한다. 결국, 비트네이션의 의사결정은 사람이 하지만, 빅데이터와 가상현실, 인공지능 등이 정책 결정 과정에서 중요한 조력자 역할을 수행한다. 비트네이션은 미래의 정부 형태와 조직 운영에 대한 도전일 수 있으며, 비트네이션이 미래 정부의 한 단면으로 성장할지 여부에 대해서는 보다 신중하고, 광범위한 검토와 논의가 필요할 것이다.

우리나라 인사제도의
과거와 현재

역사적 맥락에서 바라본
우리나라의 관료제

인사人事가 만사萬事다. 좋은 인재를 뽑아서 적재적소에 쓰는 것은 어느 시대를 막론하고 국가의 운명을 좌우하는 핵심 요소이다. 지금 정부가 인사제도를 혁신하기 위해 고민하는 사안들이 대한민국의 수립 이후에 갑자기 생겨난 것은 아니다. 우리 선조들도 국가 운용에 필요한 인재를 선발하는 과정에서 비슷한 문제와 시행착오를 경험하면서 더 나은 인사관리제도를 수립하기 위해 노력했다. 한반도를 지배한 고려와 조선은 1,000년에 가까운 세월 동안 과거제를 중심으로 합리적 인사 시스템의 전통을 유지했고, 덕분에 장기간 통치체제를 유지했다. 두 왕조는 과거시험 외에도 추천에 의한 관리 선발, 지역별 인재 할당 등 지금 정부가 고민하는 공무원 인사 개혁과 흡사한 맥락에서 여러 가지 인재 선발 방식을 시도했음이 드러난다. 더 나은 미래는 과거에 대한 성찰을 통해서 설계할 수 있다. 선조들이 남긴 인사관리제도의 유산들이 오늘날 대한민국 공직 사회의 인사 혁신에 대한 시사점을 찾아보도록 한다.

1 신라와 고려, 국가시험제도를 도입하다

우리 역사에 기록된 최초의 국가시험제도는 신라 원성왕 4년[788]에 당나라의 과거제를 모델로 도입한 독서출신과讀書出身科이다. 당시 신라 사회에서 인재등용의 기준은 출신 성분骨品, 귀족의 추천 또는 무술 실력이 좌우했다. 원성왕은 귀족 중심의 국정 운용을 개혁하고자 필기시험에 따라 지원자를 상, 중, 하의 세 가지 등급으로 나누어 인재를 등용하는 혁신적인 관리선발제도를 시행했다. 대대로 골품제의 특혜를 누려온 귀족들은 독서출신과 시행에 거세게 반발했다. 신라 왕실은 실력에 따라 인재를 뽑아 귀족 세력을 억누르려 했지만 결국 성과를 거두지 못했다. 그리고 독서출신과 시행으로 신라인들의 학문 수준이 향상된 것도 아니었다.

고려 초기는 왕건이 후백제를 무너뜨리고 신라를 흡수하는 과정에서 여러 호족세력과 혼인관계를 맺은 후과後果로 왕권이 매우 불안정했다. 고려는 신라의 낡은 골품제를 대체할 새로운 관리 채용제도를 시급히 만들어야 했다. 그래서 958년, 광종은 후주後周에서 귀화한 쌍기雙冀의 제안을 수용하여 유교경전과 문예 실력을 시험하여 문반 관리를 선발하는 중국식 시험제도인 과거제도를 시행했다. 독서출신과 이후 170년 만에 다시 등장한 국가시험제도에 개국공신과 무신들은 강력히 반발했지만, 광종은 반대세력을 무자비하게 숙청하면서 과거제도를 정착시켰다. 고려의 과거제에서 제술과製述科는 시재와 정책 능력, 명경과明經科는 유교경전 지식을 시험해서 문신을 채용했다. 잡과雜科는 법률, 지리, 회계 등 실용적 지식을 평가해 기술 관리를 뽑았다. 고려는 원칙적으로 양인 이상이면 명경과와 잡과에 응시할 자격이 있었기에 학식이 있는 자는 관직 진출의 희망을 품을 수 있었다. 하지만 양인은 관료의 주요 채용 방식인 제술과에는 법적으로 지원할 수 없었고, 이보다 격이 낮은 명경과에도 귀족 자제가 아닌 양인이 합격하는 사례는 극히 드물었다. 이러한 한계에도 불구하고 고려는 엄격한 신분제에 갇혔던 신라에 비해서 인재 채용에서 공공성의 확대를 이룬 진일보한 사회라고 평가할 수 있다.

과거제 실시에도 불구하고 고려는 정치적 이유로 5품 이상 고급 관료의 자손들이 과거 시험을 보지 않고도 관리로 채용될 수 있는 음서제도를 유지했다. 고려 관직에서 음서 출신자는 과거 출신자보다 숫자가 더 많았지만, 승진에는 일부 제약이 따랐다. 즉, 고려는 귀족들에게 신분세습의 가능성을 남겨두면서 과거제를 통한 능력 본위로 관리를 선발하는 복합적 인사제도를 운영했다.

과거제 도입 이후 고려의 주요 교육 시스템인 국자감, 향학, 십이도 十二徒 등은 과거 급제를 통해서 서열이 정해졌고, 귀족 가문을 대신해 학벌이 자연스럽게 형성되었다. 과거 통과를 위한 준비 교육이 지나치게 성행하면서 정상적인 학문 발전에 지장을 초래했고, 무과를 시행하지 않은 탓에 나라의 기풍이 문약文弱에 흐르는 폐단도 나타났다. 이런 문제에 따라 고려왕조는 과거제를 10차례나 개혁했다. 고려 말 공민왕은 관리 등용을 3단계로 시험하는 과거 3층법을 시행하고, 무과도 처음 도입해 고려판 과거제의 완성형을 만들었다.

2 조선의 인재 선발 제도

조선을 세운 이태조는 즉위한 직후 발표한 교서에서 과거제의 폐해를 지적했을 정도로 인사제도의 개혁은 새로운 왕조 통치의 정당성을 뒷받침할 중대 과제였다. 조선의 과거제는 성종 때 『경국대전經國大典』의 완성으로 기본적인 틀이 완성되는데, 조선의 과거제도는 크게 문과와 무과, 잡과로 구분되는데 고려와 비교하면 훨씬 체계적이고 채용 규모도 컸다. 문반 관리를 뽑는 문과文科는 일종의 예비시험인 소과生進科에 붙은 후 3단계초시. 복시. 전시로 구성된 대과를 차례로 통과하는 까다로운 절차를 거쳐야 했다. 대과의 초시는 총 240명의 선발 인원을 조선 팔도의 인구 비례에 따라 배정해서 뽑았고, 복시에서는 이 중 33인을 선발했다. 대과의 최종 시험인 전시는 왕 앞에서 합격자 33인의 순위를 결정하는데, 일등인 장원에 가까울수록 좋은 관직에 먼저 임용되었다.

무과도 3단계로 세분화되어 초시190명, 복시28명, 왕이 참관하는 전시의 순위 결정을 통해서 우수한 군인 자원을 선발했다. 기술직 관리를 뽑는 잡과는 해당 관청에서 인력 수요가 생길 때 두 단계초시. 복시를 통해서 뽑았다. 예조가 주관하는 과거시험은 양인 이상의 신분은 누구라도 지원할 수 있지만, 탐관오리와 재가한 여성의 자손, 서얼은 문반 관리를 뽑는 문과에 응시할 수 없었다.

조선의 주된 관리 충원 방식은 필기시험인 과거제에 의존했지만, 고위관료의 자손에 특혜를 주는 음서제와 추천으로 인재를 뽑는 천거제도 병행했다. 조선왕조의 음서제는 종실과 공신, 2품 이상 고관대작의 자손에게 대과를 통과하지 않고도 관리가 되는 특권을 준 것이다. 보통 고위관료를 배출한 가문에서 한 명씩만 음서제의 혜택을 입었다. 하지만 음서 출신은 과거 급제자에 비해 낮게 평가했기에 사헌부, 사간원, 홍문관, 예문관 등의 주요 직책에는 오르지 못했다. 고려보다 조선의 음서는 혜택 범위와 규모가 대폭 줄었지만, 양반계층의 신분을 세습하는 데 여전히 유용했다.

〈표 2-1〉 조선의 인재 선발 방식

선발 방식	세부 종류		초시	복시	전시
과거제	문과(대과)		240명	33명	33순위
	소과	생원시	700명	100명	-
		진사시	700명	100명	-
	무과		190명	28명	28순위
	잡과		해당 관청 인력 수요	해당 관청 인력 수요	
음서제	2품 이상의 관리 자제를 선조의 공훈, 학식 등을 평가해 시험을 보지 않고 관리로 채용하는 제도				
천거제	기존의 관리를 다른 요직에 추천하거나 지역 사회의 추천을 받아 관리로 채용하는 방법(현량과)				
취재	하급 실무직을 뽑는 특별 시험				

천거제는 현직 관리 중에서 필요한 인재를 뽑아서 승진, 다른 부서로 전보하거나 지역 사회에서 추천한 인재를 형식적인 시험을 통해 특별채용하는 제도를 뜻한다. 중종 대의 조광조를 중심으로 하는 사림파는 초야에 묻힌 학자와 효행자를 천거하는 현량과를 실시해 필기시험에 의존하는 과거제의 폐단을 극복할 것을 주장했다. 현량과 실시는 인재 선발 과정에서 필기시험 성적과 종합인성평가의 상반된 채용 기준을 둘러싸고 훈구파와 사림파 세력 간의 정치적 갈등을 불러왔다. 취재는

관청에서 하급 실무직을 뽑을 때 지원자의 재능을 평가해서 뽑는 방식이다. 〈표 2-1〉이 보여주듯이 조선의 인재 선발제도는 필기시험인 과거제를 주축으로 천거제와 음서가 보조적인 역할을 했고, 하급 실무직은 취재를 통해 충원했다. 조선은 고려에 비해서 신분보다 실력을 중시하는 공공성의 원칙에 좀 더 가깝게 진보한 사회로 볼 수 있다.

3 과거제도의 영향

과거제도의 긍정적 측면

과거제는 고대 신분제 사회에서 대단히 이례적이고 진보적인 제도였다. 고대국가의 통치 엘리트는 대체로 혈연과 군사력에 의존해서 백성을 다스리는 통치의 정당성을 확보했다. 수문제 7년[587]에 시험으로 관리를 뽑는 과거제를 처음 실행한 이후, 중국·한반도·베트남에서는 누구의 자손이고 무술 실력이 뛰어나다는 이유만으로 통치계급이 되는 정치 풍토가 차츰 사라졌다. 이들 동아시아 국가는 모두 과거제 도입을 기점으로 무력과 혈연에 의존하는 고대사회를 벗어나 유교적 합리성과 공공성을 추구하는 문인이 주도하는 사회로 전환했다. 반면 일본과 유럽 국가들은 시험으로 행정관리를 충원하는 제도가 뿌리를 내리지 못해 무력으로 영지를 확보한 무사, 귀족계급의 통치가 근세까지 이어졌다.

과거제를 떠받치는 능력주의와 평등, 공정의 정신은 서구 근대문명에도 큰 영향을 주었다. 이탈리아의 예수회 선교사 마테오 리치Matteo Ricci는 중국의 과거제를 선진화된 인재 채용 시스템으로 유럽 국가에 소개했다. 프랑스 계몽기의 사상가 볼테르는 18세기 서구의 신분제 사회를 비판하면서 중국의 과거제처럼 지식과 능력에 따라 지도자를 뽑아야 한다고 주장했다. 현대국가에서 관리 선발을 목적으로 시행하는 고등고시제도는 과거제에 먼 기원을 둔다고 볼 수 있다.

1894년 갑오개혁 때까지 조선왕조는 418회의 문과를 실시했고, 총 1만 5,151명의 과거 합격자를 배출했다. 조선이 당시 세계에서 가장 오래 지속된 왕조로서 500년간 문치체제를 유지한 배경에는 나라에 죄를 짓거나 천출賤出이 아니라면 실력에 따라 지배계층이 될 수 있는 과거제도에 대한 사회적 승복이 있었기 때문이다. 과거제는 관리 지망생에게 뛰어난 지식과 인문학적 교양을 갖춘 선비가 되기를 요구했다. 과거제를 통해 인륜 도덕과 청렴 절의, 대의명분, 면려를 강조하는 선비 정신은 한국인의 문화에 깊이 각인됐다. 전인교육을 강조하는 교육이념도, 세계적으로 높은 한국 사회의 교육열도, 백성 대부분에게 관직 등용의 기회를 개방했던 과거제도의 유산이다.

조선이 쇠망한 이유로 과거제도의 폐해를 지적하는 시각도 있지만, 부작용에도 불구하고 조선은 과거제도를 통해서 지배계급의 인적 순환과 합리적인 행정능력을 꾸준히 유지했기에 그만큼 오랫동안 존속이 가능했다고 볼 수도 있다. 조선의 망국은 너무 오래 지속된 기득권층의 부패와 사회적 모순 등이 19세기 서세동점西勢東漸의 물결과 만나면서 복합적으로 촉발된 것이라 봐야 한다.

과거제는 18세기까지 동시대의 다른 문명권보다 앞선 인사 시스템이었다. 우리 선조들은 과거제를 통해서 국가체제의 공공성을 향상시켰다. 평등하고 공정하며 능력에 기반한 출세를 지향하는 과거제의 윤리적 가치는 신생 대한민국이 진정한 민주국가로 발전하는 데 중요한 문화적 토양으로 작용했다.

과거제도의 부정적 측면

과거제도는 시행된 지 1,000년이 넘는 세월을 거치면서 동아시아 국가들의 발전에 걸림돌이 되기도 했다. 똑똑한 인재들이 평생 과거 시험에만 매달린 결과, 수많은 실패자를 양산해 사회 전체의 생산성을 떨어뜨렸다. 게다가 시험 내용은 현실의 문제를 푸는 데 큰 도움이 안 됐고, 학문 연구가 과거시험에 얽매이면서 실용적인 과학기술의 발달은 상대적으로 정체됐다. 과거시험을 통과한 문관들은 대체로 창의성이 부족하고 기술자를 천시했으며 문약에 빠지는 경향이 강했다.

역사학자 라이샤워E. O. Reischauer는 과거제를 시행하지 않은 일본은 평민의 지위 상승이 불가능했기에 장인정신이 발달했다고 지적했다. 반면에 과거제도를 채택한 중국과 한국은 모두 지위 상승을 지향하는 사회여서 구체적인 목표를 달성하는 지식과 기술의 축적이 어려웠다고 주장했다. 이러한 해석이 학계의 전폭적인 지지를 받는 것은 아니지만, 과거제가 근대화에 미친 영향을 이해하는 데 일정 부분 유효하다. 자녀를 키우는 집마다 대학입시를 위한 준비교육에 지나치게 매달리는 교육풍

토는 모두가 지위 상승에 매달리는 과거제 사회의 프레임으로 해석할 수 있다. 과거제는 예술과 상공업의 천시, 시험과 관련 없는 다양한 사상, 학문의 발달을 저해했다.

　과거제를 통해서 확고해진 문관 위주의 통치 시스템은 1948년 정부 수립 이후에 도입된 고시제도와 공직 문화에 적지 않은 부작용을 초래했다. 주로 법률 지식을 시험하는 고시제도는 인문학적 소양을 중시하는 과거제의 폐해도 그대로 물려받았다. 고시제는 과학기술을 이해하고 전문성을 갖춘 관리를 선발하는 데 한계가 있었다. 사람의 여러 능력을 한 가지 잣대로 평가해서 서열을 매기는 악습도 과거제가 남긴 부작용이다. 문과의 최종 합격자는 33명으로, 과거제는 극소수의 합격자를 제외한 나머지 시험 응시자 수만 명을 평생 별다른 실용적 기술이나 지식을 익히지 못한 낙오자로 만들었다. 필기시험 성적에 따라 극소수의 승자독식을 강요하는 시스템은 오늘날 고시촌에서도 동일하게 반복된다. 국가시험 합격자를 축하하는 현수막을 거는 것은 어사화를 꽂은 장원 급제자에게 사회적 존경을 강요하던 풍습의 변형이라 할 수 있다.

4 현대와 왕조시대의 인사제도 비교

　오늘날 국가공무원 채용 방식과 왕조시대의 인사제도를 비교해 보면(표 2-2) 참조, 흥미로운 유사점들을 발견하게 된다. 한국 정부의 공무원 채용은 5급, 7급, 9급 공채와 상위직급의 개방형·공모직위 선정에 의존한다. 고려와 조선왕조는 과거제, 천거제, 음서, 취재 등의 더욱 다양한 경로를 통해서 관리를 뽑았다. 특히 천거제는 외부의 우수 인재를 선발하는데 융통성 있게 사용되어 한국 정부의 개방형·공모직위보다 실시 범위와 채용 규모가 오히려 컸다. 또한, 천거 과정의 객관성을 기하기 위해 천거자가 추천한 관리의 잘못에 연대책임을 지는 거주 연좌제^{고려}와 보고제^{조선}를 시행한 것도 눈여겨볼 점이다.

시험 절차도 오늘날의 공무원 공채시험이 1-2-3차로 나뉘는 것처럼 과거제도 역시 3단계로 세분화되어 인재 선발의 중요성과 객관성을 옛날부터 강조해왔음을 알 수 있다. 공무원 채용에서 지역, 성별에 따라 인원수를 배정하는 정책도 새로운 아이디어가 아니다. 고려와 조선은 과거 초시의 합격자 수를 지역별로 미리 할당해서 여러 지역에서 고르게 인재를 뽑는데 각별히 신경을 썼다. 지역인재, 양성평등채용목표제도의 원형은 거의 1,000년 전부터 한반도에서 작동하고 있었다.

〈표 2-2〉 고려·조선 시대 인사제도 vs 현대적 인사제도

구분	고려 광종~조선 시대	현대적 의미
인력 선발	과거제	공개경쟁 채용 시험
	천거제	개방형, 공모직위, 민간 스카우트제
	취재(수령취재, 사취재, 서리취재) 잡로	지방공무원시험, 기능직, 개방형 임용
시험 절차와 합격 기준	과거 3층법 삼장연권법	5급 국가공무원 공채 1-2-3차 시험제도
	성편	과락제도
추천 책임제도	거주연좌제 보거제	추천책임제
인원 비례	초시 합격자 지역별 인구 비례 선발	지역인재 추천채용제, 양성평등채용목표제

구분	고려 광종~조선 시대		현대적 의미
선발기관	고려: 예부 조선: 예조, 형조(율과)		선발과 임용기관 분리
임용기관	고려: 이부 조선: 이조		행자부, 인사혁신처 해당 기관
임용추천	망단자		배수 추천제
전문교육	국자감 출석 점수 성균관 원점규점		전문행정대학원 특정 분야 고학력자 우대 학점, 자격증 취득 후 시험응시자격 부여
예비시험	소과: 생원시, 진사시		공직적격성평가(PSAT)
기타	잡과	역과	외무고시, 지역 전문가, 외국어 전문가 선발
		의과	의료인력 선발
		음양과	천문지리 및 기상 전문가 선발
		율과	법률 전문가 선발

출처: 김판석·윤주희, 「고려와 조선왕조의 관리등용제도」, 「한국 사회와 행정연구」 11(2), 2000, 139~163
쪽. 일부 수정.

인재 선발의 공정성을 기하기 위해 고려와 조선왕조는 관리를 선발하고 임용하는 업무를 각각 다른 부처에서 담당하도록 했다. 조선의 경우, 예조가 과거시험의 실시를 담당하고, 이조는 과거 합격자들의 임용을 맡았는데, 대개 3배수 인원을 선정하여 국왕이 관리임용을 윤허하도록 했다. 오늘날 공무원 채용의 1차 시험인 공직적격성평가PSAT는 종합적 판단 능력을 시험한다는 기능 면에서 과거제의 소과에 대응한다. 문과시험을 치르려면 소과인 생원시, 진사시를 통과해 관리로서 기본 소양을 검증받아야 했다. 따라서 과거제의 소과와 PSAT는 유사한 기능을 가진다. 고려와 조선 시대의 인사제도는 오늘날 공무원 인사제도의 혁신을 위해 검토되는 여러 가지 미래지향적인 정책들이 실제로는 오래된 기원이 있음을 입증하고, 제도 혁신의 정당성에 힘을 보탤 수 있을 것이다.

5 과거제가 21세기 인사 혁신에 주는 두 가지 교훈

지역별 인재 할당 강화의 필요성

　조선의 『경국대전』은 문과와 소과의 1차 시험에 지역별 할당제를 적용하고, 2차 시험에는 성적에 따라 합격자를 뽑도록 규정했다. 생원과와 진사과 초시의 경우 각각 합격자 700명 중에서 한성부 200명, 경상도 100명, 충청도 90명, 전라도 90명, 경기도 60명, 강원도 45명, 평안도 45명, 황해도 35명, 함경도 35명 순으로 지역별 인구에 따라 쿼터를 배정했다. 오늘날 헌법에 버금가는 기본법전에 이처럼 지역별 합격자 수를 명문화한 사실은 조선 정부가 전국의 인재를 공평하게 선발하는 것을 국정 운용의 기본철학으로 삼았음을 입증한다. 실제로 조선 후기의 정조는 소외당하던 제주와 강원도 지역의 유생까지 별시를 통해 관리로 뽑았다. 또한, 정조는 제주도의 여자 거상 김만덕이 기근을 겪는 제주 백성을 사비로 구제하자 한양으로 불러서 공을 치하하고 금강산 유람을 보내 당시로선 파격적인 성별과 신분에 얽매이지 않는 사회통합 의지를 드러냈다.

　조선왕조가 많은 한계에도 불구하고 관리 등용에서 지역 간 균형을 맞추고 지원자 범위를 넓히는 공공성의 확장을 체계적으로 지향한 것은 사실이다. 조선왕조의 선진적인 인재 선발 방식은 오늘날 정부가 지역과 성별에서 균형 잡힌 공무원 채용을 제도화하는 과정에도 시사하는 바가 크다. 하지만 조선왕조의 지역별 인재 할당제를 당시 인구분포에 따라 분석해 보면 조상의 슬기라고 무조건 찬사를 보내기 어려운,

한반도를 통치해온 정부 조직들이 거의 예외 없이 겪어온 인사제도의 지역적 모순이 드러난다.

조선 초기의 전체 인구는 약 600만 명으로 추정된다. 그중 수도인 한성에 거주하는 주민은 10만 명에 그쳤다. 그런데도『경국대전』은 조선 인구의 1.7%에 불과한 한성부가 문과 초시 합격자 240명 중에서 90명, 즉 37.5%를 차지하도록 규정하고 있다. 성균관 입학과 문과에 지원하기 위한 예비시험인 소과의 초시 합격자 700명도 한성부 출신이 37.1%를 공식적으로 차지했다. 즉, 한성 인구 10만 명에는 예비시험 합격자 90명, 나머지 지방 인구 590만 명에는 예비시험 합격자 150명을 배정한 것이다. 지역별 인구당 문과 초시 합격자의 비율을 따져보면, 한성에 사는 사람은 지방 주민보다 문과 1차 시험에 뽑힐 확률이 무려 22배나 높다. 지방 출신의 과거 응시생은 제도적 배려 덕분에 문과 1차 합격자의 약 2/3$^{62.5\%}$를 차지했지만, 필기성적만 겨루는 2차와 3차 시험에서는 한성부 출신이 더 유리할 가능성이 크다. 결국, 과거시험의 최종 합격자를 뽑는 단계로 가면 한양과 지방의 인구당 관리 배출 비율의 격차는 수십 배 이상으로 더 벌어지게 되었다.

애초『경국대전』에서 과거 초시의 지역별 인재할당을 명문화한 배경은 조선 초 교육환경과 인적 네트워크의 우위를 배경으로 수도권 응시자의 과거제 독점이 지속됐고 지방 인재들의 소외감이 심각한 수준이었기 때문이다. 조선 정부는 인재 채용의 수도권 편중 현상을 완화하는 법 제도를 시행해서 기존의 격차를 줄였지만, 이마저도 한성 출신의 관직 독점을 견제하기에는 턱없이 미흡했다. 조선조 수도와 지방의 교육 수준 격차, 관직에 진출하려는 유생들이 성균관을 비롯한 한양의 교육기관에 몰린 점을 감안해도 과거제에서 지나친 수도 패권주의와 지방 출신의 소외는 수백 년간 지속된 조선 사회의 구조적 모순이었다. 홍경래의 난도 과거시험에서 서북 황해도, 평안도 출신에 대한 고질적인 차별이 주요 원인으로 작용했다. "사람은 서울로, 말은 제주도로 보내라."는 속담은 오랜 중앙집권의 전통을 지닌 우리 역사에서 통계적으로 충분한 타당성을 지닌다. 조선 시대 이전부터 관리 채용 시험에 붙으려면 수도권 교육기관에 학적을 둔 응시생이 지방 응시생보다 압도적으로 유리했다.

오늘날 정부가 실시하는 공무원 채용 및 자격 시험도 서울과 지방 간의 현격한 격차는 여전하다. 사법시험의 경우 연수원 39기 이전의 법률가 집단에서 지방대 출신은 7.3%에 불과하다한겨레, 2015. 6. 22. 행정고시 2008의 경우 총합격자 229명 중에서 지방 소재 대학 출신은 5%에 그쳤다. 지방대학은 우수 인재를 유치하는 데 어려움이 있고 공무원 시험 관련 정보와 교육 인프라도 부족하기 때문이다.

정부는 지방 인재의 공무원 임용 기회를 넓히고자 2007년도 5급 공채부터 지방인재채용목표제를 실행했고, 2015년에는 7급 공채까지 적용 범위를 확대했다. 지방대생이 채용 예정 인원의 최소 20%를 차지하도록 지방 인재를 추가로 합격시키는 제도지만, 실제로 아직도 지방대생 비율이 10% 남짓한 경우도 있다. 지방인재채용목표제가 제대로 작동해도 서울과 지방의 인구당 공무원 배출 격차는 16배에 달한다.

인사제도의 통시적 분석<표 2-3> 참조은 관리 채용에서 수도권 편중과 지방 소외가 지난 수백 년간 거의 달라진 것이 없음을 보여준다. 우리 정부가 지역 간 인재 채용의 공평성에서 조선 시대보다 진일보하려면 지방대생 공채 비율을 일정 수준 이상으로 높일 필요가 있다.

〈표 2-3〉 시대별 수도와 지방의 인구당 관리 채용 시험 합격 비율

	조선 초기	한성부	대한민국	서울시
인구	600만 명	10만 명(1.7%)	5,000만 명	1,000만 명(20%)
문과 초시 선발 인원	240명	90명(37.5%)		
소과 초시 선발 인원	700명	260명(37.1%)		
5급 공채(2016)			380명	304명(80%)
7급 공채(2016)			870명	696명(80%)
수도·지방의 인구당 관리 채용 시험 합격 비율	34.6배(문과 초시)		16배(5·7급 최종)	

능력주의 신화의 다원화

인과계층분석Causal Layered Analysis, CLA은 특정한 사건을 표면적 현상과 사회적 인과관계, 세계관, 신화의 네 가지 계층으로 유형화해서 미래를 보다 입체적으로 이해하고 조망하는 방법이다Inayatullah, 2009. 인과계층분석의 첫 번째 층은 표면적 현상litany으로 언론매체를 통해 드러난 이슈나 트렌드를 의미한다. 두 번째 층은 사회적 인과관계social cause로 현상의 표면 뒤에 숨겨져 있는 사회적 원인을 분석한다. 세 번째 층은 세계관worldview으로 특정한 시각에서 세상을 합리화하는 관점을 뜻한다. 가장 밑에 있는 네 번째 층인 신화myth는 어떤 문제를 대하는 무의식의 구조를 지칭한다.

〈표 2-4〉는 "과거제에 영향을 받은 공무원 인사제도를 어떻게 개선

할 것인가?"라는 질문을 탐구하기 위해 인과계층분석의 프레임을 관리 인사제도의 과거, 현재, 미래로 구분해서 적용했다.

〈표 2-4〉 공무원 인사제도의 과거, 현재, 미래의 인과계층분석

CLA 계층	과거제	고시제	미래 공무원 채용 방식
표면적 현상	인문교양을 갖춘 인재 선발	법률 지식을 갖춘 인재 선발	전문 지식을 갖춘 글로벌 인재 선발
사회적 인과 관계	관직을 양민에 개방	관직을 전 국민에게 개방	관직을 필기시험을 거치지 않은 민간인과 외국인에도 개방
세계관	능력주의	능력주의	능력주의의 다원화
신화	평등한 출세 기회	평등한 출세 기회	평등한 출세 기회

과거제의 표면적 현상은 인문교양을 갖춘 문인 관리를 선발하는 것이다. 과거제를 뒷받침하는 사회적 인과관계는 관직 등용을 양민층으로 확대해 귀족 세력을 견제하고 사회통합을 강화하는 것이다. 과거제의 세계관은 능력주의meritocracy이다. 가장 깊은 신화의 계층에는 '나도 출세할 수 있다!'는 대중들의 욕망이 자리 잡고 있다.

정부 수립 이후 도입한 고시제도의 표면적 현상은 법률 지식, 행정 지식을 갖춘 엘리트 공무원을 선발하는 것이다. 사회적 인과관계는 관직에 진출할 기회를 전 국민에 개방해서 사회통합과 통치의 정당성을 강화하는 것이다. 나머지 세계관과 신화 계층은 완전히 같다. 고시제도를 정당화하는 세계관은 능력주의, 신화의 단계는 평등한 출세 기회의 꿈과 욕망이 꿈틀거린다.

이제 미래의 공무원 채용 방식을 인과계층분석 네 단계로 설계해 본다. 바람직한 미래 공무원 채용의 '표면적 현상'은 전문 지식을 갖춘 글

로벌 인재를 채용하는 것이라고 정했다. '사회적 인과관계'는 관직에 진출할 기회를 시험을 치지 않은 민간인과 외국인에게도 개방해서 행정 효율을 최대한으로 끌어올리는 것이다. 세계관은 능력주의를 다원화하는 것이다. 미래 사회에서 공무원에게 요구하는 기능이 훨씬 세분화되고 다양해지는 추세에 따라 능력주의의 다원화는 인사 혁신의 새로운 윤리적 기준으로 부상할 전망이다. 가장 밑에 있는 신화의 단계는 여전히 평등한 출세의 기회를 꿈꾸는 욕망이 자리 잡는다. 한 집단이 공유하는 무의식과 신화는 여간해서는 인위적으로 바꾸기 힘들다. 결국, 미래 공무원 채용 방식을 바람직한 방향으로 디자인하려면 중장기적으로 인사 채용을 정당화하는 세계관의 수정, 일원화된 능력주의에서 다원화된 능력주의로 바꾸는 작업이 꼭 필요하다.

정부 수립 이후 인사제도 패러다임의 변화

1 의의

미래의 공무원 인사제도, 정책 그리고 인재상을 도출하기 위해서는 과거와 현재의 인사제도와 정책을 분석하고 이해할 필요가 있다. 과거를 분석하여 현재를 이해할 수 있고, 또 현재를 통해서 미래를 예측할 수 있기 때문이다. 따라서 이 장에서는 우리나라 인사행정의 흐름을 역대 정부별로 나누어 그 내용과 특징을 규명할 것이다.

역대 정부별 중요한 인사행정의 흐름을 파악하기 위해서는 인사 관련 법령을 토대로 검토하는 것이 관건이다. 조직과 달리 인사 관련 제도나 정책은 반드시 법령에 토대를 두고 운영되기 때문이다. 따라서 인사 관련 기본법이라 할 수 있는 국가공무원법을 토대로 우리나라 인사행정의 주요 내용과 특징을 검토해야 한다.

국가공무원법은 1949년 8월 12일에 제정된 법률 제44호를 시작으로 2016년 법률 제13618호까지 총 75차례에 걸쳐 개정이 이루어졌다. 이러한 국가공무원법의 제정과 개정은 역대 정부와 매우 밀접한 관계를 맺으면서 이루어졌다.

우리나라 역대 정부는 제1공화국$^{1948\sim1960}$, 제2공화국$^{1960\sim1963}$, 제3공화국$^{1963\sim1972}$, 제4공화국$^{1972\sim1981}$, 제5공화국$^{1981\sim1988}$, 노태우 정부$^{1988\sim1993}$, 김영삼 정부$^{1993\sim1998}$, 김대중 정부$^{1998\sim2003}$, 노무현 정부$^{2003\sim2008}$, 이명박 정부$^{2008\sim2013}$, 박근혜 정부$^{2013\sim2018}$로 구분할 수 있다. 이를 토대로 역대 정부별 정부 조직 맥락 및 공무원 인재상, 그리고 인사행정의 주요 내용인 공무원 채용제도, 인재 양성을 위한 교육훈련을 중심으로 검토한 후, 역대 정부별 인사행정의 특징과 함의를 제시한다.

2 역대 정부의 인사행정

제1공화국의 인사행정

⠇ 제1공화국 정부의 조직 맥락

제1공화국은 정부 수립 초기 단계의 체제 정비를 뒷받침했다. 현대적인 행정체제를 갖추면서 경제부흥과 귀속재산 처리 등 경제 및 체제 정비 성격의 행정 개편이 이루어졌다.

제1공화국은 정부조직법에 따라 국무총리를 비롯하여 내무부, 외무부, 국방부, 재무부, 법무부, 문교부, 농림부, 상공부, 사회부, 교통부,

체신부로 구성되었다. 국가 안전 관리 분야인 외교와 국방 기능을 강화하여 독립국가의 이미지를 높이고 치안과 질서유지 및 재정수입 확보를 위한 정부 조직이란 특징을 가졌다. 1954년 이후 2차 헌법 개정으로 국무총리제가 폐지되고, 대통령제가 강화되었다. 또한, 전후 복구를 비롯한 경제재건을 목적으로 부흥부가 신설되고, 수산물·광물자원 보호를 위해 해무청이 설치되었으며, 전매청도 설치되었다. 이 시기 조직 관리는 대통령 중심으로 권력체제를 강화하고 6·25전쟁 이후 경제를 부흥시키는 데 있었다^{안전행정부, 2013: 10}.

제1공화국의 인사행정 관련 부처는 정부조직법 법률 제1호에 따랐고, 1948년 대한민국 정부 수립과 함께 중앙인사관장기관이 설치되었다. 즉, 고시위원회와 총무처 이원적인 조직으로 출범했다. 총무처는 국무총리 소속하에 있었으며, 인사행정 업무를 주관하는 기구는 인사국과 후생국이었다^{오석홍, 1983: 73}. 총무처에서 인사행정을 주관하다가 정부기구 개혁으로 사실상 각 부에서 전담하고 공무원의 자격고시, 전형, 복무, 신분, 보수에 관한 일반적인 사무는 국무원사무국에서 주관했다^{김보현, 1959: 78}.

: 제1공화국의 공무원 인재상

제1공화국 정부는 언제나 공무원 제도의 합리화와 능률화를 기도해야 하며, 국민도 언제나 공무원의 능률적인 봉사를 요망했다. 행정을 민주적으로 운영하기 위해서는 반드시 공정무사하고 사무에 충실하여 우수한 지식과 기술을 지닌 공무원을 임용하여 이런 공무원을 계속 활용하는 방안을 마련한다는 것이었다. 국가공무원법 제1조에 명시되어 있는 것처럼 공무원에게 국민 전체의 봉사자로서 최대한 능률을 발휘하게 하는 구체적인 방안이 활발하게 운영되어야 했다. 모든 행정 분야에 전문적 지식과 기술을 가진 공무원의 확보와 유지가 불가결의 요건이었다김보현, 1954: 53-54.

당시 국가공무원은 우리나라 특수성에 따라 민주주의를 지향해야 하는 지도적 역할을 맡았다. 공무원의 본령은 국가의 이익을 도모하며, 국민의 복지를 위해 멸사봉공하는 데 있었다. 공무원의 지상명령은 애국애족의 정신에 있었다. 따라서 국가의 융성과 국민의 복지 증진을 위해서, 첫째, 종래의 파벌 정실을 타파하고, 둘째, 학력 연공年功을 폐지하여 실력 본위로 하고, 셋째, 노후 공무원에 대해서는 정년제를 설정하여 활동성 있는 유능한 인물로 대체하고, 적극적으로 공무원의 재교육을 실시하여 신시대의 지도자로서 무사주의를 배제해야 한다는 것이었다김한기, 1955: 75.

⠿ 제1공화국의 공무원 채용제도

공무원 임용은 시험제도에 따르는 것을 원칙으로 했다. 다만, 독립운동에 공헌했거나 기술계 공무원에 대해서는 예외를 인정했다. 그러나 실제 운영상 이 원칙은 지켜지지 않았다. 특히, 공무원 입문인 국가 5급 공무원의 임용에 있어서는 자격 규정이 없어서 임명권자의 자유재량에 의해 임용되었으며, 지방공무원에 있어서는 어느 급을 막론하고 고시나 인사위원회의 고시 또는 전형을 반드시 거치게 되었다. 그러나 인사위원회의 시험 과목이나 시험위원 등에 비춰볼 때 일종의 편의주의에 의했다김보현, 1959: 78-79.

유능한 인재를 정부가 필요한 직위에 선발하여 임용하는 것이 인사행정에서 가장 중요한 과제였다. 당시 이 원칙에 따라 별정직과 일반직으로 구분하여 일반직은 고시와 전형을 거쳐 임용함을 원칙으로 했다 김용진, 1958: 128을 중심으로 표현을 일부 수정.

당시 고등고시와 보통고시로 구분되어 있으며, 고등고시에 기술과 고시가 시행된 적이 있지만, 1957년에 중단되었으며, 1958년에는 법률 중심의 행정과와 사법과 두 개 고시를 운영했다. 이 고시로 보충되는 직위는 주사 사무관을 주로 한 사무적 계통의 일부 직위일 뿐이고, 기타 전문 기술적인 직위는 일부 특수기관을 제외하고는 고시 채용에 의존했다김용진, 1958: 128을 중심으로 표현을 일부 수정.

당시 법률 과목 중심의 고시를 지양하고, 행정국가, 복지국가를 지향하는 신생 한국의 공무원은 필연적으로 능률적이며, 과학적인 관리 능력을 시험 과목으로 보완해야 한다는 주장이 제기되었다. 즉, 5급 공무원은 공무원으로서 결격 요건에 해당되는 자가 아니면 특수한 학력이나 경력 없이도 하등 고시나 전형을 거치지 않고 기관장이 마음대로 채용할 수 있었다. 주목할 점은 공무원 후보자가 공무원 관계에 들어가는 90% 이상이 5급 공무원 또는 그 이하의 임시직인 노무원이었다는 점이다. 제도상으로는 고시와 전형이 있었고 고시 합격자에게 우선권이 부여되었지만, 실제로는 전부 공무원이 서기나 기원 또는 임시직원으로 채용되어 전형에 의해 상급의 직위에 승진 임용되었다. 이런 현상은 고시의 편협한 운용과 만성적 실업 상황에서 연줄에 입각한 채용으로 더욱 심화되었다김용진, 1958: 128~129를 중심으로 표현을 일부 수정.

자유당 정부가 지배하던 1951~1959년까지 고등고시 전체 합격자는

244명에 불과했으며, 그것도 자격시험이었기 때문에 자동적으로 채용되는 것이 아니었다. 그러나 정실·엽관주의의 산물인 전형제도에 의해서 채용된 사무관은 같은 기관에 3,080명에 이르러 고등고시 합격생의 12.6배에 이르렀다박연호, 110; 박응격, 1991: 158에서 재인용.

1960년에 대학생들의 안정과 정실인사의 폐단을 바로잡기 위해 공무원의 신규 채용은 반드시 공개경쟁시험을 실시하자는 송인상 재무장관의 제안을 심의하여 정부나 지방자치단체 공무원의 신규 채용은 모두 공개경쟁시험으로 선발하고, 시험은 대학 졸업자와 고등학교 졸업자로 구별하여 실시하는 원칙을 의결했다. 그러나 이 원칙에 따른 시험은 제1공화국의 붕괴로 시행될 수 없었다송혜경, 2010: 124-5.

: 제1공화국의 인재 양성을 위한 공무원 교육훈련

공무원의 교육훈련 기관으로 국립공무원훈련원이 1949년 12월 12일에 중앙에 신설되었고, 내무부, 재무부, 법무부, 교통부, 체신부에도 설치되어 훈련을 해왔다. 훈련과 관련하여 주목할 만한 사항으로는 1956년에 미국 행정학 교수 리그스F. W. Riggs가 내한하여 국무원사무국 소속 국립공무원훈련원에서 초빙교수로 3주간 행정학에 관해 계몽적 특강을 했다. 당시 미국은 해방 이후 계속된 한국에 대한 경제 및 기술 원조가 소기의 성과를 올리기 위해서 공공행정 체제 도입 및 행정과정의 선진화가 필수적이라 판단하고 공무원 훈련에 열심이었다. 이후 1959년에 실시된 소규모의 고급 공무원 훈련은 1950년대 후반기에 이르러 해외에 가서 근대 관리 기술을 새로이 습득해온 한국인과 미국인 고문의 영향이었다. 또한, 해외 파견 훈련으로 국제개발처AID와 유엔UN에 파견된 수가 1960년까지 2,000명 정도였다. 이 훈련에 따라 한국 행정에 새로운 근대 관리 기술, 사회과학, 자연과학상의 기술이 대량으로 도입되었고, 경제 부문을 중심으로 선진 교육을 받음으로써 국가 발전을 이루는 데 기초가 되는 인재들이 양성될 수 있었다_{송혜경, 2010: 125}.

제2공화국의 인사행정

┊ 제2공화국 정부의 조직 맥락

제2공화국은 1960년 6월 15일부터 1961년 5월 16일까지 불과 11개월간 존속했다. 4·19혁명으로 민주당이 주도한 국회는 내각책임제와 양원제 중심으로 헌법을 개정했다. 정부 조직은 국무총리를 비롯하여 외무부, 내무부, 재무부, 법무부, 국방부, 문교부, 부흥부, 농림부, 상공부, 보건사회부, 교통부, 체신부로 구성되었다.

제2공화국의 정부 조직 개편은 4·19혁명 이후 도입된 내각책임제, 양원제, 지방자치제를 중심으로 다양한 사회의 욕구와 이익을 수용하는 방향으로 진행되었다. 행정권이 국무원에 소속되어 국무총리가 실질적인 행정권의 수반이 되었고, 경찰의 중립성 확보를 위한 공안위원회가 설치되었다. 한편, 공직 기강 확립 및 공무원 비위 감찰을 위해 국무총리 소속하에 감찰위원회를 두었으며, 5·16군사정부는 국가재건최고회의를 설치하여 입법, 사법, 행정이 최고회의령에 의해 운영되도록 했다. 이후 국가 주도로 경제, 산업 기능을 효과적으로 추진하기 위해 군사원호청, 경제기획원, 국토건설청, 조달청 등을 설치했다. 그 밖에도 노사 간의 대립과 노동쟁의를 예방하기 위해 보건사회부 소속으로 노동청을 설치하는 등 조직 개편을 단행했다_{안전행정부, 2013: 10}.

제2공화국은 민주당의 집권으로 국무원사무국은 국무위원이 장이 되는 국무원사무처로 승격되고, 인사행정은 인사국이 담당했다_{김규정, 1987: 517}. 인사국에는 자유당 말기에 신설된 연금 관계 업무 부서와 인사과, 고시과가 있었으며, 기획과가 새로 설치되었다. 여기서 인사행정의 새로운 발전이 시도되었으나 장면 정권의 단명과 정치인의 이해 부족으로 성과는 별로 없었다_{박동서, 1981: 74; 조성대, 1993: 161에서 재인용}.

인사행정권은 대통령에 전속되었으나 사실상 이것은 불가능해서 국가공무원법, 지방공무원령 등에 의해 각 급에 따라 당해 기관장이 하급 공무원에 대해서는 인사권을 행사했다. 따라서 중앙정부의 고급 공무원에 대한 인사권은 대통령에게 있었으나, 지방정부의 공무원은 각 지방 장관에게 있었다. 하급 공무원에 대해서는 각급 장관이 전행專行하고 고급 공무원에 대해서는 각부 장관이 추천하면 국무원사무국을 거쳐 대통령실에서 최후 결재를 받았다. 그러나 이는 형식적인 것이며, 사실상 우리나라 공무원의 인사행정권은 단독기관장에게 전속되었으며, 엽관주의를 방지하기 위한 또는 실적주의를 수립하기 위한 제도는 미흡했다_{박동서, 1960c: 134}. 또한, 국무원사무국에는 인사고시과가 있어서 인사행정을 처리하는 중앙기관으로 존재했으나 정부조직법에도 공무원 자격의 고시, 전횡, 사운에 관한 사무와 공무원의 복무, 신분, 보수에 관한 일반적 사무를 관장했다. 그러나 사실상 중앙정부의 인사행정을 살펴보면, 사무국이 중앙인사관장기관으로 기능을 발휘하는 범위는 매우 제한적이었다. 각부에서 실시하는 훈련, 보수, 진급 등은 각부

인사행정기관과 어떠한 조율이나 통일성도 없었다박동서, 1960c: 135.

: 제2공화국의 공무원 인재상

제2공화국의 인사 원리는 엽관주의 및 실적주의이며, 패러다임은 전통적 모형이었다. 이를 구현할 인사관리는 외부 임용, 인재 채용하위직이었다한국인사행정학회, 2010; 한국인사행정학회, 2015: 7.

공무원은 스스로 국민의 욕구가 무엇인가를 관찰하여 이것을 효율적으로 실현하는 방법을 마련하는 데 전력을 다하는 것이 궁극적으로 20세기 현대국가의 정치, 행정 담당자 자신을 위한 길이었다. 또한, 행정의 양적 확대와 질적 복잡화로 이러한 행정을 담당하는 공무원은 각 직무를 능률적으로 집행할 수 있을 정도의 소질과 능력을 갖춰야 했다박동서, 1960a: 177. 그러므로 공무원 채용에 있어서 각 직무가 요청하는 조건이 무엇이며, 누가 그 조건을 가장 잘 갖추고 있는가를 발견해서 채용해야 했다박동서, 1960a: 177.

: 제2공화국의 공무원 채용제도

공무원을 채용할 때 엄격히 자격에 따라 채용하게 되어 있었지만, 사실상 현실적으로는 인사행정이 엽관주의 또는 정실주의가 지배했다. 엽관주의가 점점 심화되었으며, 행정상의 비능률이 매일같이 신문상에서 만성이 될 정도였다. 따라서 원칙으로서 엽관주의 대신 실적주의를 채택하고, 우선 능력 있는 사람을 채용해야 했다. 또한, 보수정당의 출현과 장기 재직 경험의 필요는 공무원의 정치적 중립성과 신분보장이 필요했다. 이러한 실적주의 원칙은 능력, 자격, 정치적 중립, 기회균등,

신분보장 등이었다^{박동서, 1960b: 156}.

종종 공개모집 광고를 피하는 경향이 있었다. 특히, 공공기관에서는 일반적으로 공개하게 되면 자기가 사적으로 채용하고 싶은 사람이 선발되지 못할 가능성이 있어서 광고를 피했다. 또한, 광고의 기재 사항 역시 너무 간단하여 필수 기재 사항을 싣지 않는 경우가 많았고, 주로 대학 졸업생만을 찾았다. 또한, 추천서를 요구했는데, 소위 유력인사의 추천을 요구했다^{박동서, 1960d: 128}. 각 행정기관이 제각기 개별적으로 채용 시험을 치렀다^{박동서, 1960d: 129}.

시험으로는 고시, 보시普試, 전형, 기타 각 기관에서 제각각 실시하는 시험 등이 있었다. 불과 몇 년 전만 해도 신규 채용이나 진급 시 시험을 별로 보지 않았으나 차차 각 부처에서 시험을 보는 경향이 나타났다. 그러나 그것이 다만 형식적으로 어떤 종류의 시험을 본다고 하는 데 그칠 뿐 시험의 존재 의의에 대해서는 회의적이었다^{박동서, 1960e: 64}.

: 제2공화국의 인재 양성을 위한 공무원 교육훈련

공무원에 대한 훈련의 필요성을 점차 인식하여 정부 각 부처에 제각기 훈련 기구를 설치했다. 종합적 훈련기관으로서 국가공무원훈련원이 국무원 소속하에 있었으며, 여기에는 외원外援 당국으로부터 고문관까지 파견되었다^{박동서, 1960f: 81}.

1960년 중앙정부에 인사기관으로서 존속하고 있는 국무원사무국 밑에 국립공무원훈련원이 있었다. 여기서는 주로 각 부에 공통적인 직무에 대한 훈련을 직접 실시했으며, 또한 기타 각 부의 특수한 직무에 대한 훈련을 각부에서 담당하는 경우, 중앙에 있는 국립공무원훈련원은 조언을 해주거나 통일적인 표준 확립을 도와주는 역할을 했다. 당시 중앙정부, 지방정부의 훈련 업무 상황을 보면, 각 부처에서 각각 아무런 종합적인 계획도 없이 행하고 있어서 많은 경비가 낭비되고 있었고, 효율성 또한 낮았다. 각 부의 훈련 담당관들은 합석회의를 열어 능률과 효율의 향상을 위해 종합적 계획을 세워 이중적 운영을 단일화시키고 투자되는 경비에 비해 효과가 작으면, 이를 폐지할 필요가 있었다. 훈련을 받아도 직급이나 승급에 관한 별다른 대책이 없었다박동서, 1960f: 86-88 을 중심으로 표현을 일부 수정.

1961년 '공무원훈련법'이 제정되면서 공무원 교육훈련에 대한 법적, 제도적 기반이 비로소 마련되었다. 동법에 근거하여 교육훈련을 담당하는 주관 부서로 당시의 중앙인사관장기관인 총무처 행정관리국에 교육훈련과가 신설되었으며, 같은 해에 '중앙공무원교육원법'이 제정되어 교육훈련 기관으로 '중앙공무원교육원'이 신설되었다. 교육훈련에 대한 근거법의 제정으로 교육훈련이 정부 전체적으로 통일되고 체계적인 관점에서 이루어질 수 있는 제도적 기반을 갖추었다. 우선 '공무원훈련법'의 제정으로 교육훈련에 대한 종합적인 계획과 조정 기능을 수행하는 내각사무처장은 훈련에 대한 기본 정책을 수립하고 각 공무원 훈련 실시 기관의 훈련 계획을 종합적으로 조정하고 평가하는 기능을 담당하게 되었다. 또한, 동법은 중앙행정기관과 도에 공무원교육원 설치를 가능하게 했으며 국내외의 각 기관에 위탁 또는 파견을 통해서도 교육훈련을 실시할 수 있는 법적 근거를 포함하고 있었다. 이에 따라 각급 행정기관은 자체적으로 공무원교육원을 신설하거나 기존의 교육훈련 기관을 정비·강화할 수 있었다이근주, 2010: 35.

제3공화국의 인사행정

: 제3공화국 정부의 조직 맥락

1963년 12월 제3공화국이 출범하면서 통치구조가 내각책임제에서 다시 대통령제로 전환되고 정부 조직 개편도 대통령의 권한을 강화하고 경제개발 기능을 확대하는 데 역점을 두었다. 이에 따라 국가 발전에 있어서 행정의 주도적 역할이 강조되고, 산업 기반 시설 확충과 중화학공업 육성 관련 경제부처의 기능이 확대되었다. 이러한 시대적 분위기 속에서 환경보호, 보건, 사회복지 기능과 같이 민주적·배분적 가치보다는 경제 기능과 같은 능률적·성장적 기능이 중시되었다_{안전행정부, 2013:}
10–11.

제3공화국 정부 조직은 국무총리를 비롯하여 외무부, 내무부, 재무부, 법무부, 국방부, 문교부, 농림부, 상공부, 건설부, 보건사회부, 교통부, 체신부, 공보부로 구성되었다.

인사행정 관련 업무는 정부조직법 법률 제1506호 제20조에 따랐다. 그리고 정부조직법 제30조에 의해서 국무회의의 의안 정리 및 서무, 공무원의 인사관리, 행정기관의 조직 및 정원의 관리, 행정사무의 개선, 상훈 공무원연금에 관한 사무를 관장하게 하려고 국무총리 소속하에 총무처를 두었다. 당시 인사행정기관은 인사행정만을 위한 독립성이 있는 중앙기관이 아니라 다른 업무를 담당하고 있는 총무처에 소속되었다. 당시 우리나라 인사는 전담 기관 없이 다른 업무 기관과 혼합되어 있었으므로 인사 전문가가 인사기관을 책임지기 어려웠다. 또한, 인사행정에 관한 기본 정책의 수립 및 국가공무원법의 시행 운영에 관한 사무를 관장하는 총무처 장관이 정치적으로 임명된다는 사실이 인사행정의 실적주의를 보호하고 공정성을 기하는 데 더욱 심각한 것이었다노정현, 1964: 104–5.

⫶ 제3공화국의 공무원 인재상

제3공화국 당시 정부관료제는 국가 발전이란 목적을 실현하는 합리적 수단으로 간주되었으며, 일련의 정부 조직의 개편 과정을 통해서 관료제의 기능 전문화와 합리화를 추구했다. 그리고 발전국가의 가장 중요한 목표인 경제성장을 위해 필요한 수준에서 국민의 기본권 역시 제한될 수 있다는 기본 전제하에, '생산 지향적', '산출 지향적' 관료제는 명령 통일 원칙과 상명하복의 강조를 통해서 군 집행부의 행정 권한을 확대하고 강화하는 도구로서 기여했다이성복, 2004; 김근세, 2012: 15에서 재인용.

제3공화국의 인사 원리는 실적주의이며 패러다임은 전통적 모형에 해당하며, 이를 구현할 인사관리로는 실적 체제 확립, 임용권의 한계와 위임에 관한 규정의 개선, 모집 대상 제한 기준의 개선, 특별추천제 도입, 시보 기간 조정, 특별채용의 요건 강화, 승진 순위 결정 요소의 비율 조정, 경력평정제도 개선, 전보제한제도 신설, 파견근무제도 정비, 교육훈련사업 강화, 수당제도 정비 및 확충, 직위해제절차 신설이었다한국인사행정학회, 2010; 한국인사행정학회, 2015: 8.

⫶ 제3공화국의 공무원 채용제도

당시 행정이 요청하는 채용 정책의 이상은 경제발전에 효율적으로 공헌할 수 있는 인재의 적소 배치였다. 여기서 말하는 경제발전을 효율적으로 지원할 수 있는 인간의 자질이란, 종래의 정태적인 질서유지 행정이나 민주적인 행정하의 행정인과는 다른 발전행정과 한국의 실정에 토대를 두는 것이었다박동서, 1968: 137.

1963년 12월 16일, 특별채용제도를 개정했다. 그 주요 내용은 퇴직한 공무원을 퇴직한 날로부터 3년 이내에 퇴직 시에 재직한 직급에 재임용하는 경우, 공개경쟁시험에 의하여 임용하는 것이 부적당한 경우에 동종 직무에 관한 자격증 소지자를 임용하는 경우, 임용예정직에 상응한 근무 또는 연구실적이 있는 자를 임용하는 경우, 임용예정직에 관련된 석사학위를 소지한 자로서 국가기관에서 실무 수습을 필한 자를 임용하는 경우, 1급 공무원을 임용하는 경우, 공개경쟁시험을 실시하는 경우에 응시자가 없거나 합격자가 보충을 필요로 하는 인원에 미달할 경우 등에 특별채용했다.

1964년 4월 17일에 국가공무원법 전면개정으로 임용권의 한계와 위임에 관한 규정의 개선, 추천제의 도입, 시보 기간 조정, 모집 대상 제한 기준의 개선, 전보제한제도의 신설, 파견근무제도의 정비, 승진 순위 결정 요소의 비율 조정 등이 이루어졌다. 한편, 1965년 10월 20일에 지방공무원을 당해 직급에 해당하는 국가공무원으로 임용하는 경우를 신설했다.

： 제3공화국의 인재 양성을 위한 공무원 교육훈련

공무원의 자질 향상을 위해 전문적 교육과 훈련을 강화했다. 1961년 10월 2일 내각 사무처에 교육훈련과 설치 및 '중앙공무원교육원설치법'과 직제가 공포되었다. 또한, 1급 이하의 입법부, 사법부, 행정부 공무원들을 대상으로 한 '공무원훈련법'이 공포되었으며, 12월 7일에는 시행령 공포를 통해 공무원 교육훈련의 법적·기구적 기초를 완성했다. 1967년에는 총무처 산하에 중앙공무원교육원을 설치하여 전문적 프로그램에 의한 교육을 본격적으로 실시했다. 실제로 그 당시에 소방학교, 수산공무원교육원, 임업연수원, 관세공무원교육원, 농촌영양개선연수원 훈련과, 노동연수원, 환경공무원교육원 등의 신설을 통한 공무원 교육훈련기관의 양적 증가가 나타났다김근세, 2012: 10.

1963년에는 공무원 훈련의 중요성을 강조하여 '공무원훈련법'이 제정되었으며, 군 출신 공무원들의 전문화를 위해 '직위분류법'이 제정되었다. '지방공무원법'이 제정되었으며, 1964년 5월에는 그동안 행정 부서에서만 관장하던 공무원 인사제도를 입법부, 행정부, 사법부가 각각 분할해서 관장하도록 개정되었고, 1965년 10월에는 직위해제와 해임제도를 도입했다김수영, 1988: 351; 조성대, 1993: 161에서 재인용.

1963년부터 1966년까지의 훈련계획에서는 전문 분야별 교육훈련을 지향하여 훈련 과정의 편성이 업무 분야별로 구분되었다. 전문 분야별 교육 훈련을 지향하기는 했지만, 모든 전문 분야를 다 포괄할 수 있는 정도의 다양한 교과목이 개발되지는 못해서 현실적으로는 교과과정이 다목적으로 설계되고 활용되어 결과적으로 획일적인 교육이 이루어졌다. 1967년부터 교육훈련은 정부 행정의 모든 직무 분야에 대한 정밀한 훈련수요 조사를 실시하여 교육과정과 훈련 내용에 대한 수요 측정을 시도했다김중량, 2004; 이근주, 2010: 36.

1967년부터 정부의 모든 직무 분야에 대해 교육훈련 수요 조사를 실시하고 이를 바탕으로 부족 분야에 대해 훈련을 집중하는 등 공무원

교육훈련이 질적인 측면에서 한 단계 발전했다. 1970년대 중반부터는 유신과 새마을운동의 영향을 받아서 공무원에 대한 정신교육이 다시 한 번 강화되었고, 종래 공무원 교육훈련기관을 중심으로 운영되던 교육훈련이 국내외 각 대학 등 외부 기관에서 위탁교육으로 그 범위가 점차 확대되었다중앙인사위원회, 2007: 127.

제4공화국의 인사행정

: 제4공화국 정부의 조직 맥락

제4공화국은 국무총리를 비롯하여 외무부, 내무부, 재무부, 법무부, 국방부, 문교부, 농림부, 상공부, 건설부, 보건사회부, 교통부, 체신부, 문화공보부로 구성되었다.

1973년 제4공화국의 정부조직법 개정 이후 1979년에 이르기까지 공업진흥청, 공업단지관리청과 국무총리 소속하의 중화학공업추진위원회, 특허청, 동력자원부 등이 신설되어 중앙정부의 조직 편제는 2원, 14부, 4처, 2외국, 2위원회로 확대되었다. 이 시기의 정부 조직 개편은 전반적으로는 행정권의 집중과 경제성장을 위한 능률의 극대화에 맞추어져 있었다안전행정부, 2013: 11.

제4공화국의 인사행정 관련 담당 부처나 업무는 정부조직법 법률 제2437호 제24조에 따랐다.

중앙인사기관인 총무처의 기구 개혁은 1972년 2월 15일 대통령령에 의한 공무원 감축 계획에 따라 정원을 조정했고, 이에 따라 일부 기구가 폐지·통합되었다. 즉, 기획관리실에 예산담당관을 신설하고 관리정책담당관과 계리담당관을 폐지하여 정원을 감축했다. 1975년 6월에 기구와 인원을 다시 조정했는데, 이는 행정 전산 업무를 효율적으로 전담하고 행정고시 합격자의 수습을 위한 것이었다_{김수영, 1988: 360-1; 조성대, 1993: 161에서 재인용}.

1976년 12월에는 총무처 인사국의 보조기구를 개편하고, 조직 및 정원 관리를 효율적으로 조정하기 위해 행정관리국의 보조기구를 조정했다. 1978년 4월에는 고시과를 고시국으로 개편하여 고시 1·2·3과를 설치했다. 한편, 1979년 5월 30일에는 행정조직의 여건 변화에 대처하고 공무원의 후생을 위한 기구 조정으로써 인사국 기획과가 인사기획과로 조정되었고, 연금기획과와 연금복지과가 설치되었다_{조성대, 1993: 162}.

⋮ 제4공화국의 공무원 인재상

산업화 시대의 절정기인 제4공화국은 효율성과 효과성이 행정 이념으로 가장 중시된 시기라 할 수 있다. 이러한 행정 이념은 그대로 공무원 인재상에 투영될 수밖에 없었으며, 공직 임용의 전문성, 특히 국내외 우수한 과학자 및 기술자에 대한 우대가 두드러진 시대였다. 제4공화국의 인사 원리는 실적주의이며, 패러다임은 전통적 모형 및 인간관계 모형이다. 이를 구현할 인사관리로는 직위분류법 폐지 및 국가공무원법 관계 법령 개정, 조건부 임용제도와 기한부 임용제도 폐지, 교육훈련 강조, 제안제도 운영 등을 강화했다_{한국인사행정학회, 2010; 한국인사행정학회, 2015: 8}.

: 제4공화국의 공무원 채용제도

박정희 행정부는 직업공무원 제도의 정착과 합리적 행정기법들의 도입으로 관료제 내부 쇄신과 행정관료들의 전문성을 높였다. 특히, 발전국가의 성공적인 정책 수행을 위해서는 높은 수준의 전문 지식과 관리역량을 갖춘 행정 전문가의 필요성이 증대되었으며, 이는 공무원의 전문직업화 경향을 가져왔다. 동시에 소청심사위원회 등 공무원의 신분보장 강화 제도와 연계되어 직업공무원제가 정착되었다송혜경, 2010.

특히, 박정희 정부에서 시험에 의한 공정한 공개채용의 중시 등 실적제 강화를 통해 관료의 임용에 있어 자격과 능력이 가장 큰 기준이 되었다. 1971년 고등고시를 채용고시로 전환했고, 1972년에는 학력을 전폐했고, 1973년에는 40세로 응시 연령의 상한선을 낮추었다이성복, 2004: 송해경, 2010. 또한, 공무원 승진 시 기존의 서열만능주의를 지양하고 경력평정과 근무성적평정에 의한 실적에 기반한 요소를 강화했다김근세, 2012: 15.

제4공화국에서 공직의 분류는 계급제가 주를 이루는 한편, 사실상 공무원의 임용, 승진, 전직 등을 직위분류제에 의해 운영하여 행정 전문화에 기여했다. 공무원의 채용은 1973년에 당시 3급의 행정고등고시, 외무고등고시, 기술고등고시의 채용고시와 승진시험, 공개경쟁승진시험, 외부채용을 위한 채용 시험을 제도화했다조성대, 1993: 162.

1973년 2월 5일에 채용 규정이 개선되었다. 이를 통해 당시 전문성이 매우 중요한 채용 기준임을 파악할 수 있었으며, 관련 계약직 공무원 규정은 후에 1978년 전문직 규정으로 바뀌고, 다시 1998년 계약직 공무원 규정으로 개정되었다.

: 제4공화국의 인재 양성을 위한 공무원 교육훈련

제4공화국에서는 교육훈련의 지속적인 강조, 직무교육, 새마을운동, 유신 이념 등 정신교육이 강조되었다.

1973년 '공무원훈련법'이 폐지되고 공무원교육훈련법이 제정되었다. 1973년에 제정된 법이 현재 우리나라 공무원 교육훈련의 기본을 이루고 있다. '공무원훈련법'에서 선언적으로 규정되어 있던 관리자의 소속 공무원에 대한 교육의무가 공무원교육훈련법에 따르면, 각급 행정기관의 장은 소속 공무원에게 직무 분야의 교육훈련을 5년마다 1회씩 이수시키도록 했다. 또한, 교육훈련기관을 통한 교육훈련뿐만 아니라 직무 현장에서도 교육이 이루어질 수 있도록 규정했다. 즉, 각급 행정기관의 장은 소속 공무원의 정신자세 확립과 직무 능력 향상을 위해 '직장 훈련'을 실시하고 그 결과를 인사관리에 반영하도록 규정했다. 공무원 교육훈련법의 제정으로 현장교육OJT이 가능하게 되었다. 현장교육의 강화와 함께 외부 교육기관의 적극적인 활용도 공무원교육훈련법의 특징 중 하나다. 수요가 많지 않아 정부 자체적으로 개발하여 제공하기 힘들었던 다양한 전문 분야에 대한 교육을 민간 교육기관을 이용하여 제공할 수 있게 되었다는 사실은 전문 분야에 대한 교육의 필요성을 인정한 것이라고 할 수 있다. 동시에 공무원 입장에서는 자신에게 보다 적합한 교육훈련 기관을 선택할 수 있게 되었다는 점에서 바람직한 변화라고 볼 수 있다이근주, 2010: 37.

제5공화국의 인사행정

: 제5공화국 정부의 조직 맥락

제5공화국의 정부 조직 개편은 정의사회 구현과 복지사회 건설이라는 정책 기조 아래, 경제발전과 사회정화에 역점을 두었다. 제5공화국 정부는 국무총리를 비롯하여 외무부, 내무부, 재무부, 법무부, 국방부, 문교부, 농수산부, 상공부, 동력자원부, 건설부, 보건사회부, 노동부, 교통부, 체신부, 문화공보부로 구성되었다.

1979년 12월에 환경청을 보건사회부 외청으로 신설했으며, 1980년 8월 상공부와 유사한 기능을 수행하던 중화학공업추진위원회를 폐지했다. 이후 같은 해 10월 사회 전반에 걸친 계도 업무의 효율적 추진이라는 명목으로 사회정화위원회를 신설했고, 1981년 4월에는 노동청을 노동부로 승격시켰다. 한편 1981년 10월 행정개혁을 통해서 중앙행정기관의 하부 조직을 대국대과大局大課에 따라 통합·조정하면서 정원 감축 및 직급 하향 조정을 추진했다. 1982년에는 86아시안게임과 88서울올림픽 개최 준비 등 늘어나는 체육행정수요에 효과적으로 대처하기 위해 체육부를 신설했다안전행정부, 2013: 11. 제5공화국의 인사행정 관련 부처 및 업무는 정부조직법 법률 제3422호 제24조에 따랐다.

: 제5공화국의 공무원 인재상

제5공화국의 인사철학 및 가치는 행정관리의 과학화, 공직윤리 및 기강의 쇄신, 직업공무원제 내실화, 공무원 교육 혁신을 기반으로 했다. 그리고 인사 원리는 실적주의와 성과주의를 기본으로 하며, 패러다임은 전통적 모형과 인간관계 모형에 따랐다. 관련 인사제도로는, 공무원의 종류를 보다 정확하고 세밀하게 분류, 계급구조와 수평적 분화 수정, 승진과 보직관리제도 개선, 인사 상담과 고충처리제도 도입, 복무규율 강화, 공직자윤리법 개정, 공무원재산등록제 채택 등이 있었다^한
국인사행정학회, 2010; 한국인사행정학회, 2015: 8.

산업화 과정에서 경제발전을 위한 행정 전문화의 기조가 계속되면서 공무원의 수, 특히 고위직의 비율이 상당히 증가했지만, 제5공화국은 예산의 효율성을 높이고 예산을 절약하기 위해서 수차례 공무원 감축을 단행하기도 했다.

⋮ 제5공화국의 공무원 채용제도

제5공화국의 공무원 신규 채용은 공채를 원칙으로 했으며, 이를 위해 각종 공개경쟁시험제도를 두었다. 이 중 직업공무원으로서 경력 발전에 가장 중요한 것은 5급 행정직 공무원의 신규 채용을 위한 행정고등고시와 5급 기술직 공무원의 신규 채용을 위한 기술고등고시였다. 그러나 일반행정가 우대와 기술직 천시 전통으로 인해 기술고등고시보다는 행정고등고시가 훨씬 더 중시되었다_{조석준, 1986; 하태권, 1990: 101에서 재인용}.

행정고등고시의 또 다른 중요한 특징은 일제강점기 이래 지속되어온 법률 과목 중시 경향이었다. 법률 과목에 대한 중시 경향은 일반행정가 우대의 전통을 나타내는 것으로 수차에 걸쳐 시험 과목 개편과 직류의 도입으로 많이 약화되었으며, 상대적으로 행정학, 경제학, 정치학, 사회학, 교육학 등의 비중이 높아졌다. 그러나 일반행정직을 대표한다고 볼 수 있는 행정직류의 경우 아직도 시험 과목이 법학 전공자에게 가장 유리하게 편성되었다^{하태권, 1990: 101}.

공무원의 채용은 공개경쟁채용을 원칙으로 하고 있으나, 공개경쟁채용시험에 의한 충원이 곤란한 특수 분야 공무원에 대해서는 예외적으로 인사 원리채용을 허용했다. 1980년 이후 1급부터 5급으로 신규 임용된 일반직 국가공무원 중 12%가 특별임용되었으며, 6급 이하의 경우는 16%가 특별임용되었다. 또한, 일반직 공무원 중에서 연구직·지도직·의료직 공무원 등은 대부분 특별채용되었다^{하태권, 1990: 101}.

특별채용은 많은 경우에 비공식적으로 이루어졌으며, 혈연, 지연, 학연 또는 경력 등이 주요한 기준으로 작용하는 것으로 인식되었다^{조석준, 1986; 오석홍, 1983; 박동서 외, 1979; 하태권, 1990: 101에서 재인용}. 산업화와 그에 따른 인식 구조의 변화로 혈연 중심의 정실 임용은 상당히 감소되었으나, 제3공화국 이후 군 경력과 지연 및 학연에 기초한 특별채용은 당시 계속되었다^{안병만, 1985; 조석준, 1986; 하태권, 1990: 101에서 재인용}.

： 제5공화국의 인재 양성을 위한 공무원 교육훈련

1980년대 들어서면서 공무원 교육은 새로운 전환점을 맞았다. 1981년 새로운 시대의 국가이념과 개혁 의지의 전파, 평화통일이념과 공직 윤리관 확립 등을 위한 정신교육이 전 공무원을 대상으로 실시되기 시작했다. 그리고 1982년에는 3급 이상 고위직 공무원에 대한 재훈련 과정이 신설되었으며, 같은 해 3월에는 교관 요원의 정예화, 신규 채용자에 대한 선^先 교육—후^後 임용의 의무화 등을 주요 내용으로 하는 '공무원교육훈련발전5개년계획'이 수립되었다^{중앙인사위원회, 2007: 127}. 1970년대 도입된 외부 교육기관의 활용에서 한 발 더 나아가 유관기관 파견을 통한 현장 교육훈련을 가능하게 하여 교육훈련 방식을 보다 다양화했다는 점과 임용에 앞서 필요한 교육을 실시하도록 하는 선교육−후임용의 원칙을 세웠다는 점에서 계획적 특징이 드러난다고 할 수 있다[이근주, 2010: 37].

이 시기 교육훈련의 주요한 특징은 교육훈련제도와 현실 간의 격차를 줄이는 과정이었다고 할 수 있다. 1980년대를 거치면서 다양한 교과과정의 개발과 활용, 실제 교육훈련을 받는 공무원 규모의 증대 그리고 다양한 교육 매체의 활용 등이 가능해지면서 공무원 교육훈련이 내실화되고 제도적으로 설계된 내용이 점차 실천에 옮겨지고 있었다. 즉, 제도와 현실 간의 괴리와 격차가 과거에 비해 점차 줄어들었다[이근주, 2010: 37−38].

노태우 정부의 인사행정

: 노태우 정부의 조직 맥락

노태우 정부는 1987년 10월 29일 5년 단임의 대통령직선제를 핵심으로 여야 합의 아래 개정된 민주적인 '헌법' 제9호에 의해 성립되었으며, 이 헌법은 현재까지 개정 없이 지속되고 있다. 행정 각부는 국무총리를 비롯하여 외무부, 내무부, 재무부, 법무부, 국방부, 문교부, 농수산부, 상공부, 동력자원부, 건설부, 보건사회부, 노동부, 교통부, 체신부, 문화공보부로 구성되었다.

노태우 정부는 제5공화국 정부 조직의 기본 구도를 유지했다. 다만, 1989년에 기존 문화공보부를 문화부와 공보처로 분리하여 문화 기능은 문화부에서 관장하고, 국제화 추세에 부응하기 위한 국가의 홍보 기능은 공보처에서 전담하도록 했다. 환경오염에 대한 위기의식과 함께 환경문제를 국가 과제로 인식하면서 환경청을 국무위원 수준의 조직으로 격상시켜 환경처로 개편했다. 1990년 12월에는 국토통일원을 통일원으로 변경하면서 장관을 부총리로 격상시켰다. 문교부의 학교체육에 관한 기능을 체육부로 이관하고 그 명칭을 교육부로 변경했으며, 체육부는 체육청소년부로 변경했다^{안전행정부, 2013: 11-12}.

당시 인사행정 관련 부처는 총무처이며, 정부조직법 법률 제3854에 따랐다. 당시 공무원 인사관리를 관장하던 총무처는 국무총리 소속하에 비독립단독형의 복합 기능적 조직으로, 독립합의제 기관인 소청심사위원회와 공무원 훈련기관인 중앙공무원교육원을 부설했다^{행정개혁위원회, 1989: 144; 조성대, 1993: 163에서 재인용}.

: 노태우 정부의 공무원 인재상

노태우 정부의 인사철학 및 가치는 실적주의이고, 패러다임은 전통적 모형과 인간관계 모형에 해당하며, 실적주의와 성과주의를 기반으로 했다. 관련 인사제도로는 공무원에 대한 보수 인상, 하급 공무원의 정년 연장, 공직 기강 확립, 부패 척결이었다^{한국인사행정학회, 2010; 한국인사행정학회, 2015: 8}.

노태우 정부의 공무원은 특채 요건을 보완하고 채용 절차를 간소화하여 더욱 많은 기능직 공무원과 특수 전문 분야의 우수한 인력을 확보하려 했으며, 1985년 고용직 공무원이 모두 기능직 공무원으로 신분이 전환되어 실적주의 인사원칙이 중시되었다.

: 노태우 정부의 공무원 채용제도

노태우 정부의 공무원 신규 채용 자격 요건은 국적에서 외국인에 대해 일정한 제한을 두었고, 또한 연령에 일정한 제한을 두었지만, 학력, 거주지 면에서는 제한이 없었다. 채용 방법은 공개경쟁채용과 특별채용이 있었으나, 이 중 직업공무원으로서의 경력 발전에 가장 중요한 것은 5급 행정직 공무원의 신규 채용을 위한 행정고등고시와 5급 기술직 공무원의 신규 채용을 위한 기술고등고시였다. 그러나 일반행정가 우대와 기술직 천시의 전통으로 인해 기술고등고시보다는 행정고등고시가 훨씬 더 중시되었다하태권, 1990: 100; 조성대, 1993: 164에서 재인용.

공개경쟁채용시험에 의한 충원이 곤란한 특수 분야 공무원에 대해서는 예외적으로 특별채용이 허용되었다조성대, 1993: 165. 특별채용은 공채제도를 보완하고 임용의 융통성을 높이기 위한 제도이나 지나치게 널리 이용될 뿐만 아니라 인사권자의 개인적인 지도력을 강화하기 위한 제도적 장치로 이용되어 왔다는 주장이 계속되었다하태권, 1990: 101; 조성대, 1993: 165에서 재인용.

특별채용제도를 통한 사회적 약자에 대한 배려로는 1989년 3월 27일 심신장애자의 공무원 임용 확대를 위해 심신장애자만을 따로 모집할 수 있도록 했다. 1989년 6월 16일, 공무원 채용 시험 시 시험 실시기관의 장이 결원 보충을 원활히 하기 위해 필요한 경우 성별로 구분하여 모집할 수 있도록 한 규정을 삭제했다.

당시 인사행정은 관리자의 지도력을 지나치게 강조하는 경향이 있었다. 즉, 특별채용이 여전히 널리 이용되고 있었으며, 승진도 일반승진에 거의 전적으로 의지했다. 승진 후보자 명부의 순위 결정에 큰 비중을 차지하는 근무성적평정도 객관적으로 이루어지지 못했으며, 경우에 따라서는 승진 후보자를 먼저 결정한 후 평정점수를 부여하는 경우도 있었다. 따라서 정실주의적 경향을 강하게 나타냈으며, 합리성을 인정받지 못했다조성대, 1993: 170.

공무원 사회의 실적주의와 직업공무원 제도를 정착시키기 위한 기본요소로서 공정하고 합리적인 임용제도 운영을 위해 공무원 임용에 있어서 인사권자의 재량 범위를 축소해야 했다. 특히, 특별채용을 최소한으로 억제하고, 공개경쟁시험에 의한 채용을 확대하며, 일반승진의 비율을 줄이고 공개경쟁 승진을 보다 널리 이용해야 했다조성대, 1993: 170.

: 노태우 정부의 인재 양성을 위한 공무원 교육훈련

노태우 정부 시기 공무원 교육훈련 체제는 교육훈련 기관 또는 장소, 교육훈련 대상 공무원, 그리고 훈련 목적을 기준으로 하여 분류할 수 있다.

교육훈련 기관별로 나누면, 정부 안에 설치된 교육훈련 기관에서 실시하는 '교육훈련 기관 교육', 중앙행정기관의 장이 필요하다고 인정하며, 총무처 장관과 협의해서 공무원을 해외에 파견하여 훈련받게 하거나 국내외의 교육기관에 위탁하여 교육을 받게 하는 '특별훈련', 각급 행정기관의 장이 훈련에 의한 기본 정책 및 일반지침에 따라 소속 공무원의 정신자세 확립과 직무수행 능력 향상을 위해 실시하는 '직장훈련'이 있었다.

교육 목적별 및 대상별로는 나누면, '정신교육 훈련과정'은 국정 이념과 공직윤리, 새마을 지도정신 등으로 모든 공무원을 대상으로 실시했고, '직급별 기본교육 훈련'은 신규 채용 후보자 또는 신규 채용자, 승진 후보자 또는 승진된 사람에 대해 해당 직급의 공무원으로서 필요한 능력과 자질을 배양할 수 있도록 채용 및 승진 단계별로 실시했으며, '직무 분야별 전문교육 훈련'은 직무 분야에 필요한 전문적인 지식과 기술을 습득할 수 있도록 교육훈련을 실시했다.

김영삼 정부의 인사행정

: 김영삼 정부의 조직 맥락

김영삼 정부는 국정 운영의 기조를 문민정부, 작고 강력한 정부, 신한국 창조, 국제화, 세계화와 개방화에 두었다. 정부 조직 개편에 관한 김영삼 정부의 1차적 목표는 작고 효율적인 정부의 구현에 있었으며, 이를 적절히 뒷받침하기 위해 행정조직의 효율성과 민주성이라는 두 가지 원칙을 제시했다안전행정부, 2013: 12.

김영삼 정부의 정부 조직은 정부조직법 법률 제4541호에 따르면 외무부, 내무부, 재무부, 법무부, 국방부, 교육부, 문화체육부, 농림수산부, 상공자원부, 건설부, 보건사회부, 노동부, 교통부, 체신부로 구성되었다.

김영삼 정부는 공직 사회 정화, 문민화, 기구통폐합과 정부 규모 축소, 그리고 규제 완화와 국민편의 위주의 행정쇄신으로 압축할 수 있다. 이러한 방향에서 공직자의 부패방지를 위한 재산공개, 부패방지위원회 설치 등을 단행했다정정길, 2002: 398–402; 하미승, 2013: 93에서 재인용.

김영삼 정부의 인사행정에 관한 관련 부처 및 업무로는 정부조직법 법률 제4541호 제24조에 따랐다.

　： 김영삼 정부의 공무원 인재상

　김영삼 정부의 인사철학 및 가치는 공정, 개방, 분권, 부패방지의 기치 아래 인사 원리는 실적주의, 성과주의, 공정성, 적재적소 배치이며, 패러다임은 인간관계 모형과 인적 자본 모형이었다. 이를 위한 인사관리로는 재산공개제 도입, 하급 직원에 대한 근속승진제 확대, 복수직급제 도입, 기업연수 실시, 공무원 공개채용시험의 종류 다원화, 공개경쟁승진시험 부활, 여성채용목표제 실시, 외부 우수 인력 유치 등이었다한국인사행정학회, 2010; 한국인사행정학회, 2015; 9에서 재인용.

　직업공무원제 확립을 위해 실적주의를 강화했고, 직급 세분화복수직급제 도입를 통한 승진 기회 확대 등 공직자에 대한 동기부여 정책을 확대했다. 아울러 외부 전문가의 특채를 확대하기 위한 제도 개선을 추진했으며, 그에 따른 전문가 유치 및 처우 향상을 위해 민간전문경력인정제도를 도입했다하미승, 2013: 93.

　： 김영삼 정부의 공무원 채용제도

　김영삼 정부는 당시 공무원 공개채용시험의 종류를 다원화하고 과목 수를 줄였으며, 지방자치단체에 근무하는 국가공무원의 대부분을 단계적으로 지방직화하기로 결정했으며, 전문가의 특별채용을 늘리고, 여성채용목표제를 실시했으며, 공개경쟁 승진시험을 부활시켰다. 외부 우수 인력 유치를 위해 박사학위·자격증 소지자, 국제관계 전문가의 채용을 확대했으며, 국제전문직위특별관리제를 운영하고 국제관계 특별고

시인 외무고시 제2부를 신설했다. 또한, 지방화 시대에 대비하기 위해 지방고등고시제도를 도입했다권용수·박수영, 2012: 6.

이를 구체적으로 살펴보면, 1994년 12월 22일 사무관 승진시험제도 개선 및 처우 개선을 했다. 특별채용제도를 통한 사회적 약자를 배려하기 위해 1995년 12월 2일 시험 실시 기관의 장은 여성의 공직 임용을 확대하기 위해 한시적으로 여성이 일정 비율 이상이 될 수 있도록 선발 예정 인원을 초과하여 여성을 합격시킬 수 있도록 했다. 또한 1995년 12월 22일, 공무원임용시험령을 개정하여 여성채용목표제를 도입했다. 1997년 12월 31일, 민간 전문가의 공직 파견제 및 전문직 공무원 임용 범위를 확대하고, 전문직 공무원의 임용 범위를 종전에 연구 또는 기술 업무로 한정했던 것을 전문 지식이 요구되는 특수 업무로 확대했다.

: 김영삼 정부의 인재 양성을 위한 공무원 교육훈련

각종 위탁교육훈련이 김영삼 정부 시기에 도입되었다. 국장급 공무원 대상의 중앙공무원교육원 고위정책 과정, 과장급 대상의 세종연구소 국정과제연수과정, 민간위탁 전문교육, 미국 인사관리처, 영국 내각사무처 인사부, 일본 인사원 등 해외훈련기관과정 등이 신설되었다중앙인사위원회, 2007: 127.

이렇게 꾸준하게 발전되어 가던 교육훈련은 1997년의 IMF 구제금융 사태를 맞으면서 위기에 처했다. 당시 교육훈련 예산의 21%, 교육훈련 담당 정원의 22%가 감축되면서 공무원 교육훈련은 심각한 위기에 직면했다. 경제 위기가 어느 정도 종료된 후에도 참여정부 출범 전까지 교육훈련 예산의 총 증액률46%을 크게 밑돌았다. 즉, 국가재정에서 교육훈련 예산이 차지하는 비율은 점점 더 줄어들었다. 또한, 관련 정원은 경제 위기 극복 이후에도 원상회복되지 않고 계속 감소되었다_{중앙인사위원회, 2007: 127-8}.

김대중 정부의 인사행정

ː 김대중 정부의 조직 맥락

김대중 정부의 조직은 국무총리를 비롯하여 재정경제부, 통일부, 외교통상부, 법무부, 국방부, 행정자치부, 교육부, 과학기술부, 문화관광부, 농림부, 산업자원부, 정보통신부, 보건복지부, 환경부, 노동부, 건설교통부, 해양수산부로 구성되었다.

김대중 정부의 정부 조직 개편은 궁극적으로는 행정조직의 효율성과 민주성을 동시에 추구하고 있다는 점에서 김영삼 정부와 크게 다르지 않았다. 작고 강력한 정부의 실현과 정부의 경쟁력 강화에 역점을 두고 있는 것 또한 닮았다. 다만, 김대중 정부는 경제 위기 극복이라는 급박한 사회 변화 속에서 정부 조직 개편을 시도해야 했다_{안전행정부, 2013: 13}.

김대중 정부인 '국민의 정부'의 인사행정 관련 부처 및 업무는 정부조직법 법률 제5529호 제32조에 따랐다. 1999년, 정부조직법이 개편되면서 중앙인사관장기관은 중앙인사위원회와 행정자치부로 이원화되었다. 인사 기능만을 전담하는 중앙인사기구의 설치는 행정개혁이 논의될 때마다 제기되어 온 대안이었다. 따라서 중앙인사위원회 설치는 그 자체가 인력관리의 전문성이 인식된 변화라고 긍정적인 평가를 내릴 수 있다. 또한, 그 조직 형태를 위원회 형으로 하고, 위원들의 임기를 보장하여 늘 제기되었던 중립성에 대한 요구에 대응하고 인사의 편파성과 엽관성을 방지할 수 있는 장치를 마련한 점도 긍정적으로 평가할 수 있다. 중앙인사위원회도 행정 수반인 대통령 소속으로 한 것은 우리나라 헌법 구조에 맞는 적절한 선택이었으며, 대통령으로부터 어느 정도 독립성을 유지하는 구조를 채택했지만, 인사정책에 관해서 대통령에게 바로 건의할 수 있는 위치에 있다는 점도 바람직한 것으로 판단된다. 중앙인사위원회는 공무원의 인사정책 및 인사행정 운영의 기본방침, 공무원 인사 관계 법령의 제정 또는 개폐, 3급 이상 공무원의 채용과 승진에 있어서의 기준, 절차 등에 관한 사항을 심의, 의결하는 기능을 담당하도록 했으며, 부서로는 기획총괄과, 인사정책과, 급여정책과, 직무분석과를 두었다. 반면에 행정자치부는 인사국 내에 인사기획과와 급여과를 폐지하고, 인사과, 복지과, 교육훈련과, 고시과, 복무과를 두어 공무원의 임용에 관한 사항, 후생복지제도에 관한 사항, 교육훈련에 관한 사항, 공무원의 복무 및 징계에 관한 사항과 공무원 직장협의회 및 노동조합에 관한 사항을 담당토록 했다. 또한, 소청심사위원회가 행정자치부 장관 소속으로 존속하여 소청에 관한 사항도 넓게는 행정자치부 소관 업무로 했다오성호·권경득, 2002: 117.

: 김대중 정부의 공무원 인재상

김대중 정부의 인사철학 및 가치는 개방, 공정, 성과, 창조, 지식, 세계, 민주, 협력을 기반으로 했다. 인사 원리는 실적주의, 성과주의, 공정성, 적재적소, 다양성, 그리고 인적 자본 모형 및 인간투자 모형에 가까웠다. 이를 구현할 인사관리로는, 정부 인력 감축, 공무원 임용의 개방화, 성과급제 확대, 근무성적평정제 개편, 여성채용목표제, 양성평등채용목표제, 공무원단체 준노조화 등이었다[한국인사행정학회, 2010; 한국인사행정학회, 2015: 10].

1999년 5월 3일, 정부조직법 제2조 8항과 국가공무원법 제28조 4항이 개정되었다. 이를 토대로 공직의 전문성을 높이고 유능한 민간 전문가의 공직 진출의 기회를 확대하여 공직의 활성화를 도모했다[이선우·전진석, 1999: 68].

: 김대중 정부의 공무원 채용제도

김대중 정부 시기 공무원 채용 제도에 변화가 있었다. 1998년 2월 24일, 국가공무원법 개정에 의해 전문직 공무원의 명칭이 계약직 공무원으로 변경되었고, 2002년 1월 19일 특별채용방법 및 민간기업근무제도가 신설되었다. 또한, 2001년 1월 26일 공무원임용시험령을 개정하여 5급 공채 공직적격성평가를 도입하고, 영어 과목을 토익, 토플, 텝스 등으로 대체했으며, 7급 및 9급 기술직 공채 영어 과목을 신설하고 선택과목제를 폐지했다. 그리고 2002년 12월 26일에 공무원임용시험령을 개정하여 여성채용목표제를 양성평등채용목표제로 전환했다.

2002년 12월 26일 공무원 임용시험에서는 기존 선발 예정 인원보다 합격자 수가 많았다. 여성 또는 남성이 선발 예정 인원의 일정 비율 이상이 되도록 한 결과였다. 그럼으로써 공직 내 양성평등을 높이고 직렬별 또는 기관별로 남녀의 성비가 균형을 이룰 수 있도록 했다.

김대중 정부는 정부 초기 경제 위기 극복과 작은 정부 구현을 표방하면서 정부 인력 감축에 열의를 보여 약 4만 8,000명의 순감축 효과를 거두었다. 1999년 5월 24일 중앙인사위원회를 설치하여 한국 인사행정의 역사에서 커다란 전기를 마련했다. 공무원 임용의 개방화를 촉진하기 위해 3급 이상 직위 가운데서 개방형 직위를 지정하고, 계약직 공무원이 종사할 수 있는 업무의 범위를 확대했다. 아울러 고등고시 수험 부담을 경감하고 우수한 인재를 유치하기 위해 고시제도를 개편했다_{권용수·박수영, 2012: 6-7}. 균형 인사와 관련해서 여성채용목표제를 강화했으며, 장애인고용촉진특별법을 개정하여 중앙부처 및 지방자치단체 소속 공무원의 2% 이상을 장애인으로 의무적으로 고용하도록 했다_{진종순, 2009; 권경득 외, 2005; 하미승, 2013: 94에서 재인용}.

: 김대중 정부의 인재 양성을 위한 공무원 교육훈련

김대중 정부 시기 공무원 교육훈련을 위해 크게 다음과 같은 노력을 기울였다. 첫째, 상시학습제도를 도입했다. 이를 위해 교육훈련 이수 시간을 확대·의무화했다. 전체적인 교육훈련 시간을 확대하기 위해 종전 승진 후보자 명부 작성 시 적용되는 교육훈련 평정제도를 대체하여 2007년부터 복수직 4급 이하 공무원에게 연간 100시간 이상의 교육훈련을 의무화했다. 그리고 교육훈련의 인정 범위를 확대했다. 부하 육성 성과책임제와 개인별 능력개발계획 수립 제도를 도입했다. 부처의 자율성을 강화했다. 상시학습체제 운영에 있어서 연간 이수 기준 시간, 교육훈련 인정 범위, 인정 시간, 세부 운영 사항 등을 부처가 자율적으로 결정하게 하여 향후 각 부처가 특성에 맞는 자율적 교육훈련 시스템을 구축할 수 있도록 했다_{중앙인사위원회, 2007: 136-8}.

둘째, 관리직 공무원 교육 체계를 개편했다. 2006년 7월, 고위공무원단 출범에 맞춰 고위공무원단후보자과정을 신규로 개설했다. 또한, 초임 과장급 공무원에 대한 교육훈련을 강화하기 위해 종전의 고급관리과정을 대폭 개편하여 핵심인재과정을 개설했다. 모든 관리직 공무원 교육과정에는 액션 러닝 기법을 적용했으며, 고위공무원단후보자과정과 핵심인재과정은 온라인과 오프라인을 결합하여 직무병행과정으로 설계했다. 그리고 교육 내용도 현업에서 실제로 필요한 내용을 중심으로 대폭 개선했다중앙인사위원회, 2007: 139.

셋째, 혁신 변화관리 교육을 강화했다. 2005년부터는 실무자 중심의 혁신 관련 교육으로 전환했으며, 2006년부터는 변화관리에 중점을 두고 진행되었다. 또한, 2005년부터는 각 부처에 행정 서비스 혁신 능력개발을 위한 교육훈련 예산으로 128억을 편성하여 혁신교육을 지원했다. 2006년 이후에도 이러한 혁신교육 예산 확대 기조는 계속해서 유지되어, 정부 각 부처에서는 행정 서비스 혁신 능력개발 예산을 자율적으로 편성했다중앙인사위원회, 2007: 141.

넷째, 공무원 교육훈련기관의 경쟁력을 높이기 위해 노력했다. 과거 통·폐합되었던 각 부처 교육훈련기관을 소속 부처로 환원시키는 한편, 교육 기능을 수행하는 조직을 독립기관으로 만드는 등 교육훈련기관들의 전문성 제고를 위한 조치가 이루어졌다중앙인사위원회, 2007: 143.

노무현 정부의 인사행정

: 노무현 정부의 조직 맥락

노무현 정부의 정부 조직은 국무총리를 비롯하여 재정경제부, 교육인적자원부, 통일부, 외교통상부, 법무부, 국방부, 행정자치부, 과학기술부, 문화관광부, 농림부, 산업자원부, 정보통신부, 보건복지부, 환경부, 노동부, 여성부, 건설교통부, 해양수산부로 구성되었다.

노무현 정부는 부처의 자율성과 책임성을 높이기 위해 외형적인 사업 위주의 조직 개편보다는 실질적인 기능 재조정과 업무 프로세스 개선을 통해 정부 조직의 효율성을 높였다. 2004년 3월, 보건복지부의 보육 서비스 기능을 여성가족부로, 기획예산처의 행정개혁 기능을 행정자치부로 이관하고, 소방방재청을 신설했으며, 같은 해 12월에는 철도청을 공사로 전환했다. 2005년 7월, 방위산업 육성에 관한 사무를 효율적으로 추진하기 위해 방위사업청을 신설하고, 재정경제부, 외교통상부, 행정자치부 및 산업자원부에 복수차관제를 도입하는 한편, 통계청 및 기상청을 각각 차관급 기구로 격상시켰다. 또한, 행정중심복합도시건설사업을 위해 2006년 1월에 행정중심복합도시건설청을 신설했다. 다만, 행정중심복합도시건설청은 개별법에 근거한 한시 조직의 형태로 신설되었다安전행정부, 2013: 13-4.

노무현 정부의 인사 관련 기관은 중앙인사위원회가 맡았다. 참여정부 출범 후 인사관장기관 일원화를 위해 정부조직법, 국가공무원법을 개정했다. 두 가지 개정 법률에 의해 중앙인사위원회와 행정자치부 장관으로 이원화되어 있던 사무 중 공무원 채용, 능력 발전, 소청 등의 사무를 중앙인사위원회로 이관했다_{오석홍, 2007: 26}.

: 노무현 정부의 공무원 인재상

노무현 정부의 인사철학 및 가치는 경쟁, 개방, 공정, 성과, 자율, 분권, 상생, 역량에 기반을 두었으며, 인사 원리로는 실적주의, 성과주의, 공정성, 적재적소, 다양성, 그리고 패러다임은 인적 자본 모형 및 인간 투자 모형에 토대를 두었다. 이를 구현하기 위한 인사관리제도로는 국가 인사 기능 통합과 자율분권화, 탄력적 인력관리체제 구축, 투명·공정한 인재 선발 시스템 구축, 차별 없는 균형적 인재 등용, 공직경쟁력 강화를 위한 임용제도 다양화, 전문성 강화를 위한 경력개발체제 구축, 공공 인적 자원 핵심역량 강화, 다양한 평가 시스템의 개발과 활용, 보수 합리화와 공무원 삶의 질 향상, 상생적 공무원 노사관계 구축이었다_{한국인사행정학회, 2010; 한국인사행정학회, 2015: 13}.

2003년 4월, 참여정부는 능력 있는 공무원이 소신 있게 열심히 일하는 깨끗하고 효율적인 정부를 구현하기 위해 인사 개혁 로드맵을 제시했다. 인사 개혁 로드맵의 어젠다별 주요 내용은, 국가 인사 기능 통합과 자율분권화, 탄력적 인력관리 체제 구축, 투명·공정한 인재 선발 시스템 구축, 차별 없는 균형적 인재 등용, 공직경쟁력 강화를 위한 임용제도 다양화, 전문성 강화를 위한 경력개발 체계 구축, 공공 인적 자원 핵심역량 강화, 다양한 평가 시스템의 개발과 활용, 보수 합리화와 공무원 삶의 질 향상, 상생적 공무원 노사관계 구축 등이었다_{권용수·박수영, 2012: 7}.

참여정부는 인사 전문성과 역량을 강화하는 인사제도를 강화한다는 방침에 따라 전문성과 역량을 강화하기 위해 경력개발제도의 구축, 직위분류제에 의한 직무 중심의 인사관리, 교육훈련의 효율화, 임용제도의 다원화를 추진했다오석홍, 2007: 22.

: 노무현 정부의 인재 양성을 위한 공무원 채용제도

참여정부는 22개의 인사 개혁 추진 과제를 선정했는데 그중 채용과 관련된 내용으로는 차별 없는 균형적 인사 채용 및 공직 경쟁력 강화를 위한 임용제도 개선이었다. 여기에 포함된 개혁과제는 사회형평적 인재 등용, 공무원 채용 방법의 다양화, 그리고 민·관, 정부 기관 간 인사 교류 확대였다오석홍, 2007: 23.

참여정부 출범 이전부터 정부에서는 성에 따른 차별, 지역 연고주의에 의한 차별, 학벌에 의한 차별, 장애인에 대한 차별 등을 해소하는 방안들을 채택해왔는데 참여정부는 이를 더욱 확대하여, 첫째, 성별에 의한 차별을 해소하는 조치들을 개선 또는 강화했다. 2003년 양성평등채용목표제 실시, 2002년 5급 이상 여성관리자임용확대5개년계획을 실시했다. 2007년에는 4급 이상 여성관리자임용확대5개년계획의 시행에 착수했다. 이 계획은 목표 연도인 2011년까지 4급 이상 관리자의 여성 비율을 10%까지 높이려는 것이다. 둘째, 공직 임용상 지역 불균형을 줄이기 위해 지방대학의 추천을 받은 사람들 가운데서 시험을 거쳐 매년 50명씩 6급 견습직원으로 채용하는 지역인재추천채용제를 2005년부터 실시했다. 2007년부터 5년간 행정고시와 외무고시에 지방인재채용목표제를 실시했다. 이것은 서울 이외 지역 출신 합격자가 20% 이상이 되도록 합격자 수를 조정하는 것이다. 셋째, 공직의 행정직, 기술직 간의 불균형을 바로잡고 이공계 인력 육성을 촉진하기 위해 우수과학인력 특별채용 정례화 계획을 수립하고 이공계 출신자의 공직 임용 기회를 확대하기 위해 기술직임용확대5개년계획을 시행했다. 이 계획은 목표 연도인 2008년까지 5급 공무원 채용에서 기술직 비율이 40%에 달하고, 4급 이상 기술직, 이공계 임용비율이 34.2%에 달하도록 하려는 것이었다. 넷째, 정부 조직에서 장애인의무고용비율을 계속 달성하기 위해 노력했고 중증장애인이 담당할 수 있는 직무를 개발했다오석홍, 2007: 27.

  ∶ 노무현 정부의 공무원 교육훈련

  노무현 정부 시기 교육훈련 방식 및 기법에 있어서 참여형·현장실습형의 교육훈련이 적극적으로 도입되었다. 조직의 목표 및 미션 중심, 성과 중심, 수요자 중심, 현장실천 중심의 인적 자원 개발 전략이 개발·적용되기 시작했으며, 이에 부합하는 교육훈련 기법의 변화가 적극적으로 진행되었다권용수, 2006: 130.

  2006년 7월 21일, 공무원교육훈련법시행령이 개정되어 공포되었다. 그 배경은 공무원이 직무 관련 전문 지식과 기술을 습득하기 위해 스스로 행하는 학습 연구 활동을 교육훈련의 범위에 포함시키고, 일반직 4급 이하 공무원에게 성과책임을 부여하는 등 공직 사회의 학습조직화를 촉진한 것이다. 교육훈련 인정 범위가 크게 확대되고, 교육훈련 시간이 승진에 반영되며, 부서장에게 부하 직원들이 교육훈련을 잘 받을 수 있도록 교육훈련 실적에 대해 일정 부분 관리 책임을 지도록 했다김판석, 2007: 9.

1961년 '공무원훈련법'이 제정된 이후에 1963년 '공무원임용령' 개정을 통해 승진 후보자 명부를 작성할 때, 훈련 성적 20점을 반영하도록 했다. 그 후 공무원 승진을 위한 평정 규정이 1973년에 제정되어 훈련 성적평정점을 25점으로 상향 조정했으나, 이를 1981년에 개정하면서 훈련성적평정점을 다시 20점으로 하향 조정했고, 1991년에 다시 15점으로 하향 조정했다가 1996년에 다시 20점으로 상향 조정했다. 그런데 이와 같은 교육훈련 평정 점수제도는 평정 대상 교육훈련의 종류와 이수 시간별 점수 등을 법령에 획일적으로 규정하여 각 기관의 인사 담당자들이 직원들의 교육훈련 기록을 단순히 점수 차원에서 유지·관리하는 수준에만 머물게 하는 부작용을 초래했다김판석, 2007: 10.

이명박 정부의 인사행정

: 이명박 정부의 조직 맥락

이명박 정부는 국가와 사회 간 시너지 협력을 통한 발전, 질적 성장 추구, 법치의 확립과 헌법 존중, 다원주의 가치, 개성, 창의성 존중 인재 양성, 글로벌 스탠더드와 내셔널 스탠더드의 조화, 고신뢰 사회를 국정 목표로 제시했다.

이명박 정부의 정부 조직 개편은 대부처주의에 기반한 부처의 통·폐합을 통해 부처 간 정책 조정 비용과 갈등을 감소시키고, 새로운 분야의 융합 서비스를 창출하는 데 기여했다. 다만, 단일 부처에서 대규모 통합 부처로 편입된 정보통신, 과학기술, 해양수산 분야의 학계, 기업계 등 관계자들은 해당 기능의 강화를 위해 단일 부처로의 독립을 지속적으로 요구했다안전행정부, 2013: 15.

이명박 정부의 정부 조직은 기획재정부, 교육과학기술부, 외교통상부, 통일부, 법무부, 국방부, 행정안전부, 문화체육관광부, 농림수산식품부, 지식경제부, 보건복지가족부, 환경부, 노동부, 여성부, 국토해양부로 구성되었다.

이명박 정부의 인사행정 관련 부처 및 업무는 정부조직법 법률 제8852호 제29조에 따랐다. 이명박 정부는 중앙인사관장기관을 행정자치부, 중앙인사위원회, 비상기획위원회, 정보통신부 일부 기능을 통합하여 비독립독임형부처형인 행정안전부로 개편하고, 주요 인사 업무는 인사실에서 관장했다. 하지만 2006년부터 매우 중요한 공무원 단체 업무는 제1차관의 공무원노사협력관과 제2차관의 윤리복무관공무원단체담당관에서 분리하여 관장했으며, 복무 업무는 제2차관의 윤리복무관복무담당관과 윤리담당관이 담당했다. 또한, 지방공무원은 제2차관의 지방행정국 지방공무원과에서 관장하는 약간 기형적인 조직 구조로 운영되었다백종섭, 2013: 6.

: 이명박 정부의 공무원 인재상

이명박 정부의 인사철학 및 가치는 실용인사, 개방인사, 윤리인사에 기반을 두며, 인사 원리로는 실적주의, 성과주의, 공정성, 적재적소, 다양성이고, 패러다임은 인적 자본 모형 및 인간투자 모형에 가까웠다. 이를 구현하기 위한 인사관리 제도로는 기존 공무원 채용 방식 개선 검토, 맞춤형 채용제도, 보훈보상체계 개편, 고등고시 폐지, 중앙인사위원회의 폐지였다^{한국인사행정학회, 2010; 한국인사행정학회, 2015: 14}.

이명박 정부는 정부 부문에서 작은 정부를 구현하려는 강한 의지를 보였다. 정권 출범과 함께 대부처주의에 근거하여 정부 조직을 개편하고 정부의 감축·절감에 중점을 두었다. 이명박 정부 4년 동안 정부 인력 면에서 정부의 신규 기능으로 인한 인력 증원 외에는 부처별 유동정원제 등을 통해 인력 증원을 최소화했다. 기능직 10급 폐지와 단계적인 일반직으로의 전환, 민간 경력자 채용 확대를 통한 공직 개방성 확대, 사회적 배려계층과 고졸자의 공직 진출 확대, 연금제도 개편 등을 시행했다^{권용수·박수영, 2012: 7}.

: 이명박 정부의 공무원 채용제도

2008년 3월 국회에서 공무원시험의 응시자격 제한을 최소화하도록 국가공무원법을 개정했고, 5월에는 헌법재판소가 행정고시 응시연령에 대해 헌법불합치 결정을 내렸다. 2008년 2월 특별채용시험의 응시상한 연령 제한을 폐지하고, 9급 공채시험의 응시연령을 28세에서 32세로 4세 연장했다. 다만, 응시하한연령은 유지했다. 2008년 8월, 이러한 내용을 담은 공무원임용시험령 개정안을 확정하고, 9월 말 부처 의견 조회와 입법예고 절차를 완료했다^{행정안전부, 2008: 99}.

2007년까지는 일부 장애인에 대한 확대답안지를 제공하는 수준이었으나, 2008년부터는 편의 제공 대상을 전 시각장애인과 중증 뇌병변 장애인 등으로 폭넓게 확대하고, 점자문제지·점자답안지·음성지원컴퓨터 제공, 시험시간 연장 등 시험에 실질적으로 도움이 되는 서비스를 장애 유형과 특성에 따라 다양하게 제공했다^{행정안전부, 2008: 99-100}.

2008년부터는 행정안전부가 통합 수탁출제한 문제를 가지고 각 시도가 2회에 걸쳐 시험을 동시 시행했다. 수탁출제에는 부산, 대구, 인천, 광주, 대전, 울산, 강원, 충북, 충남, 전북, 전남, 제주 등 12개 시도가 참여했다^{행정안전부, 2008: 100-101}.

이명박 정부에서 이루어진 채용제도는 두 가지 특징이 있다. 첫째, 사회형평적 인재 채용을 강화했다. 즉, 장애인 공직 채용 확대, '기능인재추천채용제도' 도입, '저소득층채용할당제'를 실시했다. 둘째, 공직에 적합한 인재를 선발하기 위해 민간 경력자 5급 일괄 채용 시험을 도입했다. 셋째, 2009년 지역인재추천채용제도를 개편하여 견습 3년 후 6급으로 임용하던 것을 견습 1년 후 7급 임용으로 변경하면서 선발 인원을 늘렸다^{행정안전부, 2011; 박천오, 2011: 8-9}.

⋮ 이명박 정부의 인재 양성을 위한 공무원 교육훈련

2008년 이명박 정부 출범에 따라 국민을 섬기는 정부를 실현하기 위해서 공직자들이 국정 운영 방향과 목표를 정확하게 이해하고 이를 정책에 반영할 필요성이 제기되었다. 또한, 국정과제를 효율적으로 추진하고 글로벌 전문 인력을 체계적으로 양성하기 위해 국외 훈련 대상 공무원의 어학 역량을 강화할 필요가 있었고, 에너지·자원 관련 국가의 국외 훈련 공무원의 파견을 확대하는 등 공무원국외훈련제도 운영의 내실화를 더욱 강화할 필요성이 요구되었다^{행정안전부, 2008: 108}.

국외 훈련 대상자 선발의 적정성 및 훈련 이수 후 성과 활용도를 높이기 위해 대상자 선발에 필요한 점수의 30% 이내에서 개인별 직무기여도 및 훈련계획서에 대한 평가 성적을 반영하도록 제도를 개선했다.

이에 따라 부처별로 부기관장 중심의 자체평가단을 구성하여 국외훈련 응시 공무원의 직무 기여도와 개인별 훈련계획서의 적합성, 타당성 등을 평가하여 장기 국외 훈련 대상자를 선발했다^{행정안전부, 2008: 109}.

국제 전문 인력의 체계적 육성과 국외훈련 공무원의 훈련 성과를 높이기 위해 대상 공무원의 어학 역량을 강화했다. 그리고 직무 성과와 직접 관련되는 수시적 교육훈련 수요에 적극적으로 대응하고, 현업의 문제 해결형 학습활동을 강화하여 정부의 중점 추진 사업의 효율성을 높이기 위해 2008년 현안 맞춤형 교육과정을 도입했다. 이는 정부의 중점 사업이나 개별 직무 수행 과정에서 현안 해결을 위한 학습활동이 필요한 경우, 기관 차원에서 즉각적인 복무 및 예산 조치를 통해 집중학습의 기회를 제공하여 현안 해결을 적극적으로 지원하는 학습 과정이었다^{행정안전부, 2008: 110}.

매년 공무원 교육훈련 기관의 교육 운영 실태를 평가·분석하기 위해 공무원교육훈련기관종합평가를 실시했다. 2008년 공무원교육훈련기관종합평가는 교육 인프라, 교육 프로그램 계획·운영, 교육실적·성과 평가·자체역량 제고 등 3개 부문과 15개 평가 항목에 대해 내·외부 평가 및 양적·질적 평가를 병행 실시했다^{행정안전부, 2008: 111}.

박근혜 정부의 인사행정

ː 박근혜 정부의 조직 맥락

박근혜 정부는 정부조직법 법률 제11690호 규정에 따라 국무총리를 비롯하여 기획재정부, 미래창조과학부, 교육부, 외교부, 통일부, 법무부, 국방부, 안전행정부, 문화체육관광부, 농림축산식품부, 산업통상자원부, 보건복지부, 환경부, 고용노동부, 여성가족부, 국토교통부, 해양수산부로 편성되었다.

박근혜 정부의 정부 조직 개편 방향은 크게 세 가지로 나뉜다. 첫째, 경제부흥을 뒷받침할 수 있는 조직체계 구축을 최우선으로 했다. 둘째, 국민의 안전과 행복을 최우선으로 하는 정부를 구현하고자 했다. 셋째, 행정 환경 변화에 따라 행정기관별 고유한 기능의 전문성을 높임과 동시에 경제, 안전 등 주요 분야별 정책 조정 기능을 강화하고자 했다(안전행정부, 2013: 20).

박근혜 정부의 인사행정 관련 부서 및 업무는 정부조직법 법률 제11690호 제34조에 따랐다. 안전행정부는 2013년 박근혜 정부가 출범하면서 정부조직법이 개편됨에 따라 기존의 행정안전부에서 명칭을 바꾸었는데, 안전 및 재난에 관한 정책의 수립·총괄·조정, 비상 대비·민방위 제도·국무회의의 서무, 법령 및 조약의 공포, 정부 조직과 정원, 공무원의 인사·윤리·복무·연금, 상훈, 정부 혁신, 행정능률, 전자정부, 개인정보보호, 정부 청사의 관리, 지방자치제도, 지방자치단체의 사무 지원·재정·세제, 낙후지역 등 지원, 지방자치단체 간 분쟁 조정, 선거, 국민투표에 관한 사무 등이 주요 업무다. 박근혜 정부는 '세월호참사'로 2014년 11월 정부조직법을 개편하여 민·관 유착 등 공직 사회의 적폐를 개혁하기 위해 안전행정부의 공무원 인사·윤리·복무 기능을 이관해 국무총리 소속으로 인사혁신처를 설치했다(정우열·정재도, 2015: 72).

박근혜 정부의 인사철학 및 가치는 국민을 위한 혁신, 미래를 여는 공무원, 공직 사회의 전문화, 공직 가치의 재정립을 추구하면서, 인사 원리로는 실적주의, 성과주의, 공정성, 적재적소, 전문성, 그리고 패러 다임은 인적 자본 모형 및 인간투자 모형에 기반을 두고 있다. 관련 인 사제도로는 현장 근무 경력자 채용 확대, 전 직급 국민인재경력채용제, 고위공무원으로 민간 최고 전문가 스카우트, 국민인재추천제 활용, 공 무원윤리헌장 등 윤리 규범 개정, 중앙공무원교육원을 국가공무원인 재개발원으로 개편, Y자형 경력개발제도 도입 등이 추진되고 있다^{한국인} ^{사행정학회, 2015: 15}.

∶ 박근혜 정부의 공무원 채용제도

박근혜 정부에서 공무원 채용과 관련하여 크게 세 가지 규정이 신설 되었다. 첫째, 채용 후보자의 임용 절차와 관련하여 "④임용권자는 채 용 후보자에 대하여 임용 전에 실무 수습을 실시할 수 있다. 이 경우 실무 수습 중인 채용 후보자는 그 직무상 행위를 하거나 '형법' 또는 그 밖의 법률에 따른 벌칙을 적용할 때에는 공무원으로 본다."는 규정을 신설했다.

둘째, 근무 기간을 정해 임용하는 공무원과 관련하여 "①임용권자는 전문 지식·기술이 요구되거나 임용 관리에 특수성이 요구되는 업무를 담당하게 하기 위해 경력직 공무원을 임용할 때에 일정 기간을 정하여 근무하는 공무원^{이하 '임기제공무원'이라 한다}을 임용할 수 있다. ②임기제공무 원의 임용 요건, 임용 절차, 근무 상한 연령 및 그 밖에 필요한 사항은 국회규칙, 대법원규칙, 헌법재판소규칙, 중앙선거관리위원회규칙 또는 대통령령으로 정한다."라는 규정을 신설했다.

셋째, 채용 시험 등 부정행위자에 대한 조치와 관련하여 "①시험실시 기관의 장은 채용시험·승진시험, 그 밖의 시험에서 다른 사람에게 대신 하여 응시하게 하는 행위 등 대통령령으로 정하는 부정행위를 한 사람 에 대하여 대통령령으로 정하는 바에 따라 해당 시험의 정지·무효 또 는 합격 취소 처분을 할 수 있다. 이 경우 처분을 받은 사람에 대하여 는 처분이 있는 날부터 5년의 범위에서 대통령령으로 정하는 기간 동 안 채용 시험·승진시험, 그 밖의 시험의 응시자격을 정지할 수 있다. ② 시험 실시 기관의 장은 제1항에 따른 처분을 하려는 때에는 미리 그 처 분 내용과 사유를 당사자에게 통지하여 소명할 기회를 주어야 한다."라 는 규정을 신설했다.

: 박근혜 정부의 인재 양성을 위한 공무원 교육훈련

박근혜 정부는 국정 운영 방향 공유 및 확산을 위해 다음과 같이 교 육을 실시하고 있다^{안전행정부, 2013: 6-8}. 첫째, 박근혜 정부의 국정 운영 방 향을 각 부처 정책에 반영할 수 있도록 부처 차원의 국정철학 및 국정 과제 관련 교육을 실시하고 있다. 각 교육훈련기관은 국정철학 및 국 정과제와 관련된 별도의 교육과정을 개설하거나 기존 교육과정의 교 과목으로 적절히 반영한다. 둘째, 국정철학 및 국정과제 교육을 실시 한다. 각 부처는 별도로 배포되는 자료를 활용하여 직장 교육을 실시 하고, 교육훈련기관은 국정과제 관련 교육과정을 개설하고 특강을 편 성한다. 셋째, 박근혜 정부는 새로운 정부 운영의 패러다임으로 정부

3.0^{government 3.0}을 주창하고 추진하고 있다. 정부 3.0 개념과 필요성, 주요 구성 요소 및 실현을 위한 과제 등 정부 3.0의 가치와 인식을 공유·확산하기 위한 교육을 실시하고 있다. 넷째, 공직가치에 대한 교육을 실시하고 있다. 헌법 가치, 준법정신, 공정성, 정치적 중립성 등 공직자가 갖춰야 할 기본 자세에 대한 교육을 강화하고 있다. 다섯째, 세종시 이전 공무원들의 교육훈련 여건을 형성한다. 세종시 이전 부처들은 인접 대학 및 연구·교육기관과의 협력을 통해 교육 기반을 구축하고 있다. 여섯째, 변화관리를 통한 상시학습 분위기를 정착한다. 행정 환경의 변화를 소통과 성장의 기회로 활용할 수 있도록 국정 운영 방향 및 조직의 당면과제에 대한 참여적 문제 해결 분위기를 확산하고 있다. 일곱째, 상시학습을 내실화한다. 이를 위해 모바일 러닝, 실시간 원격 강의 시스템 등 새로운 교육채널을 도입하고 있다. 또한, 각 부서 내의 업무적·비업무적 상황에 관한 컨설팅 실시, 진단 결과 공유 및 문제점 발견 시 공동으로 해결 방안을 모색하고 있다. 한편, 인사혁신처는 공무원 교육훈련 업무 처리 지침을 제정하여 시행하고 있다.

3 역대 정부의 인사행정의 특징과 함의

시기별로 제·개정된 국가공무원법에는 각 정부별로 인사행정의 주요 특징이 나타난다. 제1공화국 시기 국가공무원법에는 인사행정의 공정성과 국민 전체의 봉사자로서 최대의 능률을 요구한다는 목적성이 구체적으로 제시되었다. 정부 수립과 더불어 건국 시기에 국정을 뒷받침하는 공무원에 대한 가장 기본적인 사항을 규정한 국가공무원법은 공정성과 능률성을 행정 가치로 정립한 것으로 판단된다. 국가공무원법은 법률 근거로 공무원 관련 전반적인 내용에 관한 규정을 정립한 것이다. 공무원 임명, 고시, 보수, 복무, 신분보장, 징계, 벌칙 등은 주로 합법성 차원에서 규정된 것으로 인사행정의 가장 기본적인 규정이라 할 수 있다. 제1공화국 시기에 제정된 국가공무원법의 근간 틀은 이후 우리나라 인사행정의 방향에 경로 의존적으로 영향을 준 것으로 판단된다. 즉, 제1공화국의 인사행정은 일제강점기 인사행정의 기술과 방법인 계급제와 실적주의 인사관리가 기본적 토대를 이루었다. 그리고 이러한 근간은 역대 정부의 인사제도와 운영에 영향을 미친 것으로 판단된다.

　제2공화국의 인사행정은 특히 법률 제721호 개정에서 파악할 수 있다. 제1공화국의 대통령제에서 제2공화국의 내각제로 인한 정부 기관과 직위의 명칭이 변경된 점과 징계에 관한 전면개정 및 신설이라는 점이다. 특히, 공무원 징계에 관한 내용이 거의 신설되다시피 하여 징계에 대한 내용이 매우 자세하게 규정되어 공무원 징계 유형, 특별 및 보통 징계위원회, 징계 절차 등을 신설한 점이다. 이는 당시 공무원 인사와 관련된 윤보선과 장면과의 대립이라는 맥락으로 이해할 수 있다. 제1장 총칙, 제2장 중앙인사관장기관, 제3장 직위분류제, 제4장 임용과 시험, 제5장 보수, 제6장 능률, 제7장 복무, 제8장 신분보장, 제9장 권익의 보장, 제10장 징계, 제11장 벌칙, 그리고 부칙이라는 골간은 제4공화국 시기에 제12장 보칙을 추가한 것 외에는 거의 그대로 유지한 것이다.

한편, 규정된 내용적인 측면에서도 인사행정이 다루고 갖춰야 할 내용을 대부분 포괄하고 있다는 점이다.

제3공화국 시기의 인사행정은 내각책임제에서 다시 대통령제로 전환하는 과정에서 국가기구인 국회, 대법원, 정부가 각각 분리하여 공무원의 인사 관련 내용을 규정했다. 내용적인 차원에서 보면 행정소송, 인사 교류, 보수, 해임 등에 관한 규정이 신설되었다.

제4공화국의 인사행정의 특징은 행정권의 집중과 경제성장을 위한 능률의 극대화를 뒷받침한다는 측면에서 이해할 수 있다. 가령, 인사위원회를 폐지한 점, 소청심사위원회 내용을 강화한 점, 채용과 승진에 관한 규정을 다양화한 점, 그리고 잡급직원, 전문직원, 시한부직원이라는 최근 계약직공무원과 유사한 제도를 이미 규정했다는 점이다.

제5공화국의 인사행정의 특징은 공무원의 종류를 크게 경력직공무원과 특수경력직공무원으로 구분하고 각각 일반직, 특정직, 기능직 그리고 정무직, 별정직, 전문직, 고용직으로 세분화했다는 점이다. 또한, 승진, 보수 관련 내용을 보강한 점이 두드러진다. 이는 종전 개발과 성장이라는 기본 흐름에서 환경, 복지라는 측면으로 점차 주목하게 되는 시기와 관련되면서, 관련 정책을 추진하기 위한 인사관리 및 제도의 다양화가 부분적으로나마 시작되었다.

노태우 정부의 인사행정은 헌법재판소와 관련된 직위 명칭을 변경한 점, 소청심사위원회 결정을 재심한 점, 승진심사위원회의 구성·권한 및 운영이 규정된 점이다.

김영삼 정부 시기에 5차례에 걸쳐 국가공무원법이 개정되었지만, 이 시기 3차례에 걸쳐 이루어진 정부 조직 개편과 관련된 기관 명칭이 변경된 것을 제외하고는 국가공무원법 상에서는 인사행정 관련 특이 사항은 적은 것으로 판단된다. 그렇지만, 이 시기 고위공직자의 부정부패를 예방하기 위해 공직자윤리법을 개정하여 1급 이상 공직자의 재산을 공개토록 한 점은 획기적인 조치라 할 수 있다.

김대중 정부의 인사행정과 관련하여 가장 주목되는 점은 중앙인사위원회를 설치한 점이다. 공무원의 정실 임용 방지와 인사행정의 공정성, 중립성을 확보하기 위해서 대통령 직속으로 합의제 행정기관을 설치한 것인데, 이는 우리나라 인사행정에서 획기적인 진전이라 할 수 있다. 정부 운영과 관리를 실질적으로 이끌어 가는 공무원에 대한 전문적이고 독립적인 기관을 설치했다는 측면에서 인사행정에서 더 나아가 인적자원 관리 차원에서 이루어진 것으로 높게 평가할 수 있다. 중앙인사위원회는 행정부 소속 공무원의 인사행정에 관한 기본 정책 수립과 개혁에 관한 사무를 관장했으며, 3급 이상 공무원의 채용과 승진을 심사하고, 각 행정기관의 인사가 적정하게 이루어지고 있는가에 대한 감사를 실시했다. 그 밖에 인사, 보수 등 인사 관계 법령의 제정 및 개정안도 심의했다.

노무현 정부는 2004년 3월 정부조직법 개정으로 정부 인사 기능이 중앙인사위원회로 단일화됨에 따라 행정자치부의 인사 기능을 이관받아 통합 중앙인사관장기관으로 전환되었다. 더 나아가 중앙인사위원회의 인사 개혁 업무를 효율적으로 지원하기 위해 직제를 개정하여 소속기관으로 중앙공무원교육원과 소청심사위원회를 두도록 했다. 이 시기 인사행정의 주요 특징은 고위공무원단을 설치한 것이다. 국가공무원법 법률 제7796호에는 고위공무원단, 공모직위, 적격심사 규정이 담겨져 있으며, 고위공무원단은 현재에 이르고 있다. 고위공무원단은 계급제와 직위분류제의 장점을 결합한 것이다. 고위공무원단은 미국, 영국, 캐나다 등의 국가에서 운영되고 있으며, 우리나라는 2006년 7월부터 도입되어 운영되고 있다. 기존의 1급에서 3급을 폐지하고 국장 이상 고위급 공직자들의 부처 간 인사 교류와 승진을 중앙인사관장기관에서 별도로 관리하는 제도로 고위공무원을 중하위직 공무원과 분리하여 체계적이고 집중적으로 관리하기 위한 것이다.

이명박 정부의 인사행정의 주요 특징은 2008년 2월 29일 정부조직법에 의해 중앙인사위원회가 행정안전부에 통합되어 행정안전부 인사실로 이관되었다는 점이다. 이는 분권적 인사 운영 및 관리를 다시 조직과 인사를 행정안전부로 통합시켰다는 점이다. 인사와 조직을 분화시킬 경우 각자의 독립성과 전문성 그리고 자율성을 확보할 수 있다는 점에서 장점을 가지고 있다. 반면에 인사와 조직을 통합적으로 운영할 경우, 조직과 인사의 일관적 설계 및 운영, 인력 재배치의 탄력성 제고, 조직 변동에 따른 인력의 적재적소 재배치가 가능할 수 있다.

박근혜 정부의 인사행정은 세월호참사에 따른 정부조직법이 개정되면서 '안전행정부'에서 '인사혁신처'로 변경한 점, 인사 업무의 전문성 등이 강화된 점이다. 특히, 인사혁신처를 설치함으로써 정부의 인사 트렌드, 인력 수요 및 공급, 인사 관련 제도 등에 대한 체계적이고 종합적인 운영과 관리가 가능해질 것이다. 또한, 정부 3.0 시대에 다양하고 복잡한 행정수요와 글로벌 난제들을 해결하기 위한 맥락에서 중앙부처 간, 중앙-지방 간에 다양한 인사 교류를 확대하고 있다.

건국 이후 오늘에 이르기까지 국내외 정치, 경제, 사회, 문화 등의 환경이 변하면서 다양한 행정수요와 복잡한 정책 문제가 끊임없이 발생해왔다. 어느 정부든 행정수요와 정책 문제를 해결하기 위해 정부 기능을 재조정하고 정부 조직을 개편해야 하며, 공무원을 적재·적소·적시에 운영하고 관리해야 한다.

우리나라는 조선의 가산관료제家産官僚制, 일제강점기의 법률만능주의, 미군정기의 효율성이라는 맥락이 제1공화국의 국가공무원법 제정에 상당한 토대를 제공했으며, 그 이후 역대 정부에도 경로 의존적으로 영향을 미친 것으로 판단된다. 국가공무원법은 1949년 8월 12일에 제정된 법률 제44호를 시작으로 2016년 법률 제13618호까지 총 75차례에 걸쳐 개정이 이루어졌다. 국가공무원법이 제·개정되는 과정에서 인사행정의 가치, 제도, 운영 및 관리가 시대적 타당성과 적실성을 갖도록 꾸준히 개선되고 있다.

정부는 국민의 대리인이다. 정부를 실질적으로 작동하게 하는 우리나라 100만 공무원은 앞으로도 글로벌 행정 환경의 변화와 이에 따른 다양하고 복잡한 국민의 행정수요 및 난제를 충족하고 해결할 책임성과 책무성을 가지고 있다. 이런 책임성과 책무성을 완수하기 위해서는 공무원 관련 가치, 제도, 정책, 문화 등이 시대 변화에 맞게 끊임없이 개선되어야 한다. 이는 정부를 효율적이고 경쟁력 있게 운영·관리하기 위한 것이며, 궁극적으로 국민에 대한 행정 서비스와 우리나라의 지속 가능한 발전에 기여하기 위한 것이다.

미래 정부에게 요구되는
역할과 기능

CHAPTER 1

새로운 의사결정과 조직 운영 시스템

1 의사결정 시스템

디지크라시, 디지털 기술과 직접민주주의의 결합

'디지크라시Digicracy'는 디지털 기술과 직접민주주의가 결합된 말이다. 디지크라시 하에서 기존 정당 형태는 다양한 형태로 변화·분화되고, 정당은 개별 정책을 중심으로 시민사회와 연대하는 '정책 네트워크'로 진화할 것으로 전망된다. 정당의 핵심인력은 직업 정치인이 아니라 정책 전문가 그룹으로 대체되고, 디지털 기술의 획기적인 발전에 따라 국민의 의사를 실시간으로 반영하는 '온라인 정당'으로 진화할 것이다. 이에 따라 '정치인'이라고 불리는 중개인의 역할은 줄어들게 될 것이다.

디지크라시는 '디지털 시민권'에 기초하고 있다. 디지털 시민권은 디지털 기술을 바탕으로 '온라인을 통해 사회에 참여할 수 있는 능력'을 의미한다. 이는 "사회의 유산을 충분히 공유하고 사회에 널리 퍼져 있

157

는 기준에 따라 문명인으로서 삶을 살아갈 수 있는 권리이다."라고 말한 사회학자 T. H 마셜T. H. Marshall의 유명한 시민권에 대한 정의를 상기시킨다.

디지크라시를 잘 운용하기 위해선 우선 시민사회의 디지털 역량을 강화하기 위한 충분한 투자가 이루어져야 한다. 또한, 네트워크 기술 분야 발전에 적극적으로 많은 투자를 해야 한다. 이와 더불어 민주적 교육 시스템과 가치 확장이 강화되어야 디지털 기술에 대한 윤리적 기준이 사회적으로 정착될 수 있을 것이다.

스페인의 "우리는 할 수 있다."라는 뜻을 가진 '포데모스Podemos'는 디지크라시를 실험하는 대표적인 정당이다. 포데모스는 창당한 지 2년도 지나지 않은 시점인 2015년 12월 총선에서 69석을 차지하며 오랫동안 지속된 스페인의 양당 구도를 허물었다. 포데모스는 온라인 플랫폼을 통해 대중의 요구를 직접 반영함으로써 수년간 이어진 긴축정책에 지친 스페인 국민의 마음을 얻을 수 있었다. 포데모스의 토론과 대표자 선출에는 당원 여부와 상관없이 누구나 참여할 수 있다.

포데모스는 '레딧Reddit'이라는 소셜 뉴스 웹사이트를 통해 정당 정책에 관한 시민들의 토론과 참여를 유도하고 있다. 레딧에서는 사용자가 글을 등록하면 이 글이 다른 사용자들의 선호 순위에 따라 주제별 섹션이나 메인 페이지에 올라가는 방식으로 운영된다. 포데모스는 온라인상 토론 도구로 '루미오Loomio'라는 앱도 활용하고 있다. 루미오는 세계 금융위기 이후 미국 월가 등에서 벌어진 '월가를 점령하라Occupy the Wall Street' 운동을 계기로 태어난 앱이다. 루미오는 토론하고 싶은 주제를 제안·참여할 사람들이 그룹을 만들며, 이후 사람들이 찬성·반대·유보·

차단 형식으로 투표해서 결정한다. 또 '아고라 보팅'이라는 온라인 플랫폼을 통해 선거에 나설 후보자를 시민들이 직접 뽑는 방식도 채택하고 있다. 포데모스 대표인 파블로 이글레시아스Pablo Iglesias는 "사람들은 더이상 정당을 통해 정치에 참여하지 않고 미디어를 통해 참여한다고 우리는 가정했다."고 말했다.

인터넷 등 IT의 발달은 조직과 자금 없이도 유권자의 정치 참여를 끌어내는 데 분명히 일조했다. 그러나 IT의 발달이 민주주의를 발전시키는 긍정적인 역할만 하는 것은 아니다.

미국의 사회과학자 빈센트 모스코Vincent Mosco는 "인터넷은 민주주의가 존재하지 않는 곳에서는 민주주의를 만들어 내고, 민주주의가 존재하는 곳에서는 민주주의를 더욱 확장시킨다."고 말했다. 이러한 '디지털 민주주의 신화'에 대해 매튜 하이드먼Matthew Hindman 애리조나주립대 교수는 정면으로 반박했다. 그는 "인터넷은 정치에서의 독점 현상을 제거하지 못한다. 단지 정치적 정보를 생산하는 독점에서 여과filtering하는 독점으로 이동시킬 뿐이다."라고 말했다. IT가 오프라인 세상의 비민주적인 정치 독점을 해소해 주는 것 같지만, 실제로 인터넷 여론을 좌지우지하는 것은 몇몇 독점적 포털 사이트나 인기 블로그라는 것이다.

한국에서도 소수의 인터넷 댓글 독점 현상이 벌어진다. 코리안클릭이 2008년 8월 댓글이 200개 이상 달린 포털 뉴스 841개를 조사한 결과, 상위 5%의 참여자가 전체 댓글의 44.2%를 점유했던 것으로 나타났다. '선거 정국'을 뒤바꿀 정도로 포털 사이트 등의 인터넷 게시판의 영향력이 커지면서 공직자 선거철이면 흑색선전이 난무하고, '댓글 알바' 논란도 끊이지 않는다.

헤테라키 민주주의, '복합 지배'에 기반한 다중 민주주의 모델

현재 대부분 민주국가에서 시행 중인 대의민주주의는 '위계'에 기반을 두고, 위정자와 대중을 분리하는, 엘리트 민주주의 모델이다. 이와 달리 헤테라키 민주주의heterarchy democracy는 '복합 지배'에 기반을 두고 사회 구성원을 통합하는 다중multitude 민주주의 모델이다. 헤테라키는 위계적인 하이어라키hierarchy와 구별되는 사회 질서 조직 원리지만, 지배archy가 존재하기 때문에 수평적이면서도 최종적인 정책 결정의 주체와 거버넌스governance를 필요로 한다.

헤테라키 민주주의에선 빅데이터의 역할이 매우 중요하다. 기존의 대의민주주의와 직접민주주의를 빅데이터로 융합시킨 정부 체제이기 때문이다. 빅데이터 거버넌스를 기반으로 민의집단지성 데이터를 잘 전달하면, 정부는 이를 기반으로 정책에 반영한다. 단, '빅데이터 브라더'가 등장하지 않도록 시민사회의 견제와 균형, 합의가 전제된다. 이에 따라 정보에 쉽게 접근할 수 있고, 이 정보가 제대로 통제가 된다면 헤테라키 민주주의라고 볼 수 있다.

헤테라키 민주주의의 촉진재는 권력 분할, 동업자 투표, 권력 순환, 모두의 선택, 초다수결주의, 비위계적 보상체계 등인데, 이 과정에서 IT는 매우 중요한 역할을 한다. 이러한 과정을 통해 헤테라키 민주주의는 민주적 참여 촉진, 정치적 책임성 구현, 참여자 간 협동 촉진, 주권자로서 시민의 임파워먼트empowerment, 사회의 이견 조정 등의 역할을 수행한다.

지금까지 빅데이터를 이용한 거버넌스 사례는 정부 주도적 압출push

모델 또는 시민 주도적 압출 모델이 대부분이었다. 국민건강보험 빅데이터와 SNS 데이터를 활용해 매일매일 건강에 주의해야 할 알람 서비스를 제공하는 '국민건강 알람 서비스', 보건 당국이 메르스 환자 발생 병원 이름 비공개 입장을 고수하자 민간에서 언론 보도 내용과 제보를 통해 자체적으로 만든, 인터넷 지도에 메르스 발병 의심 병원과 지역 위치를 표시하는 '메르스 맵' 서비스가 그 예이다.

그러나 헤테라키 민주주의의 지향점은 압출 모델이 아닌, 정부와 시민의 상호작용을 통해 만들어 내는 인터랙티브형interactive 모델이다. 모지자체의 포트 홀pot hole 택시 신고 시스템이 대표적이다. 개인택시 모범 운전자 자원봉사자들에게 모니터링단 위촉장을 수여하고, 이들은 운행 중 아스팔트 포장 표면에 생긴 국부적인 작은 구멍인 포트 홀을 발견했을 경우 이를 즉각적으로 신고하는 임무를 수행하게 된다.

헤테라키 민주주의는 정당 모델의 변화를 이끌 것으로 전망된다. 수직적인 네트워크 정당에서 수평적 정당으로 변화되는 것이다. 또한, 선거 캠페인 지원 중앙집중화에서 선거 캠페인 자원 효율화로 전환될 것으로 보인다. 이때 노동집약적인 자원 사용은 기술집약적으로 전환된다.

정당의 주요 역할은 '대표 기능'에서 '통치 기능'으로 무게중심이 이동할 전망이다. 한편으로는 선거머신electoral machine: 선거에서 이기기만을 위한 정당과 사인주의privatism: 개인과의 관계를 중시 문제가 대두할 것으로 보인다. 과대·과소대표, 괴리된 시민, 정치 무관심, 부유浮游하는 유권자 문제를 해결하기 위해 정당·당원·시민의 분권화된 초네트워크 정당정치가 필요할 것이다.

코스모크라시, 다층 거버넌스

코스모크라시cosmocracy는 국가 중심 정치체제가 아닌 다층 거버넌스를 말한다. 미래학자 토머스 프레이Thomas Frey 다빈치연구소 소장은 미래에는 전문성과 자율성을 갖춘 민간 독립기구들이 정부를 대신해 각각의 글로벌 이슈를 해결하는 날이 올 것으로 예측했다. 미래학자 짐 데이터Jim Dator 하와이대 교수 역시 "시민들이 나서서 새로운 형태의 정부를 수립하는 날이 올 수 있다."라고 말했다.

코스모크라시 하에서 정부는 개인과 집단에 정책을 강제할 권력을 갖고 있지 않다. 정부는 법률을 독단적으로 만들지 못한다. 세계적 공공정책 네트워크와 다른 비국가적 요인들의 영향을 받기 때문이다. 유엔, 세계은행, OECD, 국제적인 비정부기구NGO들의 역할이 확대될 것이다. 시민사회의 힘은 국가와 비즈니스에 강력한 영향을 미친다. 정부는 단지 '동료 중 1인자' 정도의 역할만 할 뿐이다.

코스모크라시를 말하는 사람들은 국가 내부, 국가들 사이, 그리고 국가를 넘어서는 민주주의의 수립을 위한 제도적·정치적 조건에 주목하고 있다. 영국의 세계적인 정치학자인 데이비드 헬드David Held에 따르면, 복합적 주권과 복합적 시민으로 구성되는 새로운 민주적 정치 지배구조, 민주적 원리에 기반을 둔 새로운 세계적인 헌정질서가 구성되어야 한다. 그것은 '세계적이며 동시에 분권화된 권위체계'를 전제로 한다. 지역과 국가의 주권들이 상위 법적 제도에 복속하도록 요구하지만, 자신의 제도 안에서는 다양한 수준에서 자치를 허용한다. 지역적·세계적 차원의 기구는 민족국가를 보완하는 역할을 한다. 즉, 환경, 여성, 인권 등 주권국가가 해결하지 못하는 분야의 문제들을 민족국가와 공존하면서 시민참여의 활성화를 통해 해결하는 것이다.

이러한 데이비드 헬드의 코스모크라시는 민주적 세계질서의 수립을 위한 필수요건으로 법에 의한 지배와 입헌주의를 강조하는 특징을 보인다. 그러나 다층적 세계 거버넌스 안에서 상이한 정치적 권위체들 층위 사이에서 야기되는 법적 영역의 갈등이 어떻게 조화될 수 있을 것인지 명확하지 않다. 그리고 세계적이며 동시에 분권화된 다층적 체제하에서 어떤 다수도 민주적 정통성을 배타적으로 또 궁극적으로 주장할 수 없게 된다. 또 사람들이 범세계 시민으로서의 의식을 형성하기에는 세계의 다양성이 너무 높아 현실성이 떨어진다.

호주 국립대 교수인 존 드라이젝J. Dryzek은 데이비드 헬드의 코스모크라시가 말하는 초국가적 정치체제는 기존의 국가기구와 유사하므로 지구화 시대 환경이 요구하는 새로운 융통성을 갖출 수 없다고 비판한다. 그도 코스모크라시가 초국가적 성격을 지향해야 한다는 데는 동의하지만, 보다 덜 공식적이고 덜 권력적인 차원에 주목해 초국가적 시민사회, 즉, 지구시민사회global civil society에서의 일상적 대화와 토의에서 추진 동력을 찾아야 하고, 그럼으로써 지구적 차원의 거버먼트government가 아니라 거버넌스governance를 추구해야 한다고 주장한다. 자유주의 관점을 초국적으로 확대하려는 데이비드 헬드와 달리 존 드라이젝은 공동체주의communitarianism 관점에서 숙의민주주의를 추구하되 그 범위를 초국적으로 확장함으로써 해답을 찾으려 한다.

그러나 존 드라이젝의 코스모크라시 역시 데이비드 헬드의 코스모크라시 못지않게 너무 추상적이고 비현실적이다. 국가 경계를 가로지르

163

는 '숙의'가 실현 가능하다고 말하지만, 구체적으로 어떤 기제를 통해서 그럴 수 있는지 분명하지 않다. 초국적 숙의를 위한 기제로 여러 사회가 파견하는 대표자들 간의 포럼을 제시하지만, 그 포럼이 너무도 다양한 문화적 차이를 극복할 수 있을 만큼 융통성과 포용성을 이룰 수 있을지 그리고 어떠한 제도를 통해 이룰지 의문을 남긴다. 또한, 국가 경계를 뛰어넘는 숙의에 참여할 수 있는 사람들의 수와 배경을 고려해 볼 때 대표성의 한계가 두드러진다.

사이버크라시, 인터넷으로 직접 정치에 참여

사이버크라시cybercracy는 일반 국민이 인터넷을 통해 직접 정치 과정에 참여함으로써 대의민주주의의 한계를 극복하고 직접민주주의의 실현 가능성을 높이는 한편, 궁극적으로 정부가 사라지고 없는 새로운 세기의 정치 이념을 지향한다. 사이버크라시는 클리코크라시clickocracy, e-데모크라시e-democracy, 텔레데모크라시teledemocracy, 테크노폴리틱스technopolitics, 인터넷 민주주의 등 여러 가지 명칭으로 쓰이고 있으며, 확실한 용어로 정착되지 않았으나 의미는 모두 같다.

2 조직 모형

정부 기능의 변화와 함께 봐야 하는 것이 조직 모델의 변화이다. 기능이 확대되거나 축소됨에 따라 조직 모델 역시 변화될 수밖에 없다. 미래의 가장 큰 변화는 오히려 기능보다는 조직 모델의 변화에 더 영향을 줄 것으로 전망된다.

산업혁명 이후 지금까지 조직 관리는 원재료와 정보를 하나의 부문이나 직능으로부터 다음의 부문이나 직능으로 순차적으로 넘겨 나간다. 즉, 기능적 구조화가 주류를 이루었다. 그러나 미래 조직에서는 다양한 특별 임무 팀의 활용을 통해서 각 부문들이 동시 진행적으로 작업할 수가 있다. 이것은 네트워크를 통한 협업이라는 새로운 길을 여는 것인데, 기존의 많은 경우 조직에 수반되는 전제 조건이 기술의 효과적인 이용을 가로막고 있다. 정부 3.0 역시 기술의 장애요소가 되는 전제 조건을 개선하고자 하는 것이 바로 이러한 현상과 관련되어 있다. 지금까지의 조직은 산업혁명 시대의 필요에 맞추어 만들어진 조직 형태, 즉 순차적 과업 수행을 골자로 하는 기능적 조직에 집착하고 있다고병국 역. 1993. 그러나 미래의 경우 기술적 장애 요소를 전제 요소가 해결할 경우 조직 역시 다양한 형태가 만들어질 것이다.

애드호크라시, 융통성 있는 혁신적 성격의 임시 조직

애드호크라시adhocracy는 전통적 조직 구조인 관료제bureaucracy와 대조를 이루는 조직 구조다. 관료제가 대규모성, 복잡성, 그리고 표준화된 고정적 구조와 계층제적 구조를 가진 데에 비해, 애드호크라시적인 구조는 융통성이 있고, 적응도가 높으며 혁신적인 성격을 띤다. 따라서 관료제를 기계적인 조직에 비유한다면, 애드호크라시는 유기체적 조직에 비교할 수 있다. 애드호크라시는 기본적으로 임시적인 조직이며 특별한 업무를 수행하는 조직으로서 필요에 따라 일정한 기간 동안 목적을 가지고 활동해서 그 목적을 달성하면 해체되어 원래의 상태로 되돌아가는 형태를 띤 조직이다안성환, 2010.

앨빈 토플러1990가 『미래의 충격』에서 주장한 바에 따르면, 애드호크라시는 혁신적인 기능을 수행할 수 있는 적절한 구조이론이라고 할 수 있다. 애드호크라시는 성과 지향적 조직인 관료제와 달리 문제 해결을 위해서 다양한 기술을 필요로 하며, 비교적 이질적인 전문가 집단으로 구성되어 급속히 변화하고, 적응하는 일시적인 시스템이다. 이러한 조직 구조는 탄력성, 적응성, 반응적, 혁신성 등의 성격을 띤다.

애드호크라시는 낮은 수준의 복잡성을 지닌다. 일반적으로 복잡성이라 하면 분화의 정도degree of differentiation를 말하는데, 여기에는 수직적 분화와 수평적 분화가 있다. 수직적 분화는 계층화의 정도이고, 수평적 분화는 횡적 분화인데, 이는 다시 직무의 분화와 사람의 전문화로 나뉜다. 애드호크라시는 우선 수직적 분화의 수준이 아주 낮다. 유연한 적응 능력을 위해 계층적 관리 구조를 갖지 않기 때문이다. 애드호크라시를 구성하는 전문가들은 자기에게 요구되는 행동을 스스로 선택하기 때문에 감독의 필요성이 높지 않다. 수평적 분화의 경우 애드호크라시는 일의 전문화 수준은 매우 낮지만, 사람의 전문화 수준은 상당히 높은 편이다. 애드호크라시는 엄격한 분업을 꺼리며 넓은 직무 범위를 갖추고 있지만, 기본적으로 훈련된 전문요원들로 구성되어 있기 때문이다오석홍, 2003; 이창원, 2005.

애드호크라시는 공식화의 성격이 매우 약하다. 애드호크라시 하에선 규칙과 규정이 거의 없으며 존재한다고 해도 그 성격이 느슨한 형태의 내규나 비문서화를 통해서 엄격하게 명문화되어 있지 않다. 신속한 결정과 유연성이 필요하기 때문이다. 공식화를 강조하다 보면 형식에 치우치게 되고, 융통성이 없게 되며, 새로운 사고와 기술혁신이 어렵다. 애드호크라시는 획일적이고 분류화된 방법이 아닌 새로운 해결 방법으로 문제를 해결하려 하므로 공식화가 적합하지 않다오석홍, 2003; 이창원, 2005.

애드호크라시에서는 거의 모든 의사결정권이 전문가로 구성된 팀에 의해 분권적으로 이루어진다. 팀의 구성원들은 주요 의사결정에 적극적으로 참여한다. 이에 따라 애드호크라시에서는 관료제에서의 계층적 의사결정과는 달리 민주적 의사결정이 보편화되며, 지위가 가져다주는 권위가 아닌 전문 지식에 의해 영향력을 행사하게 된다오석홍, 2003; 이창원, 2005.

애드호크라시는 높은 적응도와 창조성이 요구되는 조직에 적합하다. 또한, 환경이나 상황이 급변하거나 유동적인 경우, 그리고 조직의 초기 발전 단계에서도 매우 유용하다. 인적 자원의 효율적 활용과 엘리트의 순환을 촉진한다는 장점도 있다. 그러나 애드호크라시는 구성원들 간에 상급자와 하급자의 구분이 명확하지 않아서 구성원들 간에 갈등을 일으키는 경우가 많다. 이는 조직 구성원들이 심리적 불안감을 느끼는 원인이 된다. 또한, 관료제에서의 기계적 모형이 제공하는 정밀성, 편의성, 표준성, 일관성, 안정성이 빠져 있다는 단점도 있다.

2005년 대부분의 정부 부처를 비롯한 기업들이 종전의 세분화된 실−국 체제를 전면 개편하여 본부−팀 조직으로 전환해 결재 단계를 축소하고 팀장에게 대표적인 권한위임을 했다. 계층제적 기능별 조직이 안고 있는 할거주의의 폐단을 극복하기 위해 지나치게 세분화된 하부 조직 단위를 통·폐합한 것이다.

이러한 흐름에 따라 전통적 조직 구조인 피라미드식 조직에서는 미래의 주요 경쟁력 중 하나인 '변화에 대한 대응 능력'이 떨어지기 때문에 수평적인 조직 형태로서 매트릭스matrix 조직의 도입이 확대되고 있다. 매트릭스 조직은 전통적인 직능부제 조직과 전통적인 프로젝트 조직을 통합한 형태로 프로젝트 조직이 직능 조직의 단위에 첨가되어 있을 때의 형태이다. 직능 부분과 여러 전문 활동을 조정하는 주요한 역할을 지닌 통합 부분이 첨가하게 된다. 개인의 입장에선 종적 계열로 형성된 원래의 조직 일원임과 동시에 횡적 계열에 따르는 매트릭스 조직의 일원의 임무도 함께 수행한다최재열 외, 1999.

갈수록 심해져 가는 소득 격차로 인한 양극화 현상은 세계 곳곳에서 복지국가를 필요로 하는 계기가 되었다. 사회복지 서비스는 수요자의 욕구에 맞는 서비스를 적기에 그리고 적절하게 공급할 수 있어야 한다. 그러나 기존의 관료제적 사회복지 조직은 철저한 상하관계로 인한 기계적이고 경직적인 측면으로 인해 사회복지 서비스에 필요한 융통성과 자율성을 저해하고 있다. 따라서 상황에 따라 자유롭게 대처할 수 있는 조직으로 애드호크라시의 필요성이 대두되고 있다_{안성환, 2010}.

이와 같은 애드호크라시의 조직 모형으로는 '문진형 조직'과 '다이렉트형 조직'이 나타날 수 있다.

: 문진형 조직

기술 발전과 함께 조직 계층에서 가장 큰 변화는 수직적 계층의 단순화이다. 문진^{flat}이란 종이나 책을 눌러 놓기 위한 것으로 밑은 평평하며 위에는 손잡이를 위한 꼭지만 하나 달린 기구이다_{최재열 외, 1999}. '문진형 조직'이란 조직의 형태를 납작하게 설계해서 운영하는 형태를 말한다. 당초 문진형 조직은 혼다의 R&D 조직에서 시작되었지만, 이를 전사적으로 적용한 회사는 도요타이다. 도요타는 1988년에 현장에서 부장까지 8단계의 상하 계층을 3단계로 대폭 축소했는데, 그 결과 조직의 의사소통이 원활해지고 창조성이 높아졌다는 평가가 나오자, 많은 일본 기업이 이를 따르고 있다. 미국의 경우도 마찬가지로 미국의 사진 및 영상 장비 제조업체 이스트먼코닥^{Eastman Kodak Company}은 13단계를 4단계로 줄였고, 미국의 반도체업체 인텔^{Intel Corporation}은 10단계를 5단계로 줄였다. 8억 명의 신자를 관리하는 가톨릭교회도 계층이 5단계에 불과하다. 긴즈버그^{Ginsberg} 등은 가톨릭교회가 1,500년 동안 지도력과 힘 그리고 굳건한 위치를 지켜온 비결로 과도한 조직 계층을 회피했다는 점을 들고 있다_{오석홍, 2003; 이창원·최창현, 1996}.

참여정부에서 이러한 문진형 조직으로 팀제와 고위공무원단을 도입했다. 그러나 계급을 축소하지 못하고 실시한 팀제와 고위공무원단은 형식화되었고, 결국 현행 9단계의 공무원 계급제에는 큰 변화가 없었다. 미래에는 문진형 조직이 일반화될 수밖에 없을 것이다. 의사결정이 빨라지고 수평적 커뮤니케이션, 인력 활용의 유동성 문제를 해결하기 위해서는 문진형 조직이 정부에도 다시 도입될 것이다.

: 다이렉트형 조직

조직의 단순화 유형 중 하나로 다이렉트형 조직이 만들어질 것이다. 대표적인 예로 스티브 잡스Steve Jobs가 이끌던 애플Apple 조직을 들 수 있다. 애플의 스마트폰 개발의 경우, 최고대표자인 잡스와 스마트폰을 설계·디자인 업무를 담당하는 현장이 직접 소통했다. 이와 같은 다이렉트형 조직이 만들어질 수 있는 것은 정보와 지식이 중간관리자에게 집중되는 것이 아니라 현장계층 또는 실무계층에 집중되어 있을 때 이러한 조직이 만들어질 수 있다. 예를 들어, 대통령이 담당 사무관에게 직접 메신저를 보내 관련 업무에 질문하고 답변하는 사례를 들 수 있다.

홀라크라시, 위계를 거부하는 관리자 없는 조직

홀라크라시holacracy는 관리자 없는 조직 체계다. 위계를 거부하는 조직이라고도 할 수 있다. 홀라크라시에서 직원들은 직접 팀을 구성하고 해당 팀이 달성해야 할 목표를 위해 일을 한다. 다시 말해, 직원들에겐 직책 대신 임무를 주고, 각자가 업무를 하는 데 큰 자율성이 부여된다윤선영, 2015.

홀라크라시의 개념이 발전한 데에는 브라이언 로버트슨Brian Robertson이라는 한 프로그래머의 역할이 컸다. 그는 어린 시절 과학영재학교를 다니다 그만둔 다음 독학으로 대학에 들어갔다가 다시 학교를 자퇴했다. 그 후 18세에 천재적인 프로그래머로 명성을 날리게 되면서 그는 자신이 겪은 조직 운영 원리에 대해 회의하게 된다. 그는 무정부적인 방식으로 조직을 운영할 수 있을 것으로 생각했고, 이를 검증하기 위해 실제로 몇 개의 소프트웨어 기업을 창업해 성공적으로 운영했다. 그는 2010년 자기의 생각과 경험을 '홀라크라시 헌장'이라는 문서로 작성했는데, 이 문서는 그 이후 홀라크라시를 체험한 많은 참여자의 집단 작업을 통해서 계속 수정·보완되고 있다. 전 세계적으로 300여 개가 넘는 영리 및 비영리 조직이 홀라크라시를 조직의 운영 원리로 채택 중이다김도현, 2015.

홀라크라시는 완전한 무정부주의를 지향하는 것이 아니다. 오히려 나름 체계적인 운영 원칙을 강조한다. 홀라크라시의 핵심은 각 구성원이 조직 내에서 고정된 직무를 수행한다는 생각을 거부하는 것이다. 구성원들이 맡게 될 역할은 해당 구성원이 소속된 작은 단위의 조직circle의 구성원들이 스스로 정의하며, 어떤 역할을 맡은 사람도 위계적인 의사결정 구조가 아니라 자신의 판단으로 그 역할을 수행하고, 또 그 결과에 대한 포괄적인 책임을 진다김도현, 2015.

홀라크라시를 지지하는 사람들은 이런 식으로 조직을 운영하면 조직의 구성원들이 좀 더 많이, 그리고 좀 더 깊이 생각하게 된다고 주장한다. 또한, 조직이 관료주의에서 벗어나 보다 유연하고 신속하게 움직일 수 있다고 믿는다. 반면에 홀라크라시의 비판자들은 조직이 거시적인 관점을 잃고 개별 하부 단위 간의 고립된 의사결정에 따라 혼란을 겪게 될 수 있다고 우려한다김도현, 2015. 그런 측면에서 린드레드 그리어Lindred L. Greer 스탠퍼드 경영대학원 교수는 "직장 내에 명백한 위계가 있으면 누구에게 정보를 줘야 하는지 알기 때문에 정보 처리가 쉬워진다."라고 말했다.

명심할 점은 직원들에게 자율성을 주는 것이 관리자들을 해고하는 것과 같은 의미가 아니라는 것이다. 이런 구조가 형성되면 사내 관리자 구조의 중요성이 떨어지고 관리자급 사람들의 권력이 축소되는 것은 사실이다. 그렇지만 홀라크라시의 핵심은 결정하는 데 있어서 직원의 높은 참여율을 끌어내고 특정한 업무에 대한 권한을 위임하는 구조가 형성되게 하는 데 있다. 이를 통해서 사내 결단력이 높아지고, 많은 직원에게 더 많은 자율성이 부여되는 환경을 조성하는 것이다. 더 많은 자율성을 부여하는 것은 혁신성을 이끄는 데 긍정적으로 작용한다윤선영, 2015.

이와 같은 홀라크라시의 조직으로는 '집단지성형 조직', '네트워크형 조직', '무인형 조직', '내비게이션형 조직', '돌연변이형 조직' 등이 나타날 것이다.

: 집단지성형 조직

'집단지성형 조직'은 특정 과제에 모든 관계자들이 참가해 공통적으로 의사결정을 하고 업무를 집행한다. 전통적인 관료 조직은 계급제와 결합되어 의사결정에 참여하는 이는 소수에 불과하다. 그래서 경직성과 부처 할거주의를 양산한다. 대표적인 사례를 미국산 쇠고기 광우병 논란 때의 촛불집회에서 볼 수 있다. 촛불집회는 미래 관료 조직이 어떻게 변화되어야 하는지를 보여주는 대표적인 사례이다. 국민은 TV, 라디오, 뉴스 포털 등 다양한 매체 접근성을 이용하여 정보를 공유하고 있었다. 특히 기업의 뉴스 포털 사이트는 다양한 매체 접근성과 함께 다른 시스템들과 지속적인 연계를 통해 고객 중심의 정보 공유 체계를 발전시키고 있다. 따라서 정부 역시 정부 조직 내 정보 공유뿐만 아니라 기업, 시민과 직접적으로 연계할 수 있는 시스템을 구축하여 정부의 정보를 공유할 수 있도록 해야 할 것이다류현숙 외, 2009: 122–131.

특히 촛불집회는 정책 결정에서 집단지성을 이용하여 의사결정이 이뤄질 수 있다는 것을 보여주었다. 물론 이러한 의사결정 구조 속에는 온라인 네트워크 구성과 그것이 합리적으로 운용될 수 있다는 극단적인 믿음이 전제되어 있다는 한계가 있다. 즉, 미래 정부 조직이 집단지성을 어떻게 활용해야 하는지를 보여주는 사례이다. 관료만의 집단지성 활용이 아니라 정부가 전문가 집단 및 시민들을 아우르는 진정한 거버넌스 체계를 구축해야 한다는 것을 의미한다류현숙 외, 2009: 122–131.

이는 관료 조직이 필요 없을 수 있다는 것을 의미할 수 있으며, 정부는 플랫폼이 되어 모든 이해관계자가 참여할 수 있는 광장이 될 수 있다는 것이다.

⋮ 네트워크형 조직

'네트워크형 조직'은 계층이 거의 없고 조직 간의 벽도 없으며 부문 간 교류도 활발하다. 많은 조직 전문가들이 예측하는 모형으로 전통적인 관료 조직을 대체하는 개념으로 네트워크형 조직의 출현을 예견한다. 이런 네트워크형 조직을 범세계적 차원에 적용하면 글로벌 네트워크형 조직이 된다. 혼다, 구글, 페이스북 등이 이런 모습으로 조직을 운영하고 있다최창현, 2008.

: 무인형 조직

미래 기술을 활용한 가장 크게 변화된 조직 모형은 '무인형 조직'이다. 위에서 설명한 조직 모형은 이미 현재도 기업에 존재하고 있으며, 다만 미래에는 일상화되는 조직이라면, 무인형 조직은 정부 조직에 사람이 없고 기계가 모든 것을 처리하는 형태가 될 수 있다. 일반적으로 현재 조직 모형에서는 '가상조직'과 유사하다고 할 수 있다. 가상조직은 둘 이상의 조직이 전략적으로 제휴해 일정한 기간 동안 특정한 목적을 이루기 위해 구성된 후 일단 그 목적이 달성되면 해체하는 그야말로 가상적인 조직이다. 가상조직은 프로젝트를 근간으로 하는 임시적이고 일시적인 조직이다. 반면에 무인형 조직은 지속화된 조직이다. 자판기처럼 자동으로 업무를 처리하는 조직이다.

: 내비게이션형 조직

내비게이션 조직은 기계가 딥 러닝을 통해 발전하면서 인간 없이도 스스로 업무를 처리할 수 있는 조직이다. 입력된 프로그램에 따라 최적화된 업무 과정을 찾아서 처리할 수 있는 모델이다. 기계 스스로 학습하는 딥 러닝 기술을 응용하여 스스로 조직 운영 방식을 최적화할 수 있도록 할 것이다.

: 돌연변이형 조직

돌연변이형 조직은 조직 스스로 생물체처럼 증식, 변화가 일어나는 조직이다. 기계가 스스로 조직의 능력, 개성, 가능성을 분석하고 최적화된 능력을 발휘할 수 있도록 하는 것이다. 예를 들어, 기존의 조직은 사람이 '진단-분석-조직 재설계' 등의 업무를 수행했는데, 기계 스스로 진단하고, 문제점을 분석하고, 최적화된 대안을 스스로 만들어 낸다는 것이다. 이럴 경우 조직의 분해, 폐지, 신설, 확장 등 조직 스스로 변화를 만들어 낼 수 있다는 것이다.

그럼에도 불구하고 이러한 조직들이 반드시 나타날지는 아직까지 회의적인 시각도 있다. 미국 최대의 온라인 신발, 의류 쇼핑업체인 자포스 Zappos는 홀라크라시를 경영이념으로 삼은 대표적인 기업이다. 자포스의 창업자인 토니 셰이Tony Hsieh는 2014년 3월 24일 모든 직원에게 조직 내의 관리자 직책을 모두 없애고, 자포스를 모든 구성원이 스스로 자발적으로 경영하는 회사로 탈바꿈시키겠다고 선언했다. 그리고 이와 같은 변화에 동의하지 않는 직원들에게는 퇴사하는 조건으로 3개월치 퇴사장려금을 제안했다. 홀라크라시 도입 이후 1,500명 정도의 직원 중 약 20%가 자포스를 퇴사했다.

자포스처럼 안정적인 조직 문화에서 왜 이렇게 많은 직원이 퇴사를 결정했는지 아직도 완전하게 이해되지는 않았다. 다만 보스 체계가 없는 조직이 모든 사람에게 편한 시스템은 아니라는 사실은 분명하다. 이는 여러 차례 증명됐다. 보스나 관리자급이 없는 환경에서는 각 직원에게 돌아가는 의무와 책임이 더 커진다. 그로 인해 직원들이 받는 스트레스가 더 많아질 수도 있다. 급한 업무 때문에 연장 근무를 하는 상황도 늘어날 수 있다. 동시에 본인의 일을 위한 더 많은 노력과 헌신이 요구된다. 사실 모든 직원이 본인의 업무를 위해서 더 많은 헌신을 할 마음을 갖고 있지는 않다. 이와 관련하여 린드레드 그리어 교수는 "위계를 완전히 없애지는 말라. 위계에 따르는 불평등을 줄이는 방법을 찾는 게 중요하다."고 말했다^{윤선영, 2015}.

3 후기신공공관리의 등장

정부 운영 패러다임의 변화

정부 운영의 방식은 시대 흐름에 따라 변한다. 시대적 맥락에 따라 국민이 요구하는 행정수요와 행정 서비스를 충족하고 해결해야 할 정책 문제는 다양하기 때문에 정부 운영 역시 이를 충족하고 해결할 수 있는 최적의 운영 방식을 선택할 것이다. 그동안 정부 운영의 패러다임은 크게 전통행정^{traditional public administration}, 1980년대 이후의 신공공관리^{new public management, NPM}, 2010년대^{혹은 2005년}부터 후기신공공관리^{post-NPM}로 구분할 수 있다.

전통행정은 귤릭^{L. Gulick}, 막스 베버^{Max Weber}, 앙리 파욜^{Henri Fayol} 등 서구 학자들이 제기한 고전적 조직 원리, 즉 관료제, 계층제, 부성화, 공사 분리 등에 따라 작동되었으며, 주로 1980년 전까지 비교적 안정적인 행정 환경을 배경으로 한다. 주로 공급 지향적인 공공재를 한 방향으로 전달했으며, 조직 구성원인 공무원은 일정한 채용 방식에 따라 입직한 동질적인 속성을 지녔다. 전통행정이 직면하는 문제는 주로 행정이 전담하여 직접적으로 해결하려 했으며, 행정가가 바로 전문가의 역할을 수행했다. 정부는 정치적으로 설정된 단일한 목적을 설정하고 정책을 집행했다. 공공관리자인 공무원은 합법성을 중시하여 규칙과 적절한 절차를 준수해야 했다.

신공공관리는 1980년대 이후 2000년 초까지 지배한 관리 방식으로서 세분화, 경쟁, 인센티브를 핵심가치로 하면서, 시장의 메커니즘과 운영 방식을 공공 부문에 도입한 것이다. 이 시기 행정은 개인 간, 조직 간, 기관 간, 부처 간 치열한 경쟁을 중시하여 효율성과 생산성을 극대화하려 했으며, 시장 및 고객을 지향하는 관리 방식을 취했다. 정부는 시장 작용을 활성화하는 촉진자 역할을 하면서 고객 지향적인 공공 서비스를 제공했다. 관리자인 공무원은 주로 합의된 성과 목표를 고객 지향적인 행정 서비스를 효율적이고 생산적으로 제공하는 것을 지향했다.

신공공관리는 전통행정의 경직성과 비효율성을 타파하는 데 어느 정도 기여했지만, 공공성을 약화시키는 결과를 낳았다. 즉, 시장 메커니즘에 따른 경쟁을 통한 효율성과 효과성을 중시하여 다양성과 형평성을 소홀히 한 결과, 공익성과 공정성이 약화되었다. 이러한 문제를 해결하기 위해 2005년 혹은 2008년부터 등장한 정부 운영의 패러다임을 '후기신공공관리'라 지칭한다. 후기신공공관리는 급변하는 환경에서 다양한 가치와 선호를 존중하고 공공가치를 중시하는 정부 운영 패러다임이라 할 수 있다. 여기서는 개인이나 조직 간에 경쟁보다는 네트워크, 의사소통, 협조, 조정, 협업의 방식으로 접근한다. 따라서 개별적인 경쟁보다는 집단지성collective intelligence을 바탕으로 하는 협업collaboration을 중시한다. 정부는 시민과 공동체 간의 이해관계를 협상하고 중재하여 공유된 가치를 창출하려고 한다. 공공 서비스는 특정 행위자가 독점할 수 없으며, 공유된 가치를 통한 관계 유지를 그 본질로 한다. 후기신공공관리에서 공무원은 특정 고객이 아닌 시민을 대상으로 행정 서비스를 독점적으로 전달하는 것이 아니라 다양한 행위자들과 공동으로 시너지를 추구하는 역할을 맡는다.

전통행정의 경직성과 비효율성을 타파하기 위해 등장한 신공공관리는 정부 운영에 생산성과 효율성 그리고 고객 지향성이란 차원에서 상당한 성과를 거두었지만, 지나친 경쟁으로 조직부서, 기관, 부처, 부문 등 간에 칸막이와 할거주의를 강화하는 결과를 초래했다. 신공공관리의 문제나 한계를 극복하기 위해 2000년대 초기부터 후기신공공관리가 대두되기 시작했다. 신공공관리의 대안으로 등장한 후기신공공관리는 공공가치 추구와 난제 해결을 위해 협업적 방식을 통해서 접근한다는 특징을 가지며, 이러한 특징은 현재 각국이 추구하는 정부 운영 방식에 영향을 주고 있다.

이러한 정부 운영 방식은 기본적으로 정부가 정보를 개방하고, 다양하고 복잡한 행정수요를 충족시키고 난제를 해결하기 위해 조직팀, 부서, 기관, 부처 등 간에 그리고 민·관 간에 협업을 통해서 다수 부처의 관련 업무를 수행한다김윤권, 2014: 59-77.

이것은 우리나라의 정부 3.0과 매우 밀접하게 관련이 있다. 우리나라의 정부 3.0은 열린 정부를 내포하는 '투명한 정부', 칸막이 제거를 통해 난제를 해결하려는 '유능한 정부', 다양하고 복잡한 행정수요를 충족시키려는 '서비스 정부'를 목표로 하고 있는데, 이것은 후기신공공관리에서 추구하는 핵심가치들과 일맥상통하는 측면이다.

정부 운영의 모형

정부의 역할에 따라서 정부 운영의 패러다임이 도출될 수 있다. 정부의 역할은 결국 주어진 권력 행사의 방식에 따라 달라질 수 있다. 권력이 집중되었는지 분산되었는지 혹은 권력이 경합적인지 비경합적인지에 따라 정부 운영의 모형은 다음과 같이 구분할 수 있다.

〈표 3–1〉 권력 행사 방식에 따른 정부 운영의 모형

	집중된 권력	분산된 권력
경합적 권력	I 모형 패권적 정부 운영 (전통행정 방식의 정부 운영)	II 모형 경쟁적 정부 운영 (신공공관리적 정부 운영)
비경합적 권력	III 모형 권위적 정부 운영 (전통행정 및 신공공관리적 정부 운영)	IV 모형 협업적 정부 운영 (후기신공공관리적 정부 운영)

출처: Koblentz(2014: 2); 김윤권(2015a: 15)을 근거로 작성함.

〈표 3–1〉에서 보듯, 정부의 권력 행사 방식에 따른 정부 운영의 모형은 네 가지로 구분할 수 있다김윤권, 2015a: 14–15.

첫째, '권위적 전략'을 추구하는 이해관계자는 문제의 정의와 해결 권한을 소수 전문가에게 맡긴다. 이처럼 이해관계자를 줄이는 것은 의사결정을 단순화하고 과정을 빠르게 한다. 또한 전문가 활용은 인지된

목표를 높여 산출의 정당성을 높인다. 권위적 전략의 단점은 전문가도 잘못을 저지르거나 편견을 가질 수 있다는 것이다[Roberts, 2000].

둘째, 당사자 한 사람의 권력이 커서 자신이 선호하는 문제의 정의와 해결을 다른 이해관계자에게 강요할 수 있는데, 이를 '패권적 전략'이라 한다. 비록 다른 이해관계자가 문제에 대한 정의나 해결 방식에 동의하지 않더라도 패권적 전략은 의사결정 과정에서 그들을 배제한다. 이 전략의 장점은 신속성과 단순성이며, 명령으로 문제가 해결된다. 단점은 실질적으로 문제를 해결하기보다는 난제를 더욱 악화시킨다는 점이다[Koblentz, 2014: 2].

셋째, '경쟁적 전략'은 권력이 분산되고 경합적일 때, 이해관계자가 문제 해결을 제로섬 게임으로 간주한다. 이해관계자가 자신이 선호하는 방식으로 문제를 정의하기 위해 자신의 권력을 구축하고 자신이 선호하는 해결을 강요한다. 이 전략은 자신이 선호하는 정의와 해결안을 설득하려는 의지가 치열해서 강한 혁신 정책을 낳을 수 있다. 또한, 권력 집중을 막고 이해관계자 간 권력 균형이 생기면 개혁의 기회를 낳을 수 있다. 반면에 이해관계자별로 자기가 선호하는 접근 방식을 취하려 할 때 교착상태에 빠져 다른 이해관계자를 방해할 수 있다[Roberts, 2000].

넷째, '협업적 전략'은 권력이 분산되지만 비경합적일 경우, 가장 적합한 전략이다. 이러한 상황에서 이해관계자는 정신적으로 제로섬 게임을 초월하여 공동이익을 위해 함께 일한다. 협업적 전략은 협동을 통해 얻을 수 있는 잠재적 이득을 확대하기 위해서 관련 없는 이슈 간 신뢰를 구축하거나, 연계 조성을 반복함으로써 협동을 촉진할 보수pay 구조를 변화시키려 한다. 협업은 이해관계자가 단독으로 성취할 수 없는 결과를 달성할 수 있게 하여 더욱 효율적으로 이루어지게 한다. 반면에 이해관계자가 증가하고 가능한 한 많은 당사자가 받아들일 수 있는 해결안을 추구하는 것은 거래 비용을 증가시킬 수 있고, 의사결정을 지연시킬 수 있다. 또한, 협업은 이해관계자별로 자신의 지식을 고수하여 상이한 정체성을 공유하기가 어렵다는 단점이 있다Webber & Khademian, 2008. 그럼에도 불구하고 협업적 전략은 보다 장기적인 정책을 낳을 가능성이 있어서 관련된 이해관계자들이 폭넓게 수용할 수 있다는 장점이 있다Roberts, 2000. 난제를 인식하는 것은 문제에 대응하는 첫 조치이다. 전문가가 모든 해답을 가질 수 없으며, 다원주의 사회에서 정책 결정을 좌우한다는 제로섬 게임적 시각을 포기하기가 쉽지는 않지만, 협업적 해결안 추구가 가지고 있는 잠재적 편익은 충분히 그럴 만한 가치가 있다Koblentz, 2014: 2.

2045년까지 시점별 정부 운영 형태를 살펴보면, Ⅰ모형패권적 정부 운영, Ⅱ모형경쟁적 정부 운영, Ⅲ모형권위적 정부 운영, Ⅳ모형협업적 정부 운영이 서로 배타적이기보다는 일부 중첩성을 보이면서, 특히 Ⅳ모형이 주류를 형성할 것으로 예측된다.

후기신공공관리 시대의 정부 운영

⋮ 후기신공공관리 시대, '협업'이 핵심 의제가 된다

후기신공공관리 시대와 관련하여 다양한 논의가 이루어지고 있다. 이 중에서 '협업'이 가장 부각되는 키워드다. 후기신공공관리는 실용

181

적·지능적인 방식으로 공동의 업무를 수행한다^{Christensen & Lægreid, 2012}.

후기신공공관리 개혁은 중앙정부의 통합적 도전들을 해결하고, 경계를 넘나드는 이슈를 해결할 혁신적·협업적 설정을 요구한다^{Christensen & Lægreid, 2010}. 협업적 거버넌스는 떠오르는 시대를 휘어잡는 핵심 아이디어이며, 후기신공공관리의 핵심 의제로 인식된다^{Ryan, 2011: 10}. 21세기는 정부가 혼자서 일을 처리할 수 없는 시대이며, 정부 내부 혹은 정부에 의해서만 통치될 수 없으며, 조정과 협업이 핵심이 될 것이다^{Agranoff, 2006}. 협업은 자기 이익 중심에서 집합적 이해로 전환하는 것이다. 즉, 나를 대표하는 단일 조직에서 공동의 목적 혹은 목표를 달성하기 위해서 우리를 대표하는 집합적 시도이다. 진정한 협업은 자기 이익을 옆으로 제쳐 두고, 조직의 자원을 공유하고, 집합적으로 활용하는 것이다^{Ryan, 2011: 12; 김윤권, 2015b: 7에서 재인용}.

이처럼 협업은 후기신공공관리 시대의 핵심 키워드로서 우리나라가 추진하는 정부 3.0을 실질적으로 구현할 수 있는 실질적인 업무 방식 혹은 조직 관리 방식이 될 것이다. 결국, 정부가 추진하는 정부 3.0 역시 협업으로 시작하고, 협업으로 뒷받침되고, 결국 협업으로 성취될 수 있을 것이다.

⋮ 후기신공공관리 시대 각국의 정부 운영 방식

후기신공공관리 시대에 각국은 칸막이를 없애고 여러 부처들과 관련된 기능과 업무를 수행하기 위해서 다음과 같은 정부 운영 방식을 활용하고 있다.

첫째, '통합적 거버넌스^{integrated governance}'가 활용되고 있다. 이는 정부

기관, 연방정부, 주정부, 지방정부 같은 각 정부들 간에, 그리고 비정부 부문 간에 모두 협업적 접근을 통해서 문제를 관리하는 비공식적 관계라는 성격을 띤다.

둘째, '부문 간 행위intersectoral action'가 활용되고 있다. 이는 공동체들이 직면한 난제를 해결하기 위해서 부문 간 다양한 구성원들이 자발적으로 개개인의 전문성을 협업적으로 활용하여 조정하는 방식이다.

셋째, '수평적 관리horizontal management'가 활용되고 있다. 이는 연방정부 간에, 지방정부 간에, 혹은 자치구들 간에 각자 자기에게 해당되는 문제를 해결하기 위해 같은 수준에 속한 하나 혹은 다수의 공공행정 조직이 상호 간에 이해관계, 자원을 활용하여 자신의 제약을 극복하는 방법이다.

넷째, '수직적 거버넌스vertical governance'가 활용되고 있다. 이는 같은 분야의 서로 다른 정부 계층연방, 지방, 지역, 자치구에 속한 여러 조직이 관여하여 다른 조직과의 이해관계, 자원, 제약에 기반을 두는 관리 방식이다. 가령, 재난 위기에 직면할 경우, 연방정부의 A부처, 지방정부의 B실국, 자치구의 C과 등이 공동으로 서로의 자원을 활용하여 위기를 극복하는 방식이다.

다섯째, '연계 정부joined-up government'가 활용되고 있다. 이는 영국 정부가 취하는 방식인데, 공공 부문과 민간 부문의 조직 간에 파트너십을 통해 협업적으로 서비스를 전달하고 조정하는 것이다. 호주에서는 같은 맥락에서 홀 오브 거버먼트whole-of government가 활용되고 있다.

여섯째, '네트워크 거버먼트network government'가 활용되고 있다. 이는 주로 미국에서 적용되고 있으며, 전통행정 방식인 계층제를 탈피하여 정부, 준공공기관, 비영리단체, 시민 등이 포함된 정책 네트워크로 운영되며, 정부는 네트워크 관리자로 전환된다.

이들 각국이 추구하는 정부 운영 방식과 우리나라가 주창하고 추진하는 정부 3.0은 상당히 유사한 맥락을 가진다고 볼 수 있다.

⋮ 정부 모형 예측

공공가치를 창출하고 효과적으로 국민의 요구를 충족시키기 위해 선도적인 정부는 수평flatter, F, 신속agile, A, 간소streamlined, S, 기술응용tech-enabled, T 조직으로 전환될 것이다. 세계경제포럼World Economy Forum, WEF은 미래 정부가 앞에서 언급한 수평, 신속, 간소, 기술응용이라는 4개의 축으로 구성된 매트릭스를 가진 FAST 정부가 될 것이라고 주장한다WEF, 2012: 5.

미래 정부의 모습인 FAST 정부는 다음과 같다. 첫째, 미래 정부는 수평적인 구조를 갖게 되어 서비스 수혜자인 시민이 전형적인 상호작용 방식을 통해 정부와 직접 대면하며, 중앙정부와 지방정부가 책임을 공유하며, 의사결정 과정에 시민 등 다양한 행위자가 참여할 것이다. 둘째, 미래 정부는 신속성을 확보하여 급변하는 행정수요에 탄력적으로 적응하여 역량을 발휘하며, 모든 정부 부서 간의 난제나 행정수요에 혁신적으로 대응할 것이다. 셋째, 미래 정부는 간소화를 추구하여 정부 서비스 전달에 효율성을 제공할 것이다. 그리고 여러 부처 간에 경계를 넘나드는 네트워크를 형성하여 공유된 서비스를 제공할 것이다. 넷째, 미래 정부는 ICT, 온라인, 소셜 미디어 등 광범위한 기술 기반 활용이 보편화되어 공무원은 기술 친화적인 전문성과 역량을 갖추어야 할 것이다.

미래 정부의 행정 환경 전망

1 스마트 기계와 공무원의 협업은 이렇게 이루어진다

: 스마트 기계 vs 공공질서와 안전

공공질서는 법의 집행과 관련된 기능이다. 기능의 경우 첨단지능 범죄나 경찰로봇 관리 등으로 기능 변화가 이뤄질 것이다. 따라서 앞으로 경찰의 교통 단속 등의 기능이 대폭 축소될 것이다. 사물인터넷, 무인 자동차의 일상화로 도로에서 일어나는 교통 관련 기능은 기계가 대체할 가능성이 매우 높다. 또 경비 인력의 경우, 로봇으로 대체 가능성이 높을 것이다. 대신 기계와 데이터를 활용한 지능형 범죄가 크게 증가하여 정보 등의 기능은 강화될 것이다. 이런 경우 인력 재배치 논의가 가장 필요할 것이다.

출입국관리나 교정시설관리는 로봇으로 상당수 대체될 것이며 검찰 기능은 큰 변화가 없을 것으로 보이나, 대신 로봇과 인공지능의 도움을 받아 효율적 업무를 수행할 수 있을 것으로 판단된다. 재난 안전 분야는 로봇으로 상당수 대체될 것이다. 사물인터넷, 지능형 빌딩과 주택으로 전환하여 화재 등을 사물인터넷에서 자동으로 감지할 것이며, 화재나 긴급구조 등도 로봇의 활용이 일상화될 것이다.

안전 관리의 경우 전 세계적 지구환경의 변화로 인해 한반도 역시 다양한 재난이 발생하고 있으며, 20세기 후반부터 다양한 사고가 발생하고 있다. 이에 정부의 안전 관리 기능은 재난 예방 기능과 재난 관리 시스템 구축, 재난 대비 교육이 강화되고 있다. 미래에도 다양한 재난이 발생할 것으로 예상되는데, 안전 관리의 경우 재난 관리 시스템 구축과 안전 관리를 총괄적으로 기획하는 기능을 제외하면 사물인터넷, 인공지능이 결합되어 사전에 예방하는 기능이 확대되고 지진 등 자연재해의 경우 로봇 등으로 문제를 해결할 것으로 보인다.

스마트 기계 vs 과학기술

과학기술은 행정수요에서 보듯이 가장 비중이 높아질 것으로 보인다. 실제 글로벌 환경에서 국가 및 기업 간 경쟁의 핵심으로 연구개발을 통한 지식의 창출, 활용에 대한 중요성이 날로 증가하고 있다.

급격한 패러다임의 전환으로 과학기술은 그 어느 때보다 중요해졌다. 그것을 우리는 과거 역사 발전 과정에서 충분히 경험해 왔다. 특히, 산업기술에 대한 연구개발을 소홀히 해서 근대화에 뒤처진 경험이 있다. 그래서 정보화 시대에 정보통신기술에 대한 대대적 투자로 현재 세계에서 정보화에 있어서 가장 앞서 나가는 국가가 되었으며, 국부의 상당 부분이 이와 연관된 부분에서 창출되고 있다. 인공지능의 시대 역시 새로운 기술과 지식을 확보하지 못하면 지속적인 경쟁우위 확보를 도모하기 어렵다.

우리나라의 국가연구개발투자비는 OECD 국가 중 4.292%로 세계 1위를 차지하고 있다OECD, 2016. 새로운 기술 개발을 위해서 국가연구개발은 앞으로도 지속되어야 할 것이다. 다만, 정부가 어느 부분에 어느 정도 개입할 것인가는 판단의 문제이다.

과학기술은 기본적으로 과학기술 관련 연구개발, 기획, 조정, 감독, 평가하는 업무들로 행정수요가 지속적으로 증가할 것이다. 특히 과학인력 육성 및 국제 협력 기능 역시 메가트렌드 측면에서 보면 새로운 수요가 지속적으로 증대될 것이다. 특허 기능 역시 발명 진흥 및 산업재산권 보호를 주도해야 하고 과학기술의 발전으로 특허출원은 지속적으로 증가할 것이다. 다만, 등록 관리의 경우 정보 시스템으로 대체할수 있으며, 홀로그램 등을 활용할 경우 관리가 단순화되고, 시간 단축이 진행될 것으로 예상된다.

특히, 그동안 취약한 과학 분야의 본질인 기초과학 분야 연구에 대한 투자, 융합기술 개발의 전략적 확대, 의식기술, 뇌공학, 인지공학 등주목받는 공학 분야에 대한 투자가 요구된다.

또 새로운 기술을 통한 에너지 부분에 대한 투자 역시 정부 과학기술 정책의 중요한 부분을 차지할 것이다. 스마트그리드를 통한 자원 및에너지 효율성 제고, 고효율 친환경 제품 보급 및 사용 확대, 차세대바이오 원천기술, 신약 개발, 나노, 첨단 융복합, 태양광, 풍력, 지열, 바이오에너지 등 신재생에너지 개발 확대 및 수출 산업화 등에 대한 정부의 역할이 더욱 요구될 것이다.

: 스마트 기계 vs 교육

교육 분야의 행정수요를 보면, 미래의 급격한 변화에 대비하기 위해서 교육 기능은 더욱 강조될 것으로 전망된다. 새로운 산업과 일자리에 대한 고용 환경 정비와 교육 체계 마련, 녹색기술 전문 인력 양성 추진, 창의와 자율성으로 무장한 인재 양성, 해외기술인력 및 창조적 인재 유치, 신기술 분야 핵심 정예 인력 양성 등이 핵심 과제로 제기되고 있다.

지식 기반 사회에서 노동 및 자본 투입을 통한 기존 성장전략의 한계에 직면해 있으며, 새로운 성장동력을 창출할 필요성이 제기되고 있다. 미래 기술 측면에서 보면, 전문기술직과 지식근로자에 대한 고용이 증가하고 단순생산직과 사무직 인력 수요는 줄어들 것으로 예상된다. 특히, 고령사회에서 노령 인구의 효율적 활용이 필요할 것이다.

무엇보다도 고용구조와 인력 수요의 변화에 따라 전문 기술과 평생직업교육의 기능과 역할이 강조될 것이며, 직업교육은 로봇 기술의 활용과 인공지능의 지원을 받을 수 있는 분야의 교육 수요가 급증할 것이다. 또 국제 교육 협력이 중요한 분야가 될 것이다.

전반적으로 인적 자원 정책의 패러다임이 근본적으로 변화되어야 한다. 즉, 양 위주의 정책에서 고급 인력 등 질 위주의 정책, 인력 수요와 공급에는 시차가 존재하므로 미리 미래 기술 및 지식 수요에 대한 예측 모델의 확립이 필요하다.

무엇보다도 평생학습 기능이 지속적으로 강화될 것으로 보이며, 새로운 기술에 대한 교육 기능이 강화될 필요가 있다.

: 스마트 기계 vs 교통과 물류

도로는 지능형 도로로 재편될 것이다. 무인자동차가 다니는 것으로 끝나는 것이 아니라 지능형 도로가 되어 사고 제로가 실현될 것으로 보인다. 이와 같은 지능형 도로가 되려면 지능형 도로 인프라 구축 등 안전한 운전 환경을 위한 정부의 투자가 진행되어야 하며, 법 제도 역시 새롭게 정부가 정비해야 할 것이다. 무인자동차를 넘어 도시철도와 고속철도 역시 무인화가 이뤄질 것이며, 정부는 이런 무인화 관련 투자와 기획 기능이 확대해야 할 것이다.

교통 및 물류에서 또 하나의 특징은 도로와 철도 인프라 구축이 급속하게 증가할 것이라는 점이다. 지능형 인프라 구축은 새로운 한국판 뉴딜정책이 될 수도 있을 것이다. 반면에 도로 관리, 통행료 징수 등 공공기관이 담당하고 있는 역할은 사라지거나 민간에게 위임될 것이다. 즉, 공공기관의 역할이 축소될 것이다.

물류의 경우 드론이 활성화되어 정부 역할이 대폭 줄어들 것으로 보인다. 해운 및 항만은 정책 수립 및 관리 기능이 동북아 경제의 활성화 등으로 더욱 강화될 것이다. 다만 물류 업무, 건설 업무 등은 정부의 역할보다는 민간으로 위임될 것으로 보인다. 또 삶의 질 측면에서 크루즈 산업을 활성화할 경우 지속적으로 기능이 확대될 것이다.

항공 역시 미래 인간의 삶의 질과 관련되어 관광산업이 활성화될 경우 확대·강화될 수 있다.

: 스마트 기계 vs 국방

국방 기능은 국가가 존재한 이래, 가장 필수적인 기능으로 인식되고 있다. 국방 기능의 기본적 국가 비상 대비 관련 업무, 전문성 측면에서 지속적으로 존재할 것으로 보인다. 다만, 전쟁을 수행하는 군인이 로봇으로 대체되나 병력 자원의 축소 등 군대의 인력은 감축될 것이다. 즉, 병력 운영의 경우 사람보다는 로봇 병사를 어떻게 운영할 것인가가 관건이 될 것이다. 국제간 갈등, 주변 국가와의 긴장 발생 등으로 국방 기능은 지속적으로 강화될 것이다. 또 미래의 병력 자원 관리와 병력 운영을 어떻게 할 것인지에 대한 진지한 고민이 필요하다.

∶ 스마트 기계 vs 농림

농축산 등 1차 산업 분야의 기능은 대폭 축소될 것이다. 물론 기획 수립 등의 정책 기능은 오히려 강화될 수 있으나, 집행 업무를 담당하는 기능은 대폭적으로 사라질 것이다. 예를 들어, 산림자원화 외 환경 보존, 종자산업의 지식재산권 강화로 정부의 역할은 강화될 것이다. 그러나 관리와 관련된 기능은 로봇, 인공지능, 사물인터넷이 큰 역할을 할 것으로 보인다. 예를 들어, 산림감시 기능 등은 드론 등이 상시적으로 감시할 것이며, 농업과 수산물 검역·검사 업무도 자동화될 것으로 보인다.

어업의 경우 로봇 등 기계 활용이 더욱 확대될 것이다. 인공지능과 로봇을 활용할 수 있는 어민과 그렇지 못한 경우로 구분해 볼 수 있다. 기계 활용에 취약한 어민이 많아지고, 로봇의 활용이 대규모화될 경우 어촌 구조조정 등의 업무가 확대될 것이다.

: 스마트 기계 vs 문화·체육·관광

문화는 미래에 가장 중요한 핵심 기능이 될 것으로 예상된다. 문화는 기계로 대체하기 가장 어려운 분야이며, 산업 측면에서도 문화산업이 유망산업으로서 그 기능이 확대될 것이다. 특히 가상현실, 홀로그램 등의 IT산업과 연계되어 발전될 가능성이 높으며, 글로벌화가 가장 많이 이뤄져, 다른 나라의 자국 문화정책과 충돌 가능성이 높아 국제 협력 기능도 확대될 것으로 보인다.

기술 발전이 가장 큰 영향을 미칠 분야는 관광이다. 기술 발전으로 시공간을 넘어서는 조직 모델의 발전에 따른 유연근무제 확대, 삶의 질이라는 문화생활이 확대되어 정부 기능 역시 강화될 것으로 보인다.

문화유산 및 기념물 보존 관리, 문화재 조사 등은 문화 교류의 질적 변화가 일어나고 삶의 질에 대한 관심 증대, 문화 격차 등으로 기능이 더욱 확대될 것이다.

: 스마트 기계 vs 보건

보건 분야에 있어서는 생명과학기술의 발전과 인간 존엄을 동시에 담보하는 정책이 강화될 것이다. 특히, 줄기세포 연구, 배아 연구, 유전자 조작, 인공수태, 반인반기계 등 생명윤리 관련 기능이 증가할 것이다. 보건 의료 체계의 경우, 원격진료, 로봇에 의한 사전 검진 등 자동화로 전달 체계 관련 집행 기능은 상당히 축소될 것이다.

건강보험 관리는 자동화 업무로 일선 기관의 집행 업무가 상당 부분 사라질 것이다. 검역과 검사도 로봇에 의한 검사가 일반화될 것이다. 의약품 안전 관리 기능은 그 기반이 더욱 강화될 것이나 실제 인력의 증가는 크게 늘지 않을 것이다.

일반적으로 유전자재조합 기술 및 미세조작 기술 등 생명공학 기술의 발전과 이를 응용한 바이오 신약 개발 속도가 더욱 빨라짐에 따라 신약 출원허가 등이 대폭 증가될 것이나 자동 업무가 이뤄질 수 있어 인력 증가는 많지 않을 것이다.

가장 강화될 것으로 예상되는 것은 전염병 예방 관리에 대한 국제 협력일 것이다. 지구온난화 등의 영향으로 예상하지 못했던 전염병은 빠른 속도로 전 지구적으로 전파될 수 있어 국제간 협력이 강화되어야 할 것이다.

: 스마트 기계 vs 사회복지

복지 기능은 지속적으로 확대될 것이다. 다만, 양적 확대가 아닌 질적 변화가 필요할 것이다. 사회복지정책 수립 개발의 기능은 확대될 것이다. 특히 노인복지 기능과 아동복지 기능이 강화될 것이다.

빈곤층에 대한 경제 지원 및 돌봄 서비스 강화, 빈곤정책의 사각지대 최소화, 자생 기반 마련, 취약계층의 자활 경로 설계 및 지원 등의 기능이 지속적으로 확대될 것이다. 초기에는 사회와 국가 차원의 로봇과 인공지능의 도입은 매우 적을 것이나 경제성이 생기면 국가 차원의 기계 도입으로 대량의 실업자 양산과 빈곤층이 급격하게 늘어날 것이다. 이에 대한 정부의 역할 역시 강화될 것이다.

무엇보다도 정부의 역할이 복지재정의 한계로 직접 지원보다는 일, 학습 연계를 통한 능동적 복지 체계 확립, 일-학습 연계를 위한 정보 인프라 구축, 취약계층 대상 훈련 공급 확대, 다층적 소득보장체계, 복지 서비스의 고도화 분야의 기능은 확대될 것이다.

반면 집행 기능은 전달 체계의 통합과 자동화로 단순화될 것이며, 집행 부문을 담당한 공무원은 양적 증가보다는 질적 변화가 필요하게 될 것이다. 단순히 서비스를 제공하는 기능은 로봇으로 대체될 것이며, 대신 정서적 안정감을 줄 수 있는 복지 업무가 확대될 것이다.

연금 기능과 관련된 정부의 역할은 연금 지출의 증가로 중요한 역할을 할 것이다. 그러나 로봇이 인간의 보조적 역할을 수행할 경우 퇴직 연령이 늦어져 연금지출을 연착륙시킬 수 있을 것이다.

기초생활은 기초생활 보장과 함께 양극화가 더욱 심화되어 예산의 효율적 사용에 대한 요구가 높아질 것이다. 그러나 인공지능을 활용하여 수급자에 대한 적정 관리가 이뤄질 것이며, 수급자 조사, 선정, 관리 기능 역시 자동화가 이뤄질 것이다.

일자리 창출과 관련해서 평생직장 개념의 소멸, 노동시장의 유연화 등으로 노사갈등이 지속적으로 발생할 가능성이 높아 노사정책 기능은 지속적으로 강화될 것이다. 또 고령층의 경제 활동 수요와 가사 부담 감소 등으로 여성의 사회 진출이 더욱 확대되어 관련 기능이 역시 확대될 것이다. 재택근무 및 원격근로, 임시계약, 파견직 등 다양한 업무 형태의 일자리 비중이 증가하여 근로 기준 설정 및 감독 기능이 강조될 것이다. 무엇보다도 노동시장은 유연화, 새로운 직업에 대한 직업 교육, 실업자 교육, 역량개발 고도화, 사회보장제도와 연계한 재취업교육 강화, 기술재교육, 고령 친화적 고용 환경 구축 등의 기능 확대가 필요할 것이다.

로봇의 발전 속도와 인공지능의 활용은 오히려 3D 업종에 들어와 있는 이주노동자에게는 큰 위협이 될 수 있어 이에 대한 노동정책 역시 기능이 강화될 것이다.

⋮ 스마트 기계 vs 산업, 통상, 중소기업

무역 및 투자 진흥 기능, 산업 지원 관리 기능, 산업기술 진흥 및 표준화 등 2차 산업 기능은 로봇으로 대체하기 어려운 기능으로 보인다. 정보통신정책 기능 역시 로봇으로 대체하기 어려운 부분이라고 할 수 있다.

정보통신의 경우 새로운 정보통신기술력의 배양, 선도적 정보통신기술 지원 강화, 정보통신 응용기술 개발, 미래 정보통신기술 기반 확충, 스마트 기계를 활용한 생산성 제고 등의 기능이 확대될 것이다.

제4차 산업혁명에서 보듯 새로운 기술 개발과 관련된 산업투자 및 정책과 관련된 기능이 확대될 것이다. 무엇보다도 새로운 산업기술의 발전에서 현재의 대기업 중심의 정책을 넘어 중소기업과 상생할 수 있는 정책 기능이 확대될 것으로 전망된다.

⋮ 스마트 기계 vs 일반 공공행정

행정 환경이 복잡해지고 부처 간 정책 수립 및 집행이 상충되는 부분에 대한 정책 조정 수요가 늘어남에 따라 조정 부서의 인력도 증가할 것이다.

국정 총괄 운영의 경우 향후에도 인간 영역에서 중요한 활동이 될 것이다. 다만, 인력 증원이 반드시 필요하지는 않을 것이다. 조정 업무의 상당수는 기계를 통해 분석된 결과를 바탕으로 의사결정을 취할 수 있기 때문이다. 오히려 기계를 활용한 의사결정의 합리성을 어떻게 구현할 수 있는가의 측면에서 인적 역량 강화에 초점을 두어야 할 것이다.

국정 운영에서 평가와 관리 부분이 지속적으로 강화되고 있다. 현재는 과학적 기법뿐만 아니라 시스템이 반자동화에 그쳐 인력 요소가 필요하다. 미래 평가의 대부분은 자동화 처리를 거쳐 분석된 결과를 어떻게 활용할 것인가의 의사결정 요소만 남을 것으로 보인다. 즉, 평가 담당 공무원은 관리와 관련된 최소 인력만이 필요할 것으로 예상된다.

공직 기강 확립 등 부패와 관련된 사정 기능은 자동화를 통해 투명해지므로 없어질 것이며, 정책 관련 기능 역시 국회 등에 이관될 경우 기능이 약화될 수 있을 것이다.

규제 개혁 업무 역시 자동화, 지능화될 경우 상당 부분의 기능이 축소될 수 있다. 기계화될 경우 사람이 개입할 여지가 없어지기 때문이다. 그러나 기술이 진화되면 새로운 규제 영역이 만들어지기 때문에 신규 규제가 늘어날 수 있다. 규제 패러다임이 바뀌지 않는 한 규제 기능은 자동화와 함께 여전히 강화될 수 있는 여지를 갖고 있다. 즉, 기술의 문제가 아니라 인간의 가치 선택의 문제라 할 수 있다.

가장 자동화가 많이 될 수 있는 부분은 정부 관리 지원 업무 기능으로 행정 관리, 법제 관리, 조달, 통계 등은 인공지능 등으로 업무 영역이 대폭 축소될 수 있다. 인사 부문에서는 인사정책 수립 기능과 공무원 역량 강화의 내용과 방법이 강화될 것이다.

통계조사 작성은 사물인터넷, 인공지능을 활용한 자동화가 높아 통계기획을 제외한 나머지 기능은 대폭적으로 줄어들 것이다.

일반행정에서 가장 기능이 확대될 것으로 예상되는 분야는 SNS 등 다양한 기기 활용을 통한 시민들의 정책 참여다. 시민 발의형 정책 어젠다가 일반화될 것이다. 이미 현 정부의 정부 3.0에서 시민 발의형 정책 어젠다 제안의 활용이 시작되었는데, 미래에는 이것이 일반화될 것으로 보인다. 무엇보다도 시민의 참여와 관련해서는 공생 발전과 공동체 의식 제고, 공론의 장 형성, 공동체 의식 함양을 위한 교육, 공생 발전을 위한 인프라 구축 등의 기능이 지속적으로 강화될 것이다.

: 스마트 기계 vs 재정, 세제, 금융

시장분석 기능은 인공지능화될 것이며, 경쟁법 집행의 경우 기능은 유지될 것이나 공무원의 전문성이 강화되어야 할 것이다.

거시경제와 관련된 조세와 금융의 경제 정책 업무는 정책 조정 기능의 수행에 있어서 큰 변동은 없을 것이다. 특히 소득 재분배, 경제민주화 등의 정책 기능이 확대될 것이다. 경제협력의 경우 글로벌화로 인해 기능이 강화될 것이다. 물가정책 기능 역시 유지될 것이다.

재정금융 기능의 일부는 인공지능화될 것이며, 상당수는 인공지능으로 기능이 축소될 가능성이 높다. 기획이나 기계를 이용한 감시 기능은 유지될 것이나, 집행 업무는 사물인터넷과 인공지능으로 기계를 관리할 최소 기능만 유지될 것으로 보인다. 금융정책의 기능은 새로운 거래 시스템, 금융업종에 대한 규제, 기업지배구조 개선 등 일반적 기능은 유지 확대될 가능성이 많다. 금융 정보 분석 역시 인공지능이 대체할 가능성이 높으나 필수 기능은 유지될 것이다.

세정 분야는 기술 발전이 가장 많이 적용될 분야이다. 세원 발굴과 탈루 세금 확보 등의 기능이 로봇과 인공지능의 도움을 받아 해결될 것이며, 집행을 담당하는 공무원의 역할은 많이 축소될 것이다.

재정 기능은 중장기적 지출 통제와 경제성장 확대, 채무변제의 우선순위 조정은 거시 분야의 재정관리 기능이 유지될 것이다. 무엇보다도 인공지능과 로봇은 재정 기능의 중장기 예측의 정확성을 더욱 높여 장기 정책 수립에 큰 역할을 할 것이다.

: 스마트 기계 vs 지역개발

지역개발에서의 행정수요로는 산업단지, 수자원, 식량의 안정적 확보라고 할 것이다. 산업단지는 제4차 산업기술과 관련된 업종을 대상으로 산업단지가 재편될 것이다. 제4차 산업기술들을 지역 거점별로 육성할 경우 지방 균형 발전에도 기여할 것으로 전망된다.

수자원 관련 기능은 앞으로 확대될 것이다. 향후에도 한국은 물 부족이 심화될 것으로 예측되고 있기 때문이다.

지역발전은 지방자치 기능과 연계되어 있는데, 기술 발전의 수준으로 판단해 볼 때 현재의 지방자치 계층이 사라질 가능성이 높다. 현장에서 진행하는 복지전달 체계를 비롯한 서비스 전달 체계와 연계된 집행 기능은 모두 자동화와 로봇으로 대체될 것으로 보인다. 이 경우 현재의 광역자치단체와 기초자치단체가 통합되고 생활권역별로 재편될 수 있어 지역 발전 기능 역시 이와 같은 변화와 연계되어 유지, 확대되어야 할 것이다.

: 스마트 기계 vs 통신

방송통신의 경우 통합미디어 정책과 개인 미디어 정책 수립, 국제 미디어의 무분별한 유입과 관련된 기능 등이 확대될 것으로 보인다.

단순한 배달 업무는 기술혁신으로 국가에서 민간으로 완전히 이전될 것이다. 배달 업무의 경우 그동안 보편적 서비스 때문에 정부 기능으로 유지되고 있으나, 개인 로봇의 보급과 드론 등이 일상화될 경우 정부가 서비스를 생산할 필요가 없기 때문이다.

: 스마트 기계 vs 통일·외교

먼저 외교 측면에서는 세계화의 진전으로 우리나라의 국제적 위상이 높아짐에 따라 외교의 증대 및 강화가 예상된다. 특히 4대국 중심의 외교에서 공적개발원조 사업을 중심으로 외교관계가 다변화 및 다양화 될 것이다. 이에 따라 해외 순방 및 외빈의 방한 기회가 증대될 것이다. 외교 분야에서 가장 활발한 활동은 공적개발원조 사업과 연계된 외교일 것이다. 공적개발원조는 개발도상국의 경제발전과 사회복지 증진을 목표로 제공하는 원조를 의미한다. 이러한 활동은 기계가 대체할 수 없어서 실제 인력이 참여해서 지원해야 하는 활동이기 때문이다.

다음으로 문화외교이다. 미래의 가장 큰 자원은 문화를 포함한 창조산업일 것이다. 문화가 국부 창출의 중요한 요소로 대두됨에 따라 문화외교가 대외경쟁력을 좌우하게 될 것이다. 최근 한류로 대변되는 문화산업의 전파는 산업을 넘어 국가 브랜드로 인식되고 있다.

안보외교 측면에서 보면, 국제공조의 필요성과 협력안보의 중요성이 증가되고 있다. 중국의 동남아시아 국가와의 갈등, IS 테러에서 보듯 한두 국가가 해결할 수 있는 문제가 아니다. 이러한 측면에서 안보외교 역시 중요한 기능이라고 할 수 있다. 외교 분야의 경우 기능 측면에서 보면 인력 규모 자체보다는 기능 전환이 더욱 중요할 것이다. 특히 기술적으로 대체할 수 있는 가능성이 매우 적은 분야라고 할 것이다.

따라서 공무원 인력을 재배치할 경우 외교 인력의 내부 양성과 우수인재의 외부 임용의 측면에서 고려할 필요가 있을 것이다. 조직 모형 측면에서 보면, 외교의 경우 전통적 조직 모델이 유지될 것이다. 다만, 현재의 직급 체계를 축소하고, 현장 중심의 직급 체계로 전환할 필요가 있다. 고위공무원의 양성이 아니라 현장에서 즉각 대응할 수 있는 공무원의 육성이 필요하다. 이를 위해서는 다양한 경험을 축적한 인력을 공무원으로 유입할 수 있어야 한다.

: 스마트 기계 vs 해양·수산

해양은 향후 기후변화에 따른 해양생태계 정책 수립 기능이 유지·확대될 가능성이 높으며, 국가해양자원 전략 역시 지속적으로 강화해야 할 것이다. 국가해양자원 전략의 경우 인접 국가와의 외교적 마찰 가능성이 높아 외교 부서와의 긴밀한 협력이 필요한 분야라 할 것이다.

수산과 어촌의 경우, 생태계의 변화에 따른 새로운 어족자원 확보 기능, 어촌의 고령화에 대한 정책 기능이 지속적으로 확대될 것이다.

무엇보다도 수산 정책은 현재 농·축·식품 분야 6차 산업 정책처럼 신성장동력으로의 수산 정책 기능도 확대될 것으로 보인다.

: 스마트 기계 vs 환경

환경에서 자연환경 보존은 현황조사가 중요한데, 기술에 의한 대체 수요가 많아질 것으로 전망된다. 로봇물고기, 드론을 통해 상시감시가 이뤄질 것으로 예상되며, 수질 및 상하수도 관리 역시 사물인터넷과 기계의 연결로 인해 환경 정책 등 기획 기능을 제외한 집행 기능은 상당수 기계로 대체될 것이다.

또 환경 정책 기능 중 폐기물 정책이 확대될 것이다. 급속한 고령화와 함께 대량생산 시절에 소비되었던 많은 제품들이 폐기될 것이며, 지역 전체가 공동화로 폐허가 될 수 있어 도시폐기물 정책 등이 확대될 것이다.

한반도 환경 변화가 더욱 심화될 것으로 예측되어 기상이변 관련 연구개발투자 기능도 지속적으로 확대될 것이다.

이상의 미래 정부의 기능을 살펴보면, 기계로의 대체 여부에 따라 기능이 확대되거나 축소될 수 있다. 일반적으로 기획 기능은 기계로의 대체가 어려울 것으로 보이며, 대신 집행 기능은 기계로의 대체, 자동화가 이뤄져 많은 기능이 민간에게 위탁되거나 대규모 인력 축소가 이뤄질 것이다. 즉, 인사행정의 측면에서 보면, 정형적 업무를 기계가 대체함에 따라 공무원은 각 기능별 비정형적 업무를 담당하게 될 것으로 보인다.

2 위치 기반 스마트 워크의 일상화

미래 정부 조직에 미칠 또 하나의 요소는 공간이다. 이미 유비쿼터스 사회, 만물사회 등에서 제기한 바와 같이 미래에는 공간이 자유로워질 것이다. 즉, 시공간의 압축이 이뤄질 것이다. 정보통신기술혁명은 국제적 통신의 양을 증가시키고 수단을 다양화했으며, 그 결과 세계는 점점 더 밀접하게 연결될 것이다. 즉, 네트워크 기술이 시간적·공간적 제약을 줄여, 인간의 동선이 자유로워질 것이다.

최근 업무의 핵심은 정형화된 근무 환경에서 열심히 일하는 것보다는 효율적으로 일하는 것을 강조하고 있다. 이에 사무실도 업무 처리 공간을 넘어, 다양한 세대와 디바이스가 공존하는 환경에서 개인과 집단, 가정과 직장의 균형, 창의성과 협업이 쉬운 공간으로 진화되고 있다. 이와 같은 스마트 워크smart work는 공간·시간·일 관리의 변화를 가져올 것이다. 공간의 변화는 창의 기반, 생산성과 일과 생활의 균형을 구현하는 것이다김윤권 외, 2014.

정부의 일하는 방식은 공간 관리, 시간 관리, 일 관리 측면에서 분석해 볼 수 있다이병하 외 2012: 18.

첫째, 공간 측면에서의 변화는 폐쇄적인 사무 공간은 개방형의 협업 업무 환경과 기능 중심의 공간 할당을 통해 효율적인 협업 업무 공간을 마련할 수 있다. 물론 물리적 공간뿐만 아니라 모바일을 활용하여 물리적 공간의 확장성을 이뤄낼 수 있다. 이러한 변화의 시작은 실제적으로 정서적 소통 강화, 소속감, 연결성 강화와 실천을 통해 창의적 소통, 새로운 가치의 창출을 만들어 낼 수 있다고 한다. 실제로 현재 많은 기업들은 공간에서 혁신적인 아이디어가 나온다는 생각하에 업무 패턴과 동선, 직원의 욕구를 파악하여 공간 관리를 시도하고 있다.

둘째, 시간 관리이다. 기존의 시간 관리는 매우 경직되었다. 조직 중심의 시간 관리였으며, 개인에 맞는 업무 특성을 반영하지 못했다. 하지만 미래에는 공간과 더불어 시간 관리에 있어서도 개인에 맞는 관리가 이뤄질 것이다. 정부의 최근 시간 관리를 보면 유연근무제와 더불어 시간제 공무원 도입 등 개인이 시간을 관리할 수 있는 다양한 방식이 도입되고 있다. 이러한 시간 관리를 위해서는 개인이 시간을 관리할 수 있는 문화와 환경이 정비되어야 한다. 이를 통해 야근 감소와 여가 시간을 확보해 일과 삶의 균형이 이뤄지고 궁극적으로는 생산성과 조직에 대한 충성심이 확보될 수 있다.

셋째, 업무 관리다. 업무를 관리하기 위해서는 정체성 확립과 동기부여가 전제 조건이다. 집단지성의 활용, 역할과 책임의 명확화, 회의문화, 평가제도 등이 개선될 필요가 있다. 일 관리야말로 업무 효율성을 제공하는 핵심이기 때문이다. 그동안 정부는 일 관리를 위해 꾸준히 정부 혁신을 추진했다. 인프라·지원체제 정비, 업무 흐름 개선, 자발성과 관리자 의식 제고 등 업무 효율 제고를 위한 다양한 방법을 추진했다.

넷째, 공간·시간·업무 관리를 위해서는 단계적 전략이 필요하다. 단계적 전략의 추진이야말로 창의 기반의 생산성 향상과 일−가정 양립work−life balance, WLB을 구현할 수 있을 것이다. 이 내용을 표로 정리하면 〈표 3−2〉와 같다정우진, 2011.

<표 3-2> 정부의 단계별 공간·시간·업무 관리

	1단계: 체감형 변화 추진	2단계: 실천과 효율 제고	3단계: 선순환 구조 정착
공간 관리	■ 스마트오피스 추진 －물리적 사무 공간 혁신 ·개인화와 교류성 확대 ·모바일오피스 활용 ·스마트 워크 센터 등	■ 공간 활용, 소통 효율 제고 －정서적 소통 강화 －소속감, 연결성 강화 －지속적 교육·캠페인 －룰과 에티켓 정비	■ 창의 기반 생산성 향상 －창의적 소통의 증가 －새로운 가치의 창출 －성공사례 확산
시간 관리	■ 시간 관리제도 확산 －집중근무시간제 －타임오프제 －자율출근제 －완충시간제	■ 문화·환경 정비 －동료 시간 배려 －자율관리 시스템 구축 －여유·여가 시간 장려 －지원 시스템 정비	■ 일－가정 양립의 구현 －업무 만족도 향상 －업무 공간 만족도 향상(물리적·심리적 환경) －개인·팀 자율성 향상 －잔업 감소효과 체감 －여가시간 증가 －로열티 증가
업무 관리	■ 정체성 확립·동기부여 －역할·책임의 명확화 －집단지성의 활용 －회의문화 개선 －평가제도 개선	■ 업무 효율 제고 －인프라·지원체제 정비 －업무 흐름 개선 －자발성(업무 의욕) 제고 －관리자 의식 제고	

출처: 김윤권·이재호·윤광석, 『정부·지방자치단체 스마트오피스 적합모델 연구』, 2014, 12~13쪽.; 원저: 이병하 외, 「한국의 기업의 워크 스마트 실천방안」, 「SERI연구보고서」, 2012, 18쪽.

먼저 공간의 자유로움이 가져올 변화는 현재와 같은 공무원을 위한 물리적 공간이 점차적으로 사라진다는 것을 의미한다. 모든 부처와 지방자치단체가 개별 청사를 갖고 있는데, 하나의 청사로 통합될 것이다.

하나의 청사는 모든 공공기관이 하나의 거점에서 일하는 것을 의미하며, 한편으로는 완전분산화된 곳에서 개별 공무원이 일하는 것을 의미한다. 즉, 어디서나 일할 수 있는 세상으로 바뀐다는 것이다.

이와 같은 공간의 자유로움은 새로운 도구, 프로세스, 그리고 팀워크와 관리에 있어서 새로운 접근법을 사용한 새로운 업무 방식을 선택하게 할 것이다. 이는 다양한 행동 방식과 업무 수행 방법에 관한 상이한 기대치를 요한다Lake, 2013: 11. 특히 새로운 업무 문화는 현실적인 방안들을 아우름으로써 개발될 것이다. 예를 들어, 보다 협업적인 문화는 공간과 자원을 더욱 효과적으로 공유하고 다양한 종류의 회의를 여는 것에서 개발할 것이다.

공간의 자유로움은 업무 생산성 향상, 끊김 없는 커뮤니케이션, 국민과의 접점 확대 등을 이룰 것이다. 국민과의 접점 확대는 물리적 공간의 접점 확대를 의미하는 것은 아니다. 온-오프라인에서 24시간 만날 수 있다는 것을 의미한다.

공간의 자유로움은 일과 삶의 균형을 이룰 것이다. 출퇴근 시간, 근무·퇴근 관리 등은 역사 속 유물이 될 것이다. 또한, 정부 및 공공기관의 세종시와 지방혁신도시 이전에 따른 출장과 업무 마비 등 역시 미래인에게는 낯선 일이 될 것이다.

또 하나 공간이 갖는 의미가 약해지는 원인은 사회생활의 변화이다. 최근 젊은이들 중 일부는 앞에 사람이 있음에도 불구하고 카톡이나 문자를 통해 대화하는 경우가 일상화되고 있다. 과거와 달리 대면이 갖는 의미가 점점 축소되고 있으며, 이는 사람 간의 관계가 한 공간에서 이뤄지지 않을 수 있다는 것을 보여주는 사례라 할 수 있다.

공간 패러다임 변화의 측면에서 보면, 미래를 준비하기 위해서는 창의적 업무 환경으로의 변화가 필요한 시점이 되었다. 이를 위해서는 모바일 오피스mobile office의 활성화, 조직 환경의 변화, 웹 테크놀로지web technology의 대중화가 구현되어야 한다. 모바일 오피스의 활성화란 IT 기술 기반하에 어디로든 이동이 가능한 업무 환경을 제공하고, 클라우드 컴퓨팅 시스템 등으로 시간과 공간의 제약 없이 업무에 몰입하는 것이다. 즉, 전통적인 오피스의 경계, 휴게 공간과 업무 공간의 구분이 불필요하며, 다양한 환경에서 새로운 자극에 영향을 받으며 새로운 아이디어를 생성할 수 있어야 한다.

또한, 조직 환경의 변화가 요구된다. 개인의 능력보다는 조직 융합을 통해서 시너지를 극대화해야 할 것이며, 원활한 정보 교류가 이뤄지는 업무 환경이 중요해질 것이다. 이를 위해서는 빈번한 토의가 편안하게 이뤄지는 공동 공간의 디자인이 매우 중요하며, 팀 환경과 개인 프라이버시 보호가 잘 조화를 이룰 수 있도록 고려해야 할 것이다[이돈태, 2010].

마지막으로 웹 테크놀로지의 대중화이다. 인간과 테크놀로지의 교감을 보다 자연스럽게 이루어지도록 하는 것으로, 친환경 개념을 업무 공간에 활용하고 기술적인 부분을 드러내기보다는 내포화시켜[hidden technology] 공간에 불필요한 요소들을 제거하고, 공간을 보다 쾌적하게 만들 필요가 있다[이돈태, 2010].

위치 기반 스마트 워크가 활성화될 미래에는 공간·시간·일 관리에서 자율성과 책임성을 기반으로 한 인재가 요구된다. 또한, 공간과 시간의 자유로움은 창의 기반, 생산성과 일과 생활의 균형을 구현할 수 있는 인재를 요구할 것이다. 즉, 자유로운 공간에서는 공무원이 지시적, 통제적 업무를 수행하는 것이 아니라 창의적이고 자율적이며 개방적이고 촉진적인 업무를 수행해야 할 것이다. 즉, 공간이 자유로워짐에 따라 일하는 방식의 개선이 이뤄져야 하며, 유연근무제와 스마트 워크를 넘어 자유공무원이 되어야 할 것이다.

3 고도집권과 완전분산의 조화

현대사회는 자본을 가진 자가 살아남는 양육강식의 시대였지만, 기술의 발전 특히 IT 기술은 모든 권력 관계를 변화시키고 있다. 누구든 자신의 방에서 원하는 물건을 3D로 만들어 낼 수 있고, 트위터 등 SNS를 통해 정보를 바로 그 자리에서 얻어낼 수 있다. 이것은 기존의 공고했던 권력의 힘이 사라지지는 않지만 약해지고 있다는 것을 의미한다. 계층 측면에서 위에서 아래로 변화되고 있으며, 비즈니스, 종교, 과학 등 다방면에서 권력은 더 이상 과거와 같은 힘을 갖고 있지 않다. 특히, 권력의 변화가 매우 빠르게 진행되고 있다. 누구나 권력을 쉽게 얻지만, 사용하기 어려워지고, 또 한순간에 잃게 될 것이다. 또한, 권력의 변화와 쇠퇴의 속도는 따라가기 힘들 정도로 빠르다.

정부의 권한 역시 마찬가지로 변화되고 있다. 계층적 조직에서는 최정점에 있는 사람이 최고 권한을 갖고 있었지만, 네트워크화되면서 권한이 현업으로 이동될 것이다. 그러나 이러한 권한은 반드시 분산으로 이뤄지는 것은 아니다. 정보를 가진 사람이 강력한 권한을 행사할 수 있다. 과거에도 그랬듯이 계층제의 최고 정점에 있는 사람이 정보를 독점하듯, 미래 사회에서도 이와 같은 현상은 일어날 수 있다. 즉, 정보의 접근은 분산화되고 있지만, 많은 정보에서 고급 정보를 가진 사람은 제한적이기 때문이다. 고급 정보를 가진 사람은 권한의 고도집권을 이룩할 수 있으며, 고급 정보가 아닐 경우 정보 접근의 권한은 분산화될 수 있기 때문이다.

정부의 권한 역시 정보 접근과 정보의 질에 따라 고도집권화가 이뤄질 수 있으며, 완전분산도 이뤄질 수 있다. 권한의 변화는 정부 리더십에도 변화를 가져올 것이다. 일반적으로 미래의 리더십은 반응적이고 연결적인 리더십으로 구성되어야 할 것이다. 집단 차원에서도 네트워크 집단이 강화되고 있다면 이렇게 연결된 집단을 이끌 수 있는 창의적이고 공유적인 리더십이 필요하다류석진, 2014. 제도 차원에서 보면 수평적 권력성과 제도의 투명성이 요구되는 연성 권력이 진행될 것이다. 즉, 연성 권력은 단순히 공식적 권위와 물리적 강제력이 아닌 자발적, 준자발적으로 모든 조직원들이 참여할 수 있도록 유도하는 것으로 핵심은 지속적인 의사소통으로 공감대를 형성하여 변화를 이끌어가는 것이다.

권한의 문제는 중앙과 지방과의 관계에 있어서도 변화를 가져올 수밖에 없을 것이다. 기능적 측면에서 살펴본 바와 같이, 중앙과 지방의 수직적 체계로 이어지는 집행 기능을 더 이상 지방이 할 필요가 없어질 것이다. 남는 것은 개별 지역의 특성을 반영할 수 있는 기획 기능인데, 이는 지방자치의 핵심인 자치권이라 할 것이다. 현행 시-군-구, 읍-면-동의 계층제는 소멸될 것이며, 대신 중앙과 거점 지역별 권한 문제가 새롭게 야기될 수 있을 것이다. 광역자치단체가 사라지고 거점별 기초자치단체가 만들어질 것이며, 이를 바탕으로 중앙과 지방 간의 관계가 새롭게 확립될 수 있을 것이다.

결국 미래 정부는 개인 외 의제 설정 권한이 확대될 것이다. 먼저, 네트워크 행위자가 대거 출현할 것이다. 이는 연결적 리더십을 요구할 것이다. 또한, 네트워크가 집단화될 것이다. 이는 창의적 리더십과 공유형 리더십을 요구하게 될 것이며, 미래 사회의 제도가 수평적 권력을 강화하는 방향으로 변화하게 될 것을 의미한다. 수평적 관계는 소프트

리더십을 요구하게 되며, 이를 통해 제도의 투명화가 더욱 진행될 것이다. 결국, 미래는 개방형 리더십을 요구하게 될 것이다.

요약하면, 권한의 미래는 '연결', '네트워크 집단화', '수평적 권력', '투명성'을 중심으로 고도집권화될 수도 완전분산이 이뤄질 수도 있을 것이다.

CHAPTER 3

미래 정부와 인사제도의 역할

1 미래 공무원의 역량 요소

정부의 R&R 및 요구되는 공무원 역량

앞의 미래 환경 변화와 행정 환경 전망에서 보듯 정부의 역할과 책임 role & responsibility, R&R은 변화되고 있으며, 이에 맞는 인재 역량이 요구된다. 즉, 저출산, 고령화, 복지 수요 증가, 저성장 기조의 고착화와 양극화 심화, 지능형 기술의 급속한 발전, 불확실성이 증대되고 있다. 이에 따라 정부는 시민 중심, 내외부 균형, 지속가능한 결과를 산출할 수 있는 방향으로 역할이 변화될 것이다.

거시적 환경 변화와 정부의 역할 변화에 따른 인재 역량은 크게 네 가지로 설명할 수 있다. 첫 번째, 시장 및 시민과의 협업과 역할 분담 측면에서 시민과 시장으로부터 협업을 이끌어낼 수 있는 전문성과 협업 역량이 필요하다. 두 번째로 시장 조정자로서의 균등한 자원배분과

성장 동력을 확보하는 정부에 대응하는 인재 역량으로는 균형적 시각과 윤리의식을 갖고 과거의 패턴에 얽매이지 않는 파괴적 발상과 다양한 정보의 분석과 조합 능력을 갖추어야 할 것이다. 세 번째로 지능형 기술을 활용한 정부 운영과 행정 서비스에 맞는 인재는 기계를 능숙히 다루고 기계와 협업할 수 있는 역량과 기계가 대체할 수 없는 인간 본연의 감수성과 사색 능력을 요구한다. 끝으로, 변화에 대한 대응력과 복원력을 통한 불확실성 축소, 변화하는 환경에 새로운 비전 제시 및 지원에 대응하는 인재는 예측할 수 없는 미래 변화에 대한 상황판단 능력과 변화를 선도하고 대응해 나갈 수 있는 역량을 갖추어야 할 것이다.

결론적으로, 미래 정부 기능과 책임성 측면에서 요구되는 인재 역량은 전문성과 협업, 정보분석 능력과 조합 능력, 기계 활용 능력, 사색 능력, 상황판단 능력 등을 요구할 것이다.

조직 모형과 인재 역량

PwC는 미래 조직의 핵심적 성격을 신속, 혁신, 연계, 투명성이라고 했다[PwC, 2013: 3]. 미래의 복잡한 사회에서 조직이 유기체적으로 유지하기 위한 전제 조건은 '빠른 대응력'이다. 즉, 신속성의 핵심은 탄력성, 빠른 속도, 목표 지향성, 지속적인 정보 검색, 상황 인식을 갖춘 조직이 되어야 한다는 것이다. 이러한 조직에서의 인재는 민첩한 사고방식, 강한 용기와 효과적인 리더십을 갖추어야 한다[PwC, 2013: 20-21]. 신속한 대응력은 재난 등에서 정부의 조직화 능력을 보여준다. 일본의 2011년 동일본대지진東日本大地震 시 일본 정부의 대응력 부재로 많은 비판을 받았다. 재난에 대한 다양한 매뉴얼을 갖고 있음에도 불구하고, 초기 골든타임에 신속하게 대응하지 못해 재난보다 심각한 후쿠시마원전사고가 발생한 것은 대표적인 사례라고 할 수 있다.

다음으로 '혁신'이다. 이것은 서비스 전달 체계 또는 조직의 운영 체계를 개선하는 것이다. 기존의 조직 운영 체계와 서비스 전달 체계를 재구성 또는 적은 비용으로 더 많은 작업을 수행하여 생산성을 높일 수 있도록 해야 하는 것이다. 이를 위해서는 개방형 서비스 혁신으로 사용자 경험, 시민참여, 협력적 서비스 디자인의 개발 등 사용자 중심의 서비스 체계를 만들어야 한다는 것이다PwC, 2013: 22-23.

그리고 '연계'이다. 미래 정부의 조직은 서비스 전달 수단에서 핵심 특징을 갖는 파트너십, 공동 창업, 공동 창출, 공동 설계를 통해서 영역, 경계, 조직을 넘나드는 협업을 요구한다PwC, 2013: 26.

마지막으로 '투명성'이다. 투명성은 정부 성과와 정부 신뢰에 영향을 미치는 중요한 가치이다. 현대사회는 인터넷의 발달로 온라인에서 다양한 정보를 시민들이 직접 검색할 수 있고, 의견을 교환할 수 있다. 일반적으로 정보 공개는 정부의 투명성을 증진시키고, 정부의 책임성과 정책 과정의 시민참여, 정부에 대한 신뢰에 영향을 준다. 또한, 정부의 데이터 개방은 경제 발전에도 중요한 역할을 할 수 있다PwC, 2013: 26-29.

이와 같은 미래 조직에서 인재는 민첩한 사고방식, 강한 용기와 효과적인 리더십을 갖추어야 한다고 한다PwC, 2013: 21.

이를 좀 더 구체적으로 앞에서 설명한 조직 모형의 측면에서 필요한 공무원 인재 역량을 찾아보도록 하겠다.

'문진형 조직'에서는 빠른 판단을 할 수 있어야 한다. 계층이 단순화될수록 빠른 의사결정을 할 수 있다. 신속하게 의사결정을 하지 못한다면 계층 축소의 의미가 없다. 실제 계층의 축소가 가져오는 장점은 빠른 의사결정이기 때문이다.

다음으로 '다이렉트형 조직'에서는 한 명의 의사결정자에게 많은 능력이 필요할 수 있다. 한 사람이 다양한 사람을 적재적소에 넣고, 결정하여 새로운 정책과 서비스를 만들어 낼 수 있어야 하기 때문이다. 즉, 애플의 스티브 잡스처럼 천재적 요소를 갖춘 인재가 필요하기도 하다.

'집단지성형 조직'은 이슈를 제공하고, 건전한 이슈가 될 수 있는 편집자의 역할을 수행할 수 있어야 한다. 기존의 공무원 역시 제한적이지만 브레인스토밍 등을 통해 정책 결정에 활용했다. 집단지성형 조직은 국내외를 가리지 않고 모든 사람이 정책에 참여할 수 있기 때문에 사실을 왜곡하거나 악의적 집단에 의해 정책이 왜곡될 수 있는 상황에서 게이트키퍼gate keeper의 역할을 수행할 수 있어야 한다.

'네트워크형 조직'에서는 사람 간의 연계가 이뤄질 수 있는 소통과 공감 능력을 갖추고 있어야 한다. 네트워크형 조직은 실제 공식적 위계로 네트워크가 형성되지 않을 수 있다. 보통 조직에서 비공식 조직의 활성화와 네트워크는 연계되는 경우가 많은데, 이러한 비공식 조직의 수장은 소통과 공감 능력이 탁월한 경우가 많다. 따라서 네트워크형 조직에서의 공무원이 되기 위해서는 소통과 공감 능력을 갖춘 공무원이 되어야 한다.

'무인형 조직'에서는 기계를 잘 활용할 수 있는 사람이 필요하다. 자동화된 서비스를 제공하는 무인형 조직은 특별히 사람이 간섭할 필요가 없다. 대신 무인형 조직에 문제가 생길 때 사람이 개입할 수 있어야 한다. 이런 경우 대부분 관리 또는 기계와의 협업을 할 수 있어야 할 것이다.

'내비게이션형 조직'에서는 좋은 내비게이션을 만들어 낼 수 있는 혁신적 능력을 갖춰야 한다. 잘못 만들어진 시스템은 제대로 작동할 수 없고, 엉뚱한 결과를 만들어 낼 수 있기 때문이다. 즉, 좋은 서비스 모형을 설계할 수 있는 설계자가 되어야 할 것이다. 돌연변이형 조직에서는 분석 능력과 창의성을 갖춘 인재가 되어야 한다. 기계는 스스로 진화, 발전하는 데 한계가 있을 수밖에 없으며, 인간이 개입하기 위해서는 기계의 잘못을 파악하고 이를 해결할 수 있는 창의성을 갖춰야 하기 때문이다.

미래 공무원의 4대 역량과 인재상

국외 사례, 정부의 R&R, 조직 모형을 통해서 본 미래 공무원의 역량 요소와 미래 인재상을 보면 다음과 같다.

먼저, 역량 요소다. 국외 사례에서 찾은 역량 요소는 변화 유도 및 관리 능력, 영업 기술과 행동, 서비스 재설계 및 디지털 전환 능력, 소통 능력, 문제 해결 능력 등이 있었다. 정부의 R&R에서는 전문성과 협업 역량, 정보분석과 조합 능력, 기계와의 협업 능력, 감수성과 사색 능력, 상황판단 능력, 변화 선도 능력 등이다. 그리고 조직 모형에서는 빠른 판단 능력, 이슈 제공 및 편집 능력, 소통과 공감 능력, 기계와의 협업 능력, 혁신 능력, 정책 창의 능력 등이었다.

이러한 역량 요소를 바탕으로 미래 공무원의 핵심 키워드는 조합, 혁신, 전문, 기술, 창의, 소통, 사색, 감성, 분석이었다.

이와 같은 핵심 키워드를 조합하면 미래에 요구되는 공무원의 역량은 네 가지로 압축해 볼 수 있다.

첫째, 협업과 조합을 통한 가치 창출 역량이다. 미래 공무원에게 필요한 것은 협업과 정보를 조합하여 새로운 가치를 창출할 수 있어야 한다는 것이다.

둘째, 미래 변화 선도와 대응 역량이다. 한국의 역대 정부를 살펴보면, 공무원이 미래 변화를 선도하던 시기와 그렇지 못한 시기로 구분해 볼 수 있다. 미래 변화를 선도하던 시기에는 고도의 경제성장과 산업 발전을 이룩했으나, 그렇지 못한 시기에는 저성장과 경제 불황의 늪에 빠지기도 했다. 미래는 산업혁명과는 다른 근본적인 패러다임 변화의 시기에 있으며, 정부의 역할이 다시 중요해지는 시기일 것이다. 이와 같은 시기에 변화를 선도하는 대응 역량은 핵심이라고 할 수 있을 것이다.

셋째, 사색과 감성을 통한 교감 능력이다. 미래에는 기계, 공무원 간, 시민 간의 소통이 매우 중요하게 될 것이다. 특히 기계에 의해 정형적 업무는 대체될 것이며, 이럴 경우 공무원은 기계가 대신할 수 없는 사색, 감성을 통한 교감 능력을 확충해야 할 것이다. 물론 인공지능의 발전으로 인간의 경험을 유추할 수는 있으나 인간 본연의 사색과 감성까지 발전하기는 어려울 것으로 보인다. 교감 능력의 확장이야말로 정부 신뢰 제고와 다양한 사회 갈등에 대한 대응 능력을 확보할 수 있기 때문이다.

넷째, 신기술을 중심으로 한 전문성과 정책 집행 역량의 확보다. 인공지능과 빅데이터 능력을 갖춘 로봇은 비정형적 업무에서 현재 공무원보다 더 정확하고 빠른 서비스를 국민 개개인에게 제공할 수 있을 것이다. 한편으로, 이러한 로봇은 더 고차원적인 정책 결정과 집행을 수행하는 개별 공무원의 비서 역할도 할 수 있을 것이다. 전문성과 정책 집행 역량을 갖추지 못한 공무원에게 이러한 비서는 무용지물이 될 수 있을 것이다. 따라서 공무원은 지금보다 더 전문성과 집행 역량을 확보할 수 있어야 할 것이다.

이 책에서는 역량 요소, 키워드, 핵심역량을 바탕으로 미래 공무원상을 길잡이형, 융합·협업형, 창조적 정보조합형, 감성적 교감형을 제시했다. 구체적인 내용은 다음 장에서 설명하도록 할 것이다.

결국 미래에 필요한 공무원은 로봇이 인간을 대신할 수 없는 경험, 창의, 감수, 유연성을 갖고 있어야 한다. 즉, 미래 공무원은 기계 활용 능력과 조직 시스템을 분석할 수 있는 능력, 창의적 혁신 능력을 갖추어야 할 것이다. 요약해 보면, 미래의 새로운 조직 플랫폼을 보면 현재의 관료제를 근본적으로 바꿀 필요가 있다는 것을 알 수 있다.

2 미래의 인사제도와 정책 과제

사회 부문 미래 행정수요와 인사 혁신 과제

미래 한국 사회에서 예측되는 가장 큰 변화는 새로운 참여민주주의에 대한 요구의 폭발적 증가일 것이다. 촛불시위 등 여러 모습은 한국 사회의 심층에서 일어나고 있는 사회 변화를 보여주었을 뿐만 아니라, 향후 소통의 중요성이 부각되고 활발해질 필요가 있음을 보여주고 있다. 그리고 참여민주주의 못지않게 중요한 것으로 상생의 지방자치 구현이 대두되고 있다는 것이다.

먼저, '소통'의 중요성은 점점 더 부각될 것이다. 크게 소통이 필요한 부분은 지역 간 소통, 계층 간 소통, 세대 간 소통으로 나눌 수 있다.

첫 번째는 '지역 간의 소통'이다. 경제개발과 동시에 수도인 서울특별시에는 지방에서 많은 사람들이 모이기 시작했다. 전체 인구의 1/5이 살고 있으며 1/2이 서울과 경기에도 거주하고 있다. 이렇게 서울 중심의 발전은 지역 간 불균형을 가져왔으며 중앙부처의 세종특별자치시 이전 등의 정책이 시행되는 시발점이 되었다고 볼 수 있다. 서울은 수도이자 많은 역사적 의미를 가진 중요한 도시임에는 틀림 없다. 반면에 최근 많이 좋아지기는 했지만, 지방은 발전 및 개발에 있어서 뒤처진 것이 사실이다. 이것은 소통의 부재로 이어졌으며, 향후 미래에는 지역 간 소통에 대한 요구가 증가할 것으로 보인다. 이를 위해서 정부는 지방자치의 확립을 통해 지방자치단체의 자부심, 자긍심을 높일 필요가 있다. 예산, 지역개발 등 가시적인 것뿐만 아니라 지방자치단체의 역할과 장점을 살려 지방자치에 거주하는 사람들이 자부심을 가지고 생활할 수 있도록 중앙정부에서 지원이 필요할 것이다. 이와 연결시켜 지방자치단체들이 자발적 발전과 함께 지역 간 협력, 소통할 수 있도록 유도하고 지원해야 할 것이다. 즉, 중앙-지방 간 소통, 지방-지방 간 소통을 원활하게 해야 할 것이다.

두 번째는 '계층 간 소통'이다. 최근 프랑스 경제학자 토마 피케티 Thomas Piketty는 그의 저서 『21세기 자본』에서 소득과 부의 불평등이 18세기 이후 점점 심해지고 있으며 앞으로도 더 심해질 것으로 주장했다. 이를 위해 누진적 글로벌 자본세 등 과세에 대한 새로운 접근을 제시했는데, 이는 비단 다른 나라만의 이야기가 아닌 한국에서도 충분히 적용 가능하며 많은 함의를 가지고 있다. 이렇듯 소득과 부의 불평등에서 발생하는 계층 간 갈등은 지금뿐만 아니라 앞으로도 당면하게 될 중요한 문제가 될 것이다. 이를 위해 정부는 토마 피케티가 언급한 것처럼 과세 등 다양한 정책을 실행하여 소득 재분배에 있어 불평등을 해소할 수 있도록 해야 할 것이다. 그리고 지난 대통령 선거에서 많이 언급된 경제적 민주주의에 대한 인식을 정부가 가지고 정책을 집행해야 할 것이다. 경제발전과 복지가 함께 추진될 수 있는 방안을 고민해야 할 것이다.

세 번째는 '세대 간 소통'이다. 지난 대선, 총선에서 세대 간 지지하는 정당, 이념 등이 다르다는 것을 알게 되었다. 이는 시간이 지날수록 간극이 더 커지는 것을 볼 수 있을 것이다. 또한, 영국의 EU 탈퇴 국민투표, 일본의 참의원 선거 등 세대 간의 간극은 국내뿐만 아니라 해외에서도 흔히 볼 수 있으며, 이는 미래에도 더 커질 것으로 보인다. 이를 위해서는 정부에서 전 세대가 함께 어울릴 수 있는 문화 컨텐츠 개발 및 보급 확산이 하나의 방법이 될 것이다. 그리고 어느 정도 세대 간 소통이 가능하게 한 스마트폰, 태블릿 PC 관련 IT 디바이스의 보급을 통해 오프라인 소통뿐만 아니라 온라인 소통을 할 수 있도록 정책을 마련해야 할 것이다. 이는 각 정당에서 온라인 소통을 강조하고 플랫폼 개발 등을 추진하고 있는 것을 보면 중요성에 대한 시사점을 찾을 수 있다. 또한, 이러한 소통을 위해 사회적 갈등 관리 체계가 요구될 것이다. 이를 위해 정부는 갈등 완화를 위한 제도적 기반을 마련해야 할 것이고, 중간 조정자의 역할을 충실하게 확대해야 할 것이다.

마지막으로, 소통과 동시에 '공생 발전과 공동체 의식 제고'가 요구될 것이다. 위에서 언급한 소통 강화를 통해 공론의 장 형성과 공동체 의식 함양을 위한 교육 및 홍보 강화, 공생 발전을 위한 인프라 구축 등이 정부의 역할이 될 것이다.

이러한 소통과 관련된 사회 부문의 행정수요와 정부의 역할을 바탕으로 인사 혁신 어젠다를 뽑아보면, 부처별·지자체별 맞춤형 인재 선발을 들 수 있다. 미래에는 생활자치권 중심으로 자치가 확대될 것이므로 이를 위해서는 지자체에 적합한 역량 모델 개발이 필요하며, 소통을 강화하기 위해서는 다양한 입직 경로를 발굴할 수 있도록 해야 하며, 임용권을 대폭 위임하고, 이에 맞는 인재를 부처나 지방자치단체가 선발할 수 있도록 해야 할 것이다.

사회 부문에서 중요한 것은 국민들의 다양한 차원에서의 '삶의 질' 제고가 될 것이다. 모든 국민이 건강하고, 쾌적하고, 안전하고, 편리한 삶을 살 수 있도록 하는 것은 정부의 과거, 현재뿐만 아니라 미래에도 중요한 행정 이슈가 될 것이고, 정부는 이를 위해 충분한 대비해야 할 것이다.

먼저, 사회안전망 구축에 대한 요구가 증가할 것이다. 이를 위해 정부는 빈곤층에 대한 경제 지원, 돌봄 서비스 강화 및 빈곤정책의 사각지대 최소화를 위해 노력해야 할 것이다. 그리고 자생 기반 마련이 필요할 것인데 이것은 취약계층의 자활경로 설계 및 지원을 해야 하고 취약계층과의 상담을 진행하고 이를 통한 맞춤형 재활 프로그램 제공이 진행되어야 할 것이다. 또한, 사회통합을 위한 복지 정책을 요구할 것이다. 정부는 이 수요를 충족하기 위해 다층적 소득보장체계 구축이 필요하고, 복지 서비스의 고도화, 복지 지출의 지속가능성 제고, 통합적 복지 인프라 구축을 해야 할 것이다.

평생학습과 복지 부분에서는 일·학습 연계를 통한 능동적 복지 체계가 요구될 것이다. 정부는 일·학습 연계를 위한 정보 인프라의 구축이 진행되어야 하고, 성인학습 참여 확대를 위한 재정 투입, 그리고 취약계층 대상 훈련 확대가 필요할 것이다.

이러한 사회 부문 행정수요와 정부의 역할을 바탕으로 인사 혁신 어젠다를 정리해 보면, 미래 인재상을 지향하는 융합형 직무 중심 시험제도, 인간 중심형·다품종 소량 인력 양성 시스템 구축이 필요할 것이다. 빈곤층, 취약계층에 대해 공감하기 위해서는 실력만 뛰어난 인재가 아니라 감성과 공감 능력을 갖춘 인재가 필요하다. 현재의 인재 선발은 창의성이나 문제 해결 능력, 감성을 평가할 수 있는 시험제도로서는 한계를 갖고 있다. 따라서 감성을 포함한 융합형 직무 중심 시험제도를 도입할 필요가 있다.

이러한 사회적 약자에게 맞춤화된 전문적 서비스를 제공하기 위해서는 공무원을 처음부터 개인별 맞춤형 경력발전계획의 시스템을 기반으로 만들어야 할 것이다. 즉, 인간 중심형·다품종 소량 인력 양성 시스템을 구축해야 할 것이다.

기술 부문 미래 행정수요와 인사 혁신 과제

과학기술의 발전은 미래 사회의 변화를 견인하는 핵심적인 동력이라고 할 수 있다. 기술은 경제·사회·교육·기술 발전 등 여러 측면에 영향을 주기 때문에 중요한 요인이라고 볼 수 있다. 이것을 감안하여 미래 기술 부문에서의 행정수요와 정부 기능, 인사 혁신 과제를 살펴보면, 먼저 정보통신기술 개발 투자에 대한 수요가 증가할 것이다. 정보통신은 현대사회에서 급속도로 발전한 분야이며, 앞으로도 발전 가능성이 큰 부분이다. 이에 정부는 정보통신 매체에 대한 개발 투자 확대, 정보통신 인력 양성 및 투자 확대, 투자 재원 확보 및 다양화할 수 있도록 노력할 필요가 있다. 다음으로 미래의 기술 부문 행정은 새로운 정보통신의 기술력 배양을 요구할 것이다. 이를 위해 정부는 선도적 정보통신기술 지원 강화, 정보통신 응용기술 개발, 미래 정보통신기술 기반 확충의 역할을 해야 할 것이다.

다음으로 기술이 발전한다고 해도 실질적 수요를 충족시킬 만한 생산성을 미래에도 요구할 것이다. 이를 위해 자동화, 인공지능, 스마트 기계 등을 통한 생산성 제고를 이뤄야 할 것이다. 그리고 기술 개발을 위해서는 교육 및 고용 환경 정비가 필요할 것이다. 이를 위해 새로운 산업과 일자리에 대한 고용 환경 정비와 교육 체계 마련이 필요하다. 위에서 언급한 정보통신기술뿐만 아니라 컨버전스convergence 및 융합기술의 중심인 기초과학 연구에 대한 투자가 절실해질 것이다. 이는 과학 분야의 본질인 기초과학 분야 연구에 대한 투자를 늘려 융합기술도 함께 발전시켜야 하기 때문이다. 투자뿐만 아니라 융합기술 개발의 확대에 대한 요구가 증가할 것이며, 이를 위해 정부는 융합기술 개발의 전략적 확대와 의식기술, 뇌공학, 인지공학 등 주목받는 공학 분야에 대한 투자를 확대해야 할 것이다국가과학기술위원회, 2012.

지속가능한 기술 발전을 위해 향후 핵심 녹색기술의 국가적 지원 강화를 요구할 것으로 보이며, 이를 위해 정부에서는 녹색기술 개발 투자의 확대, 녹색기술의 효과적인 획득 전략 수립, 녹색기술 전문 인력 양성 추진 등 정책 과제가 발생할 것으로 보인다. 이후 이러한 녹색기술을 통해 새로운 성장 동력화에 대한 요구가 증가할 것이며, 정부는 스마트그리드를 통한 자원 및 에너지 효율성 제고와 고효율 친환경 제품 보급 및 사용 확대 등 관련 요구 사항을 수행해야 할 것이다김성태, 2011.

이러한 배경을 바탕으로 인사 혁신의 어젠다를 정리해 보면, 직무 다위니즘Darwinism과 인력 재배치, 인공지능과 빅데이터 활용을 통한 인력 계획, 융·복합형 테크노크라트technocrat의 확대, 주문형 인재 선발HR on-demand이 필요하다.

직무 다위니즘과 인력 재배치는 새로운 기술 발달에 따라 공직 내에서도 사라지거나 성격이 변화할 직무를 발굴하고 분석하여, 이에 따라 인력 계획 수립 및 재배치를 하는 것이다.

인력 계획은 인력 계획 과정과 관리에 있어 인공지능과 빅데이터 등 최신 기술을 활용하여 전략적이고 효율적으로 운영해야 할 것이다.

미래에는 한 가지 기술이 아닌 2~3개의 전문 기술을 섭렵하여 융·복합적 사고를 할 수 있는 전문가 채용 및 교육 진행이 요구될 것이다.

미래에도 중요한 공공가치의 하나는 생산성 제고가 될 것이다. 정부 내 생산성 제고를 위해서는 성과에 대해 보상을 해야 할 것이다. 따라서 미래에는 융복합과 사회적 난제로 인해 협업에 대한 평가가 강화되어야 할 것이며, 경쟁을 통한 생산성 제고라는 두 마리 토끼를 잡을 수 있어야 할 것이다. 이를 위해서는 코피티션coopetition = cooperation + competition 평가가 요구된다고 할 것이다.

경제 부문 미래 행정수요와 인사 혁신 과제

경제 부문 미래 시나리오는 크게 세 가지로 볼 수 있다. 첫째, '퇴보 시나리오'는 개별 부문들의 발전이 지체되고 상호작용도 제한적이며, 생산성이 후퇴하는 경우다. 둘째, '현상유지 시나리오'는 개별 부문들이 각개 약진하나 상호작용은 미흡한 경우로서 생산성의 답보가 지속될 수 있는 상황일 것이다. 이 경우 잠재성장률이 4.1%로 둔화되고 1인 GDP는 2만 달러대에서 정체를 보이게 될 것이다. 셋째, 가장 긍정적인 경우인 '도약 시나리오'는 개별 부문들의 혁신과 상호작용이 서로 조화를 이루고 시너지효과가 있어 생산성이 대폭 개선되는 경우로, 1인당 국민소득이 3.5만 달러 이상으로서 선진국 대열에 합류하는 상황이 전

개되는 것이다.[9]

앞으로 어떠한 상황이 올지는 모르겠지만, 세부적으로 몇 가지 미래 경제 부문의 행정수요가 요구될 것이며, 정부는 이에 적절히 대처해야 할 것이다. 먼저 국가재정 건전화에 대한 요구가 있을 것이다. 이에 정부는 중장기적 지출 통제 의지와 성장 확대, 채무변제의 우선순위 조정, 공기업 부채 관리 강화 등의 활동을 해야 할 것이다. 또한, 가계부채에 대한 부분도 요구될 것이다. 이에 LTV, 총부채상환비율debt to income, DTI 등 금융감독 지표 및 검사 강화, 대출상품의 만기구조 개선, 비非은행 금융회사에 대한 감독 강화, 서민경제 안정 및 서민금융 강화 등의 정부 역할이 발생할 것이다. 그리고 경제 부분에서 중요한 금융안전망 확대에 대한 행정수요가 있을 것으로 예상된다. 이 부분에 대해서는 예금보험 확대 및 비은행·비예금 채무에 대한 한시적 정부보증 확대 등의 정책이 요구될 것으로 보인다. 또한, 미래에는 리스크에 대비를 해야 하는데 이에 금융 리스크 관리도 요구받게 될 것이다. 정부는 통합 리스크 관리 프레임워크를 구축하고, 리스크 기준 자기자본제도 도입하여 리스크 관리를 철저히 해야 할 것이다문명재 외, 2012.

미래에는 빈부 격차에 대한 부분이 이슈화될 것이며, 이와 함께 동반성장에 대한 수요가 크게 증가할 것이다. 이에 정부는 이해관계자들, 지역사회 및 정부와의 공동체 가치 창출, 유대 강화와 역량 있는 공급사 및 협력사 간 제휴 지원, 창의와 자율성으로 무장한 인재 양성 등과 같은 역할을 수행해야 할 것이다. 또한, 대기업과 중소기업 간 상생을 위해 투명하고 공정한 경쟁질서 확립, 성과공유제, 중소기업의 소

9 최호진 외, 『미래 선진한국의 행정연구』, 법문사, 2008, 335~336쪽; 원주는 삼성경제연구소, 2005.

송에 법률구조제 도입 등의 방법이 있을 것이다. 그리고 큰 틀에서 봤을 때는 산업구조 개선이 필요할 것이다. 이를 극복하기 위해 서비스산업의 구조개선, 중소기업의 고도화 및 R&D 지원체계 개선, 부품 소재 외국인직접투자foreign direct investment, FDI 전략 혁신 등의 방법이 있을 것이다. 또한, 활발한 경쟁구조 확립을 위해 적극적 노동시장정책이 요구될 것이다. 정부는 노동시장 참가와 일자리 탐색의 장애물 제거, 노동수요 저해 요소 제거, 노동의 숙련과 역량 개발 촉진 등의 활동을 해야 할 것이다.

또한, 산업구조 조정, 동반성장, 적극적인 노동시장 정책 등은 단기간에 성과를 낼 수 없으며, 매우 복잡한 의사결정 체제로 이루어질 것이다. 따라서 정책 전 과정을 통합하여 담당하고 담당 정책에 대한 애착을 가질 수 있도록 마이스터형 직무를 확대해야 할 것이다.

앞부분에서는 금융과 동반성장 중심의 경제 부문 분석이었다면, 이번에는 신경제성장 동력과 교육에 대한 내용이 될 것이다. 먼저, 새로운 경제 동력을 위해서 신기술 투자 확대가 필요할 것이다. 이를 위해 정부는 차세대 바이오 원천기술, 신약 개발 분야, 나노 분야, 첨단 융복합 분야 등 미래 분야에 대한 적극적 투자가 필요할 것이다. 또한, 기발한 아이디어 등으로 창조산업 육성이 요구된다. 이를 위해 중소 콘텐츠 기업 역량 강화, 콘텐츠 융합 활성화, 개방형 모바일 혁신체계, 영상·게임산업 구조 고도화 등의 활동이 이뤄져야 할 것이다.

인력과 교육적인 부분에서 원활하며 수요 지향적 인적 자원 공급 체계 구축을 위해 산업별·지역별 인적 자원 개발 협의체 구축, 해외기술 인력 및 창조적 인재 유치, 창조성 지수 적용 확대 및 창조계층 육성이 필요할 것이다. 그리고 인적 자원 개발 및 평생학습 체계 구축을 위해 빅데이터 등 신기술 분야 핵심 정예 인력 양성, 사회보장제도와 연계한 재취업교육 강화, 사업장 내 기술재교육 지원 등이 필요할 것이다.

이와 관련하여 인사 혁신 어젠다로는 주문형 인재 선발HR on-demand, 핵심인재 패스트트래커fast-tracker 제도 도입, 태스크 플래시몹task flash mob 구현을 들 수 있다.

신기술 투자와 창조산업 육성 등을 위해서는 새로운 기술에 적합한 공무원을 필요로 할 것이다. 즉, 인재 수요자인 정부의 요구대로 즉시 대응하여 적재적소의 인재 선발 서비스를 구현해야 할 것이다.

해외기술인력 및 창조적 인재를 유치하기 위해서는 우수한 인재에게 많은 권한과 책임을 주고 업무를 진행할 수 있도록 해야 할 것이다. 이를 위해서는 핵심인재 패스트트래커 제도를 도입할 필요가 있다.[10]

콘텐츠 융합 활성화 등 창조산업 등 융·복합 산업을 육성하기 위해서는 태스크 플래시몹 구현이 필요할 것이다. 즉, 다양한 직렬이 프로젝트에 자발적·순간적으로 결집하고 업무 뒤 해산하는 미래형 조직이 되어야 한다.

정치 부문 미래 행정수요와 인사 혁신 과제

정치 부문은 크게 정치 구조, 국민 참여, 정치·외교 부분으로 나눌 수 있다.

---

10 패스트트래커 제도에 대해서는 이 책 4부 2장 참조.

먼저, 정치 구조 부분에서는 제도적으로 권력이 집중된 대통령제에 대한 변화와 함께 권력 분산에 있을 것이다. 이와 함께 입법, 사법, 행정에 대한 신뢰 확보 및 부정부패 척결에 대한 요구가 증가할 것으로 보인다. 구체적으로 살펴보면, 먼저 정치 신뢰성 확보가 요구될 것이며 이에 정부는 정치윤리 강화 방안과 자격심사 강화와 관련하여 정책을 내놓아야 할 것이다. 그리고 부패 방지를 위해서는 부패에 대한 규정 강화와 부패 감시 수단 확보, 검찰의 독립성 확보 등이 있을 것이다. 입법에 있어서는 정당 정치의 활성화를 위해 선거 규정 정비와 공천 비리 등 정당 내부의 부패 감시 등이 따를 것으로 보인다.

또한, 위의 제도적 부분뿐만 아니라 일반 시민의 정치 참여 소통이 중요한 문제로 대두될 것이다. 실질적인 시민정책 참여 강화를 위해 쌍방향성을 갖춘 SNS 활용을 통한 시민들의 정책 참여 기반 마련 및 시민발의형 정책 어젠다를 적극적으로 수용할 필요가 있을 것이다. 그리고 빅데이터의 효과적인 활용을 통한 정책 역량 강화를 통해 정보 활용 능력 제고도 동시에 진행되어야 할 것이다.

이러한 배경에서 인사 혁신 어젠다를 도출해 보면, 빅데이터 전문가, 프로그래머, 기술정책집행관 확대, 유비쿼터스Ubiquitous 성과평가가 있을 것이다.

정치·외교에 있어서도 어느 정도 미래 수요 예측과 정부 기능을 살펴보면, 다음과 같다.

먼저, 세계화에 따른 국가 위상의 확대가 요구되며 이를 위해 국제기구에서의 역할과 외교 협상력 확보를 강화해야 할 것이다. 그리고 국제사회에 대한 기여를 요구받을 것이다. 이를 위해 정부는 인권·환경 등 국제적 논의 및 국제 협력기구 참여, 전략적인 개발 원조 확대 등의 활동을 활발히 해야 할 것이다. 그리고 외교 전문성 확보가 요구되는데, 이 부분에 대한 중요성은 두말할 필요가 없을 것이다. 이를 위해 정부는 지역 및 국제 이슈 파악과 전략적 분석, 지역 및 국제 이슈에 대한 대응 마련 등을 치밀하게 진행해야 할 것이다. 또한, 통상적인 외교가 아닌 실질적 외교를 요구받을 것이며 이를 위해 경제성장 동력 확보, 에너지 외교 등 가시적인 부분에 대한 정책적 대응이 있어야 할 것이다.

다음으로, 한반도 주변국과의 외교에 대해서는 동북아 정세에 대한 분석, 미래지향적 대외관계 수립 등이 필요할 것이다. 세부적으로 대중 정책에 대해서는 한·중 간 전략적 협력관계 강화, 한·중·일 3국 간 협력 제도화, 체계화를 중심으로 그리고 대미 정책에 대해서는 전략적 관계 유지, 장기적 관점에서의 외교 활동과 협상이 필요할 것이다. 실리적이고 전략적인 대일 정책을 위해서는 한·중·일 3국 간 협력 제도화 및 체계화를 해야 하며 경제, 관광, 문화 등 다방면에서의 교류가 필요하고, 영토분쟁, 역사문제 등의 갈등 관리 전략을 수립하여 진행해야 할 것이다(문명재 외, 2012).

북한과 관련해서는 북핵 문제의 평화적 해결 모색이 필요할 것이다. 또한, 대북 정책에 있어서는 실용적인 대북정책 추진이 필요하며 남북한 교류협력 활성화가 동시에 진행되어야 할 것이다. 북한 인권 이슈는 북한이탈주민 이송에 대한 국제적 협력 공조와 국내 거주하는 북한이탈주민의 적응 문제 등을 정부에서는 진행해야 할 것이다. 다자간 협상 부분에서는 한·중·일·러·미 간 협력에 대한 제도화 및 체계화 구축을 이뤄야 할 것이다.

이러한 외교 분야에 있어 인재 혁신을 위해서는 국제적 실천가로서의 공무원과 지역균형선발에서 글로벌포용선발로 확대되어야 할 것이다. 특히 글로벌포용선발의 경우 외교 전문성 측면뿐만 아니라 국가 위상 제고를 위해서는 국내 인재를 넘어 재외동포 등 이중국적자나 외국인도 공직에 채용할 수 있어야 할 것이다.

인구 부문 미래 행정수요와 인사 혁신 과제

미래에 발생하게 될 가장 중요한 부문 중 하나는 인구구조와 관련된 것이다. 특히, 출산율 저하와 노년인구 증가, 즉 저출산·고령화 사회는 당면한 과제이며, 미래에는 더 심해질 것이다. 점점 출산율은 많이 줄어들 것이고 노령인구는 많이 늘어날 것이다. 이를 위해서는 안정된 가족 유지를 위한 지원, 직장·가정생활이 행복한 사회가 필요할 것이다. 또한, 국내 외국인 및 다문화 가족의 증가는 앞으로 과거 사회와는 다른 사회 변화가 일어날 것이며 이에 대한 대비가 충분히 이뤄져야 할 것이다.

이러한 부분을 감안하여 인구 부문 미래 행정수요와 정부의 역할을 살펴보면, 먼저 출산율 하락에 대한 문제 인식이 발생할 것이다. 문제의 심각성을 지방정부 및 국민들이 인지해야 하기 때문에 홍보가 필요할 것이며, 이를 통해 출산 친화적 문화를 장려해야 할 것이다. 그리고 실질적 출산율 제고를 위한 신혼부부 주택, 양육 등 경제적 지원이 이뤄져야 할 것이다. 그리고 '일−가정의 양립 문화' 조성을 위해서 출산휴가 및 육아휴직제도 개선과 근로시간의 유연성 확보 등을 정부에서 적극적으로 진행해야 할 것이다. 향후 부족한 노동력 확충을 위해 이주 노동자의 적정 규모 공급, 여성 고용 확대 정책 등을 적극적으로 시행할 필요가 있다_{문명재 외, 2012}.

다음으로 고령자에 대한 노후 삶의 질 보장과 안정된 가정을 위해 고령 친화적 고용 환경 구축 및 일자리 창출, 정년 연장 대책 마련, 연금제도·세제 개편, 건강관리 및 의료보장 시스템의 체계적 구축, 자원봉사 및 여가 활동 지원, 미래 세대로의 부담 완화를 위한 재정력 확보 등은 적절한 정책이 될 것이다. 그리고 가족의 중요성 제고를 위해서 정부는 공감할 수 있는 가족가치 확산, 가족친화문화 조성 기업 지원 강화 등이 필요할 것이다. 취약 가족의 생활 기반에 대해서는 자녀 돌봄 서비스 및 생활 기반 마련과 지자체 협력을 통한 양육 인프라 구축이 있을 것이다. 고령 및 여성 인력 활용 여건 조성 역시 중요한 부분으로, 이를 위해서는 임금피크제 개선, 보육시설 및 방과 후 시설 확충, 경력단절여성의 직업교육 확대 등의 역할을 정부에서 담당해야 할 것이다. 또한, 인력 활용 형태의 다변화 지원을 위해 노동시장 유연화 강화 및 근로 형태별 직업교육 실시 등이 효과적일 것이다_{문명재 외, 2012}.

외국인 및 다문화 가정의 증가에 대해서는 외국인 주민 정착 지원 강화에 대한 수요가 증가할 것이다. 이를 위해 외국인 자녀 대상 교육 서비스 지원, 외국인 고용 기업 지원 및 취업 교육 지원, 일상생활에 필요한 정보 제작 지원 등 전체적으로 안정된 정착을 위한 지원이 필요할 것이다. 그리고 인식적인 측면에서 다문화 수용성 제고가 필요할 것으로 보인다. 이를 위해 외국인 인권 보호 제도 개편 및 정책 확대, 인식 전환을 위한 교육, 홍보 프로그램 강화, 다문화가족 교류, 연계 프로그램 확대 등을 통해 전반적으로 인식이 높아질 것이다. 국민건강보장 인프라 강화를 위해서는 사전 예방적 관리 체계 구축 및 건강검진 강화, 건강관리 서비스 실시 및 사후관리 체계 강화를 진행할 필요가 있으며, 전체적인 삶의 질 제고를 위해서는 여가 문화 지원, 자기계발 프로그램 제공이 진행되어야 할 것이다.

인구의 변화는 공무원 사회에도 밀접한 영향을 줄 것으로 전망되고 있다. 이 부분의 인사 혁신 어젠다로는 건강지킴이 복지 카페테리아, 웰다운well-down 복지, 임금피크제의 모듈화와 일괄적 정년 기준 조정, 자유공무원제, 유연근무와 가치 창출 평가의 연동, 전직 지원 서비스 등이 있다.[11]

공무원의 일과 가정의 양립을 위해서는 맞춤형 복지 체계를 구축해야 할 것이다. 건강에 대한 사전 예방 관리 체계를 구축할 수 있는 서비스인 건강지킴이 복지 카페테리아와 업무 압박을 줄이고 공무원의 삶의 질과 근무의 질을 높일 수 있는 웰다운 복지 서비스의 제공이 필요하다. 특히 공무원의 근로시간의 유연성과 생산성 제고를 위해서는 유연근무와 가치 창출 평가의 연동이 필요할 것이다.

인구의 변화와 사회적 욕구 측면에서 개인의 수요와 경력계획에 따라 정규직, 임기제 등을 자유롭게 이동하는 새로운 공무원 신분 제도를 도입하고, 이에 맞춰 임금피크제의 모듈화와 일괄적 정년 기준 조정이 필요할 것이다.

---

11 건강지킴이 복지 카페테리아, 웰다운 복지, 임금피크제의 모듈화와 일괄적 정년 기준 조정, 자유공무원제, 유연근무와 가치 창출 평가의 연동, 전직 지원 서비스 등과 관련해서는 이 책 4부 2장을 참조.

환경 문제는 국내 정책 문제를 넘어서 전 지구 차원에서 대응해야 할 국제 문제로 인식되고 있다. 경제성장과 인구 증가 그리고 지구온난화를 비롯한 환경오염 문제는 인류의 미래를 위협하고 있다고 해도 과언이 아닐 것이다. 최근 들어 이러한 환경문제가 인류의 복지를 결정하는 핵심요인이라는 인식이 높아지면서 환경문제가 중요한 정책적 이슈로 등장하고 있는 것은 사실이다. 특히, 기후변화, 환경오염, 그리고 재난 예방 및 관리에 대한 문제가 있을 것이다.

환경 부문 미래 행정수요와 정부의 역할을 살펴보면, 먼저 기후변화 대응 역량 강화가 요구된다. 이를 위해 단계적 감축 목표의 수립, 저탄소 녹색성장 핵심기술 개발, 기후변화 관련 국제 협력 활동 강화 등의 정책이 필요할 것이다. 그리고 기상이변 재난예방에 대한 수요가 발생할 것이다. 정부는 한반도 온난화로 인한 재난예방 기능 구축, 기상이변 관련 연구개발 투자를 지속해야 할 것이다. 또한, 환경 규제의 지속적 강화를 위해 온실가스 의무감축 시행을 꾸준히 추진해야 할 것이다. 환경오염 방지 기술 개발이 필요할 것이며, 이를 위해서는 환경위기 대응 전략 마련과 환경친화적 기술 투자가 이뤄져야 할 것이다.

예방 체계 구축을 위해서는 재난 예방 사업 투자 확대와 재난 발생 대비 교육 강화 등을 진행해야 할 것이다. 또한, 대응 역량 확보 및 강화를 위해서는 효과적인 재난 관리 시스템 구축과 전담 인력 확보 및 인력 전문성 향상이 이뤄져야 할 것이다. 이를 위한 환경 부문의 인사 혁신 어젠다로는 가상현실·증강현실 기술을 통한 체험식 교육·훈련,

인공지능, 로봇, 드론 등 자동화 및 무인기술 교육훈련 강화가 있을 수 있다.

자원 부문 미래 행정수요와 인사 혁신 과제

환경 부문과 마찬가지로 국내의 이슈가 아닌 이미 국제적 이슈인 자원 부문은 환경 변화에 따른 생태계 변화, 그로 인한 자원^{에너지, 식량, 물 등} 위기에 이미 직면해 있으며, 미래에는 더욱더 심화될 것이다. 이를 위한 대체에너지 개발 등은 중요한 이슈가 될 것이다.

자원 부문의 행정 이슈와 정부의 역할을 살펴보면, 먼저 에너지 절감 및 효율화에 대한 요구가 커질 것이다. 이를 위해 정부에서는 에너지 사용 효율화를 위한 노력과 에너지 전략에 대한 기술 개발 투자, 에너지 전략 제도 및 인프라 확충 등을 준비해야 할 것이다. 그리고 에너지 확보 및 보관 등 에너지 안보 기능 강화가 필수적으로 요구될 것이다. 이를 위해 에너지 공급원의 다변화, 에너지의 안정적 공급 지원 등 다양한 강구책이 필요할 것이다. 그리고 식량 및 수자원 확보의 중요성이 증가될 것이므로 이를 위해 식량 및 수자원의 안정적 확보 및 확대 노력을 위한 구체적 정책이 진행되어야 할 것이다.

기존 에너지뿐만 아니라 대체에너지 개발이 중요하다는 것은 자명한 사실이다. 그리고 미래에도 더욱 중요해질 것이다. 이를 위해서 정부는 태양광, 풍력, 지열, 바이오에너지 등 개발이 필요하고 신재생에너지 개발 확대 및 수출산업화까지 이뤄져야 할 것이다. 그리고 대체에너지산업 및 기술에 대한 혁신이 필요하므로 산업 진흥 및 기술 개발에 적극적인 투자와 새로운 에너지원 발굴을 위한 연구 수행이 필요하다.

특히, 우리나라에서는 원자력 활용이 많은 편인데 이를 위해 원자력 발전 확대 및 안전성 강화 필요에 대한 요구가 증가할 것이다. 또한 원자력 보급 및 기술 개발이 절실하고 원자력 안전성에 대한 대국민 홍보 등이 이뤄져야 할 것이다. 그리고 에너지의 해외의존도 증가에 대비하여 해외 자원 개발의 다각화와 에너지 자주 공급 역량 강화, 에너지원의 다변화에 대한 정부의 움직임이 있어야 할 것이다. 이에 따라 에너지 자원 외교의 중요성이 부각될 것이며, 해외정보 수집 활동 강화와 국제적인 협력 체제 구축이 이뤄져야 할 것이다.

이러한 상황에서의 인사 혁신 어젠다를 도출하면, '국제적 실천가'로서의 공무원과 빅데이터 전문가, 프로그래머, 기술정책집행관 확대가 필요할 것이다.

분야별 미래 행정수요와 인사 혁신 과제 도출

이상의 분야별 미래 행정수요에 따른 정부 기능 및 역할별로 인사 혁신 과제를 도출했다. 이를 다시 인사행정 분야별로 혁신 과제와의 관계를 〈그림 3-1〉처럼 도식화했다. 이에 따른 혁신 과제와 세부적 실천 과제는 다음 장에서 구체적으로 논할 것이다.

〈그림 3-1〉 미래 정부의 기능과 인사 혁신 실천 과제 도출 관계도

| 정부 기능 및 역할 | 인사 혁신 실천 과제 | 인사 혁신 과제 |

정부 기능 및 역할

(사회) 소통 갈등
- 지역·계층·세대 소통 제고, 공동체 의식 강화
- 갈등 완화 기반 및 역할 수행

(사회) 안전망 복지
- 빈곤층 지원 강화 및 취약계층 맞춤형 복지
- 일-학습 연계 인프라 구축 등

(기술) 과학 융합
- 정보통신 분야 투자 및 기술력 제고
- 융합기술투자 및 개발 확대 등

(경제) 금융 성장 산업구조
- 재정 건전화 및 가계부채 관리
- 동반성장 추진 산업구조 조정

(경제) 신기술 인력 양성
- 신기술 투자 및 개발
- 산업별 인적자원 개발 및 인재유지

(정치) 정치 신뢰 부패
- 정치 신뢰 제고 및 윤리 강화
- 부패방지 수단 및 규정 확보

(정치) 시민참여 정보활용
- 신기술을 활용한 시민참여 확대
- 빅데이터 등을 이용한 정보능력 제고

(정치) 외교
- 국제위상 제고
- 한반도 주변국과의 외교

(인구) 저출산 고령화
- 일-가정 양립 문화 조성
- 고령인구 및 안정된 가정 확립 방안

(환경) 기후변화 환경오염
- 기후변화 대응 정책
- 환경오염 방지 기술 개발

(자원) 에너지 대체에너지
- 식량·수자원 확보
- 대체에너지 개발

인사 혁신 실천 과제

- 직무 다워니즘과 인력 재배치
- 마이스터형 직무의 확대
- 태스크 플래시몹 구현
- 미래 인재상을 지향하는 융합형 직무 중심 시험제도
- 부처별, 지자체별 맞춤형 인재 발굴
- 지역균형선발에서 글로벌포용선발로 확대
- 주문형 인재 선발
- 인공지능과 빅데이터 활용을 통한 인력 계획
- 융·복합형 테크노크라트의 확대
- 빅데이터 전문가, 프로그래머, 기술정책전쟁관 확대
- 가상현실 증강현실 기술을 통한 체험식 교육·훈련
- 인공지능 로봇 드론 등 자동화 및 무인기술 교육훈련 강화
- (가칭)국가인재한림원 설립을 통한 공직가치 교육
- 국제적 실천가로서의 공무원
- 인간중심형/다품종 소량 인력 양성 시스템의 구축
- 핵심인재 패스트트래커 제도 도입
- 유연근무와 가치 창출형 평가의 연동
- 코피티션 평가
- 유비쿼터스 성과평가
- 자유공무원제로 전환
- 건강지킴이 복지 카페테리아
- 웰다운 복지
- 일괄적 정년 기준 조정
- 임금피크제의 모듈화
- 전직 지원 서비스
- 유니버셜 동아리
- 초고령화 사회에 대비한 지속가능한 공무원연금

인사 혁신 과제

(계획)
- 미래 변화에 부응한 직무설계 및 직급 체계 정비

(채용)
- 채용·임용의 다각화와 맞춤화 실현
- 기술 발전에 대응한 기술직 채용의 확대

(교육)
- 첨단기술의 활용과 기계와의 협업 역량 강화
- 인간 본연의 사색능력 및 공직자로서의 소명과 가치 교육 강화

(활용)
- 개인의 역량과 적성을 고려한 인재 활용

(성과관리)
- 협업과 가치 창출에 기반한 성과평가제도 확립

(후생)
- 긍지와 보람으로 충만한 창의적·자율적인 공직 문화
- 맞춤형 공무원 복지 체계의 확충
- 유연한 보수 합리화와 퇴직제도 구축

3 미래 정부와 인사 혁신 비전

미래 정부의 비전과 역할

그동안 정부 조직은 경쟁과 효율을 중심으로 조직 개편이 이루어졌다. 그러나 이러한 정부 조직으로는 미래 정부의 기능과 조직 모델에 적합하지 않다는 결론이 도출되었다. 즉, 다음과 같은 새로운 정부 비전과 인사 개혁이 요구된다.

> : 미래 정부의 비전은 "변화에 유연하고 국민이 원하는 행정 서비스를 스스로 찾아서 제공하는 지능형 정부"

본래 정부는 하나다. 중앙이나 지방으로 구분한 것은 분업을 통해 효율성을 높여서 대국민 서비스를 향상시키기 위해서였다. 그러나 미래 정부에서는 원래의 정부처럼 하나의 정부가 되어야 할 것이다. 중앙과 지방, 부처와 부처가 아닌 하나로 연결되어 서비스를 제공할 수 있는 하나의 정부가 되어야 한다. 정부 측면에서 '하나의 정부'라면, 시민 측면에서 볼 때는 '나만의 정부'가 되어야 할 것이다. 정부 3.0에서 개인맞춤형 서비스 제공이 그리는 정부가 바로 나만의 정부일 것이다. 미래 정부는 나 1인을 위해 존재해야 할 것이다. 그동안 정부 서비스는 보편적 서비스로 나를 위한 서비스가 아니라, 공중의 한 시민으로 서비스를 제공받았다. 하지만 미래 정부는 개인맞춤형 서비스의 완성인 '나만의 정부'가 되어야 할 것이다.

이를 위해서 미래 정부는 행정 서비스를 스스로 찾아서 제공하는 지능형 정부가 되어야 한다. 지금까지의 정부가 개별 문제 해결에 초점을 맞추었다면 미래 정부는 문제 해결을 종합적으로 해결하는 방향으로 나가야 한다. 그러기 위해서 전문 인력과 최신 기술과의 융합을 이끌어내고, 모든 것을 종합적이고 현명하게 대처하자는 의미에서 지능정부가 필요할 것이다. 지능정부는 다음 일곱 가지 요인을 갖춰야 할 것이다.

1. 공공의 안전을 최우선으로 삼아야 한다.
2. 정부 운영 및 활동에 있어 합리적으로 처리한다.
3. 조직규모, 예산 등 및 인력 구성에 있어 합리적이고 효율적이어야 한다.
4. 다문화 사회에서 공평, 무사, 평등한 도덕적 정부여야 한다.
5. 업무를 적극적으로 진행해야 하며 책임감을 가지고 처리해야 한다.
6. 과학기술 발달과 변화에 민감하게 대응해야 한다.
7. 정부는 국민에게 신뢰를 줘야 한다.

위 요인들을 달성하기 위해 분야별 개혁이 필요하다. 지능정부에서는 세 가지 개혁 부문과 세부 내용을 아래와 같이 정리할 수 있다.

먼저, 재정예산 부문의 개혁이다. 재정 부문 개혁은 성장과 분배를 조화시키는 똑똑하고 현명한 정부 구현이라는 원칙에 따라 재정건전성 확보, 성장잠재력 확충, 작은 정부 구현, 자립적 지방분권화의 달성으로 볼 수 있다. 다음으로, 조직 부문 개혁이다. 조직 부문 개혁은 조직 간 유관 업무의 효율화와 각종 위원회와 기획단 등의 재정비로 업무의 중첩화에 따른 비효율적 요소 제거를 목표로 책임·분권형 거버넌스 체계 확립, 소수 대부처 체제로의 전환이 세부과제가 될 것이다. 마지막으로, 규제 부문의 개혁이다. 규제 부문의 개혁은 사전적 규제에서 사후적 규제와 금지에서 허용을 원칙으로 하는 규제의 변화로 성장과 책임을 조화시킨다는 목표를 가져야 할 것이다.

　∷ 미래 정부의 목표는 "글로벌, 시민, 스마트 기계와의 협업과 공존"

　앞에서 설명한 바와 같이 복잡 다원화되는 사회에서 정부는 무엇보다도 협업이 필요할 것이다. 단순히 부처 간, 부처와 시민과의 협업을 넘어 국가 간 협업이 필요하다.

　미래의 가장 큰 목표는 첫째, 기계와의 협업일 것이다. 과거부터 자동화가 진행되면서 자동화의 문제점을 지적하는 내용은 많다. 특히 일자리 측면에서 기계가 인간의 일자리를 대체하는 것에 대한 우려가 높다. 공무원의 일자리 역시 기계가 대체할 것에 대한 우려도 있으나, 정보화 사회 도래에서 보듯 많은 일자리가 사라졌으나, 대신 많은 일자리가 새롭게 만들어졌다. 특히 빅데이터와 인공지능은 인간을 대체하는 것이 아니라 활용 측면에서 볼 필요가 있다. 정형적인 업무는 빅데이터와 인공지능이 대체하고 대신 비정형적인 업무 즉 창의적 업무는 인공지능 등 기계의 지원을 받아 빠른 시간 내 정책 이슈와 결정에 활용할 수 있기 때문이다. 결국, 정부는 스마트 기계와의 협업을 통해 변화에 유연하고 국민이 원하는 서비스를 신속하게 제공할 수 있도록 해야 할 것이다.

　둘째, 변화와 수요에 유연한 감각 지능적 정부로의 전환이다. 감각 지능 정부란 "정책 수요를 미적 태도에 입각하여 공감하면서 정책을 수립하고, 해야 할 일에 대해 창조성을 바탕으로 몰입하며, 정책 효과와 정책 대상자의 만족도를 감정이입을 통해 다양하게 해석하여 환류하는 정부"를 의미한다. 즉, 현실과 동떨어진 채 그들만의 정책을 수립하고 집행하는 불감적不感的 행태를 떠나 공감하고 해석하면서 정책 대상자의 실질적 만족에 기여하는 정부가 되는 것을 의미한다우윤식. 2008: 115. 감각 지능적 정부로 전환에서 가장 중요한 것은 감성 관리이다. 즉, 공무원의 감성지능을 향상시킴으로써 정부 조직의 목표를 달성토록 하는 것과 정부가 정책 등을 통해 추구하는 목표를 정책 대상자들에게 명확하게 전달하고, 이해시키고, 동조할 수 있도록 하는 것까지도 포함하는 것이라 할 수 있다.

이러한 비전과 목표를 달성하기 위한 미래 정부의 역할은 다음과 같다.

첫째, 정부는 문제 해결사가 아닌 문제 해결 개발자가 되어야 할 것이다. 정부는 단순히 문제를 해결하는 것이 아니라 문제를 해결할 수 있는 솔루션을 개발하고 플랫폼을 개발하여 이를 개방해야 할 것이다. 구글 딥마인드가 개발한 인공지능 컴퓨터 바둑 프로그램 알파고와 프로 바둑 기사 이세돌의 대결에서 우리가 주목해야 하는 것은 알파고가 아니라 알파고를 개발한 개발자이다. 알파고가 문제 해결 능력에 있어 인간을 넘어설 수 있다는 것을 이세돌과의 바둑 대결에서 보여주었다. 그러나 알파고를 개발한 개발자가 바둑 문제를 해결한 사람은 아니다. 공무원이 알파고가 되어 문제를 해결할 필요는 없다. 오히려 개발자처럼 정책 영역의 문제 해결의 개발자가 되어야 한다. 왜냐하면, 앞으로의 수많은 문제는 복잡하고 다양하기 때문에 해결하려는 접근은 오히려 위험할 수 있다. 따라서 문제 해결자가 아닌 개발자가 되기 위해서는 민간과 공적 영역에서의 협업이 중요하다 할 것이다.

둘째, 정부는 국민에게 맞춤형 서비스를 제공하는 것이 아니라 개인맞춤형으로 서비스를 제공할 수 있어야 할 것이다. 즉, 국민과 정부가 상호소통이 되고 이를 바탕으로 개인맞춤형 서비스가 제공되어야 할 것이다. 로봇, 인공지능 등은 이러한 부분을 더욱더 가능하게 할 것이다. 다만 공무원은 국민에게 맞춤형 서비스를 제공하는 사람이 아니라 국민 개인에게 맞춤형 서비스에 필요한 요소의 결합 내용을 판단하고 이것이 미칠 영향을 파악하는 분석가가 되어야 한다. 인공지능은 딥 러닝을 통해 개별 국민에게 맞춤형 서비스가 무엇인지 찾아낼 것이다. 문제는 이러한 맞춤 서비스가 가져올 효과를 정확하게 판단하기 어렵다는 것이다. 기계적 판단이 자칫 국민의 감성을 건드려 갈등을 유발할 수 있기 때문이다. 이러한 점에서 미래 공무원의 역할과 역량이 더욱 중요할 것으로 보인다. 즉, 지금보다 더 합리적 판단과 공감 능력을 갖춘 신뢰받는 공무원이 요구될 것이다.

셋째, 미래의 정부는 분산된 권한 및 거버넌스 구축이 필요하다. 위키피디아Wikipedia처럼 많은 사람들이 정부의 활동에 참여하고 권한이 분산되고 배분되어야 할 것이다.

넷째, 데이터–스마트 정부가 되어야 한다. 수많은 데이터는 공공 분야에서의 예측을 가능하게 한다. 하지만 이러한 데이터를 단순한 데이터로만 활용하는 것이 아니라 스마트하게 활용해야 할 것이다. 예측한 문제에 대응하기보다는 예측한 문제를 발생하기 전에 대책을 마련하고 시스템적으로 보완하는 것이 중요할 것이다.

다섯째, 정부 예산의 획기적인 개혁이 필요하다. 지금까지의 적용해 왔던 예산제도에 대한 개혁 또한 필요하다. 미래 기술 발전을 통해 정확한 예산을 책정할 수 있기 때문에 현행 단기적, 품목별, 점증적으로 예산을 편성하는 운영 방식을 바꿀 수 있어야 할 것이다.

인사 혁신의 비전과 목표

: 인사 혁신의 비전은 "관료제의 창조적 해체를 통한 새로운 인사 시스템의 구축"

미래 정부는 분업 중심의 조직 운영 방식으로의 대수술이 필요할 것이다. 현재 정부 조직의 운영 방식은 시장경쟁 원칙을 강조하고 있다. 공무원 중심의 분업과 경쟁의 일하는 방식을 지향하고 있다. 인사제도도 이와 맥을 같이하고 있다. 전통적 관료제를 수술하지 않고는 미래의 변화를 정부가 조정하고 이끌어갈 수 없을 것이다.

전통적 관료제를 비판하는 이들이 강조하는 관료제의 대표적 특징으로 훈련된 무능trained incapacity과 파킨슨 법칙Parkinson's law의 작동이다. '훈련된 무능'이란 일명 피터의 법칙Peter's Principle으로 불리는데, "일반적으로 승진하는 사람은 자기 역량의 범위를 넘는 곳까지 직위가 올라가게 되고, 무능한 상태로 고위직에 머문다."고 한다Heylighen, 1993. 계층제가 많아질수록 위계 조직의 메커니즘으로 무능력이 발생한다고 한다. 흔히 주변에서 고시에 합격했을 때는 똑똑했는데 점점 역량이 떨어진다는 말들을 하는데, 바로 이것이 훈련된 무능의 대표적인 사례라고 할 수 있다. 즉, 한 가지 지식이나 기술에 훈련받고 기존 규칙을 준수하도록 길들여진 사람이 되어 다른 대안을 생각하지 못하는 사람이 되는 경우라고 할 것이다. 좁은 범위의 동일한 업무를 반복하면서 무사안일에 빠져 결국 조직의 역동성을 잃게 하기도 한다.

또 하나의 특징은 '파킨슨 법칙'이 관료제에 작동하고 있다는 것이다. 영국의 행정학자 파킨슨^{Cyril N. Parkinson}이 주장한 이 법칙은 "공무원의 수는 해야 할 업무의 경중이나 그 유무와 관계없이 일정 비율로 증가한다."라는 것이다^{이종수, 2012: 51}.

미래 정부 조직 변화의 모습은 결국 훈련된 무능과 파킨슨 법칙을 어떻게 제거하느냐에 달려 있다. 위에서 설명한 조직 모형에서 인사행정의 변화 모습은 다음과 같이 예측해 볼 수 있다.

결국, 미래 변화에 적응하는 정부가 되기 위해서는 인사 시스템의 대대적 수술이 필요하다. 즉, 전통적 관료제를 창조적으로 해체하고 새로운 인사 시스템을 구축해야 할 것이다. 창조적 해체란 미래 시스템에 맞는 인사 시스템의 도입을 통해 기존 인사 패러다임이 변화되는 것이다. 즉, 기존 인사 시스템의 연장선상에서의 성장이 아니라 미래의 근본적인 변화에 맞춰 인사 시스템을 개혁하는 구조적 과정이라고 할 수 있다.

여기서 유의할 점은 '파괴적 창조'가 되어서는 안 된다는 것이다. 일반적으로 인사 혁신 시스템을 구축하는데 다양한 혁신 과제를 도출하지만, 이 과제들이 인사 시스템을 개혁하는데 플러스가 되는지 충분한 검토가 요구된다. 자칫 장기적인 안목을 갖지 못한 채 단기적 성과 과제만 도출될 경우 인사 시스템의 창조적 해체가 아니라 파괴적 창조가 될 수 있기 때문이다.

: 목표 및 추진 방향

관료제의 창조적 해체를 위해서는, 먼저, 지속적인 변화와 혁신을 추구하는 조직 문화 및 기반 구축이 필요하다. 조직의 변화 없이 관료제 개혁은 어렵기 때문이다. 다음으로, 미래 환경 변화와 미래 정부 형태에 부합한 공공 인재상을 정립해야 할 것이다. 인재상은 하나의 모델이 아니며, 최적화된 인재를 의미하는 것은 아니다. 오히려 미래 환경과 정부 형태에 필요한 인재의 역량 조건을 의미한다. 끝으로, 개인의 창의성과 혁신성을 지원하는 인사제도를 마련해야 한다. 미래 정부를 바꾸고 시민에게 능동적인 서비스를 제공하는 주체는 바로 공무원이다. 공무원의 창의성과 혁신성을 위해서는 인사제도 역시 그에 부합할 수 있도록 바꾸어야 할 것이다.

그리고 인사제도의 비전과 목표를 달성하기 위해서는 크게 다섯 가지 추진 방향을 제시할 수 있다.

1. 어떤 인재를 선발할 것인가
2. 어떻게 인재를 양성할 것인가
3. 어떻게 인재를 활용할 것인가
4. 어떻게 인재를 평가하고 보상할 것인가
5. 어떻게 인재들이 긍지와 보람을 느끼게 할 것인가

Part
4

인사 혁신 방향과
실행 과제

CHAPTER 1

인사 혁신을 위한 미래 비전과 인재상

1 미래 비전은 "관료제의 창조적 해체를 통한 새로운 인사 시스템 구축"

'근대관료제'에서 '인공지능관료제'로 변화한다

독일의 사회학자이자 경제학자인 막스 베버Max Weber가 관료제를 이상적 모형으로 제시한 이유는 그것이 가진 불변의 장점이 있기 때문이다.

첫째, 관료제에서는 법을 통해 업무를 맡게 되고 권위를 부여받고, 법에 정해진 대로 절차를 준수했다. 합리성뿐만 아니라 공식성, 안정성, 예측 가능성, 공평무사의 장점을 통해 서구 사회는 발전했고, 높은 성과를 보이는 조직들은 대체로 관료제를 선택했다는 연구 결과도 충분히 많다.

둘째, 관료제는 효율적이고 유연한 시스템이다. 직원들은 누가 어떤 업무를 맡으며 어떤 정보를 가지고 있는지 서로 잘 알고 있다. 어떤 업무가 자신의 주위에 배치되어 있는지 그리고 주위에서 어떤 정보를 필요로 하는지 잘 안다. 따라서 업무가 서로 겹치지 않고 정보를 과잉으로 공유하지 않음으로써 직원들 간 갈등이 작게 일어난다. 학습성과도 높은 것으로 나타난다. 이와 같은 장점들은 기업에서도 인정하는 바이다.

막스 베버의 근대관료제modern bureaucracy는 법적 합리성뿐만 아니라 계층제, 대규모, 문서소통 등의 다른 특성도 포함하고 있다. '인공지능관료제'는 이 중 합리성과 예측 가능성만을 살려 관료제의 장점을 극대화하자는 것이다. 바로 인공지능 시스템이 관료제 역할을 하는 상황을 말한다.

인공지능 안에는 문서화된 규정뿐만 아니라 문서화되지 않은 관행이나 문화에 대한 정보까지도 모두 축적되어 있다. 알고리즘이 이를 분석·종합하여 최적의 의사결정을 내린다. 담당자가 바뀌어도, 고객이 바뀌어도 한결같은 의사결정의 틀과 기준으로 공평무사하게 일할 것이다.

관료제는 창조적 해체를 겪을 것이고 겪어야 할 것이다. '창조적 해체'라 함은 새로운 패러다임으로 발전하기 위해 기존의 낡은 패러다임을 완전히 벗어나는 환골탈태의 상태를 말한다. 관료제가 완전히 붕괴되거나 해체로 사라지는 종말의 상황은 아닐 것이다.

만약 관료제가 없어지면 공직의 존재 의미가 없어질 것이다. 따라서 관료제는 여전히 존재할 것이나 '인공지능관료제'로 존재할 것이다. 그리고 인간은 그 관료제에서 해방될 것이다.

인공지능관료제가 대두되는 배경은 '효율성'과 다른 한편으로는 '정당성'이라는 가치를 동시에 살릴 수 있는 기회가 되기 때문일 것이다. 인공지능관료제는 다음과 같이 신제도주의의 세 가지 학파의 관점에서 장점이 크다.

첫째, 합리적 선택 제도주의rational choice institutionalism에서 주장하듯이, 거래 비용을 줄이는 방법으로 효율성을 높일 수 있다. 관료제가 가진 합리성과 예측 가능성의 장점 그리고 그것으로부터 오는 갈등의 최소화와 효율성은 인공지능의 정확하고 정밀한 능력을 통해 차원을 달리하여 증진될 것이다. 특히 정부와 같이 환경이 비교적 안정적인 경우 더욱 그 효과가 극대화될 수 있음은 물론이다.

둘째, 역사 제도주의historical institutionalism에서 주장하듯이, 조직의 경로 의존성으로 인해 버릴 수 없는 부분이 있다. 정부의 고유하고 전통적인 조직적 특성, 즉 관료제를 유지할 수 있다는 것이다. 관료제를 완전히 버리고 기업의 조직 형태를 답습하는 것이 아니라 기존의 절차, 규범, 관습 등을 유지하면서 개혁할 수 있다.

셋째, 사회학적 제도주의sociological institutionalism에서 주장하듯이, 조직은 사회로부터 정당성을 인정받아야 한다. 이 정당성은 사회 환경의 모습을 모방함으로써 부여된다는 모방적 동형화mimetic isomorphism 이론이다. 인공지능 등 과학기술의 급속한 발달 속에서 모든 조직이 그 기술을 활용하는 모습을 보이는데 정부도 예외일 수 없다.

관료제와 국가, 그리고 공무원

인공지능이 보편화된 사회에서는 '근대관료제'는 해체되고 '인공지능관료제'로 대체될 것이다. 인공지능관료제는 막스 베버 등이 창안한 근대관료제와는 전혀 다른 패러다임에서 탄생하여 관료제와 인간 간의 관계를 전혀 다른 성격을 규정한다. 인공지능이란 인간과 상호작용하는 컴퓨터를 말하기 때문이다.

막스 베버의 근대관료제의 패러다임 하에서는 인간이 관료제의 부속품처럼 움직였다. 그러나 인공지능이 관료제의 기능을 맡게 되면서 인간은 인공지능관료제와 동등한 지위에서 일하며 상호작용을 하게 되며 더 이상 관료제에 종속된 존재가 아니다. 즉, 인간은 더 이상 관료제에 종속되어 기계 부속처럼 일하는 '영혼 없는 존재'가 아닌 것이다. 관료제에서 탈피함으로써 '진정한 자아'로서 스스로 느끼고 생각하는 존재로 등극하게 될 것이다.

근대관료제의 패러다임 하에서 국가는 주로 관료제와 상호작용을 하며 공생했다. 그리고 서로의 경계선을 명확히 설정하여 주었다. 국가가 관료제를 탄생시켰고, 관료제는 국가 발전에 기여했다. 공무원은 관료제에 종속된 상태에서 관료제를 통해 국가와 관계를 맺을 수 있었다. 국가가 나아갈 바가 정해지면 관료제가 그것을 법제화하고 그 집행을 위해 조직화하고 규칙과 절차에 따라 운영했다.

반면, 인공지능관료제로 대체된다면 공무원이 맺는 관료제 혹은 국가와의 관계에도 변화가 일어날 것이다. 공무원은 인공지능관료제와 대등한 지위에서 국가의 국정 방향에 따라 자유롭게 상호 교류하게 된다. 공생관계는 공무원과 관료제 간의 관계로 이동할 것이다. 공무원은 관료제에 종속된 부품이 아니라 한 국가에 고용된 '공적 자아'라는 개념이 명확해질 것이다.

또한, 활동 영역이 반드시 한 국가의 국경 내에 머물지 않을 것이다. 글로벌화가 진행되어 결국 세계공동정부가 수립되거나 가상영토가 확보되면 공무원의 활동 무대는 국가로 한정되지 않을 수도 있을 것이다.

인공지능관료제, 미래 인재상의 실마리를 제공한다

미래의 공무원은 인공지능에 의해 작동하는 관료제로부터 독립하여 사고하고 활동해야 한다는 점에서 종속적이었던 공무원과는 패러다임을 달리하는 모습으로 거듭나야 할 것이다.

인공지능관료제 패러다임 하에서 인공지능과 인간 간에 일어나는 전형적인 상호작용 과정은 다음과 같다. 인공지능관료제는 법, 규칙, 절차, 관행, 문화 등을 종합하여 대안을 제안할 것이다. 인간은 인공지능이 갖지 못하는 사색과 감성을 토대로 그 대안을 검토하여 인공지능에게 피드백을 줄 것이다. 그리고 인공지능과 인간 사이에 소통이 일어날 것이다. 최종 의사결정은 인간이 내려야만 할 것이다. 그 이유는 민간부문과 달리 공직에서는 다양한 가치를 조율하고 의사결정의 사회적 파급이 막대하여 책임 소재의 문제가 상존하기 때문이다. 마지막으로 보고서 등은 인공지능이 집필하게 될 것이다.

기계가 인간의 육체노동은 물론이고 대부분의 정신노동까지 대체하는 상황에서 인간은 인공지능이 가지지 못하는 '틈새 능력'을 발휘할 수밖에 없을 것이다. 이 틈새 능력은 '약한 인공지능'에서 '강한 인공지능'으로 발전해 갈수록 좁아질 것이다. 인간이 약한 인공지능에 대해서는 그것의 분석력과 논리력을 뛰어넘을 수 없지만, 직관력과 창의력에 있어서는 아직 우세하다 할 것이다. 그러나 강한 인공지능은 인간의 직관력과 창의력마저 뛰어넘을 수도 있을 것이다.

결국, 인간에게는 가장 인간적인 면에서만 우세할 것이다. 예를 들어, 감성과 존재에 대한 사색, 비합리적이거나 엉뚱한 선택, 재미나 놀이를 통한 즐거움과 행복 등이 그것이다. 미래학자 다니엘 핑크Daniel Pink도 앞으로 사회는 점차 개념의 시대Concept Age로 발전하는데, 여기서는 디자인, 스토리, 감성, 공감, 놀이, 의미의 여섯 가지가 중요하다고 했다.

또한, 인간이 풀어야 할 가장 인간적인 세 가지 질문에 대해 뇌과학자 김대식은 다음을 제안하고 있다. 첫째, 인간은 왜 필요한가? 기계에게 일을 빼앗기고 노동에서 소외된 인간이 가지는 존재론적 질문이다. 둘째, 기계는 무엇을 원할까? 딥 러닝을 통해 인공지능 스스로의 사고력 확장이 극대화되면 인간의 통제를 벗어나게 되는데 인간은 이를 예측하고 관리할 수 있어야 한다. 셋째, 우리는 무엇을 원해야 할까? 인간이 원하기만 하면 기계가 모두 충족해 줄 수 있으므로 마음속에 원하는 것을 스스로 조절할 수 있는 자기조절 능력과 윤리가 절대적으로 필요할 것이다.

2 미래에는 어떤 인재가 필요한가

길잡이형 인재, 유연하게 대응하고 비전을 제시하며,
모험과 변화를 선도한다

인공지능은 가장 논리적이고 안전한 대안만을 제시할 것이다. 그러
나 당연한 것에 대해 의심할 줄 아는 능력, 엉뚱한 사고나 선택을 할
수 있는 능력, 합리성을 이탈하여 모험하는 능력은 인공지능이 할 수
없는 영역이다. 게다가 인공지능이 최적의 대안을 제시해 줄 수는 있으
나 최종 결정은 최종 책임이 귀결되는 담당 공무원의 손에 달렸다. '길
잡이형pathfinder type 인재'란 정형적이고 현상유지적인 사고방식과 행태를
벗어나 불확실하고 급변하는 환경에 대해 유연하게 대응하고 비전을
제시하며, 모험과 변화를 선도해 나가는 인재이다.

첫째, 불확실성이 더해가는 미래 환경 변화에 대하여 도전하고 개척
하려는 의지가 강하며 빠르고 정확한 상황 판단 능력을 지닌 인재이다.
둘째, 예상 밖의 환경 변화에도 뛰어난 직관과 대응력으로 시의 적절하
게 정책을 구현·집행함으로써 국민의 신뢰를 확보하는 인재이다. 셋째,
호기심이 많고 당연한 것에 대해 의심하는 습관을 지녀서 숨어 있는
문제를 발굴해낼 수 있는 인재이다.

융합·협업형 인재, 전문 영역을 소유하면서
H자 지식 체계나 사고력을 갖춘다

궁극적으로 발전한 '강한 인공지능'은 스스로 이종 지식을 융합·통섭하고 다른 정보 소스와 네트워킹함으로써 창의적 결과물을 창출할 것이다. 그러나 그 이전의 '약한 인공지능'이 존재하는 한, 이 작업은 인간이 주도할 수 있는 영역이다.

'융합·협업형H-letter type 인재'란, 고유의 전문 영역을 갖고 있으면서, 동시에 다른 전문 영역과 혹은 다른 전문가와 연결 막대를 통해 연결함으로써 H자 지식 체계나 사고력을 갖춘 인재를 말한다. 최근에 대두되고 있는 인재의 최고 덕목은 '전문성과 협업 능력'인데 갈수록 더욱 중요해질 것이다.

첫째, 고유의 전문 영역을 갖고 있으면서, 제2, 제3의 일탈적 영역에서 즐거움fun을 느끼고 환경 변화에 대해 적응력을 갖춘 인재이다. 둘째, 고유의 전문 영역을 다른 영역과 융합·통섭함으로써 구 패러다임 행정·정책의 창조적 파괴를 감행할 수 있는 인재이다. 셋째, 전문 영역에 대한 연구 능력과 관리 능력을 겸비함으로써 이론을 정리하고 실현할 뿐만 아니라 국민에게 체감시킬 수 있는 인재이다. 넷째, 무엇을 아는가보다 네트워크로 무엇을 찾을 수 있는 인재, 무엇을 혼자 할 수 있는가보다 네트워크로 누구의 도움을 얻어낼 수 있는 인재이다.

창조적 정보조합형 인재, 정보와 지식을 조합, 편집, 결합함으로써 새로운 것을 만들어 내거나 해결한다

인공지능관료제와 효과적으로 상호작용하기 위해서는 근대관료제의 틀에 갇힌 사고에서 벗어나 자유롭고 창의적인 사고가 우선되어야 할 것이다. '창조적 정보조합형lego type 인재'란, 여러 정보와 지식을 조합, 편집, 결합함으로써 지금까지 없었던 새로운 것을 만들어 내거나 해결할 수 있는 인재를 말한다. 정답을 끼워 맞히는 퍼즐형이 아니라 다양한 경험의 축적을 통해 새로운 조합과 해결책을 도출해 낼 수 있는 인재이다.

첫째, 지식과 경험의 단순한 축적보다는 목적 달성을 위한 지식과 경험의 창의적 활용 방법을 알고 일하는 방식에 창의적으로 적용할 수 있는 인재이다. 둘째, 조직 내외의 연결망에서 허브 역할을 통해 공동창조co-creation를 이끌어낼 수 있는 인재이다. 셋째, 과감한 해체와 재조합을 자연스러운 창조 과정으로 인지하고 실천하는 인재이다. 넷째, 놀이를 통해 재미와 행복감을 느낄 줄 알고 일을 놀이처럼 즐겁게 만들 수 있는 인재이다.

감성적 교감형 인재, 인간 본연의 능력과 공직자로서의 소망을 정책과 행정 서비스에 담아낸다

궁극적으로 발전한 '강한 인공지능'에도 불구하고 최후까지 남아 있어야 할 인간 고유의 특성이다. 즉, 인공지능이 발전하면서 직관이나 창의력까지 잠식하더라도 여전히 인간이 우세할 수 있는 역량이다.

 '감성적 교감형renaissance type 인재'란, 기계가 대체할 수 없는 창의력, 감수성, 사색 능력 등 인간 본연의 능력과 공직자로서의 소망을 정책과 행정 서비스에 담아낼 수 있는 인재이다.

 첫째, 첨단 기술빅데이터, 사물인터넷, 드론, 로봇, 인공지능, 나노, 바이오 등을 적재적소에서 효과적으로 활용할 수 있지만, 이 활용에서 공직자로서의 영혼을 잃지 않는 인재이다. 둘째, 인간에 대한 철학적 존재감과 자아정체성을 토대로 소통하고 공감함으로써 협업이 진솔하고 자연스러운 인재이다. 셋째, 풍부한 감수성으로 다양성의 가치를 폭넓게 이해하며 상호 간의 감성적 교감을 중시하는 인재이다.

3 어떤 일자리를 만들 것인가

미래 변화에 부응한 직무설계 및 직급 체계 정비

: 퇴화직무에 대한 대처법

 영국 일간지 『가디언』 지에 따르면, 2035년에는 미국 일자리의 47%, 영국 일자리의 35%를 로봇이 차지할 것이고, 세계경제포럼의 보고서 「일자리의 미래」에 따르면, 전 세계 7세 어린이의 65%는 지금 없는 직업을 가질 것이라는 전망이 나오고 있다. 즉, 직업이나 직무도 기술 발달과 사회 환경의 변화에 따라 퇴화 혹은 진화를 거듭하게 될 것이다. 따라서 새로운 기술 발달에 따라 공직 내에서도 사라질 직무인 '퇴화직무'와 새롭게 생겨나거나 성격이 변화할 직무인 '진화직무'를 발굴하고 분석하여, 이에 따라 인력 계획 수립 및 인력 재배치에 임해야 한다.

〈표 4-1〉 퇴화직무와 진화직무

퇴화직무	진화직무
① 사물인터넷을 통한 비품, 도서, 건물 관리 인력 축소	① 무형자산가치평가직: 빅데이터, 탄소배출권, 가상머니
② 인공지능과 무인기술 혁신에 따른 소방, 치안, 우편, 물류 직무의 기능 전환	② 위기관리직: 위기관리론 일반+전문 분야 지식
③ 인공지능과 빅데이터의 회계, 법무, 의료, 도서 관리 업무 대체	③ 지속가능개발직: 기후변화, 녹색기술
④ 로봇을 통한 무인민원실, 무인콜센터 실현	④ 기술윤리규제직 등 진화직무 발굴: 사이버 보안, 유전자 복제

〈표 4-1〉에서 보는 바와 같이 퇴화가 예상되는 직무는 다음 네 가지로 나눌 수 있을 것이다. 첫째, 단순반복적인 성격의 것이 포함된다. 인공지능과 드론 등의 무인기술 혁신에 따라 우편 등 이와 관련된 인력은 감축될 것이다. 사물인터넷을 통한 비품, 도서, 건물 관리 인력도 축소가 예상된다. 둘째, 위험한 성격의 직무도 기계로 대체될 것이다. 로봇과 드론의 투입으로 소방, 치안, 물류 인력이 현장에서 위험을 무릅쓰는 사례는 줄어들 것으로 예상된다. 다만, 그 인력 자체의 축소를 의미하지 않고, 기존의 현장 외근 인력이 기계를 관제 혹은 모니터링하는 내근직으로 이동할 것으로 예상된다. 셋째, 인공지능으로 대체가 가능한 전문 직종이 퇴화될 것이다. 사회에서도 인공지능 도입으로 가장 타격을 입을 것으로 예상되는 직종은 회계, 법무, 의료, 도서 관리 업무이다. 다만, 면대면face-to-face 컨설팅 서비스 업무 등 이들의 업무 절차

나 방식에 개혁이 가해지는 경우 그 규모의 축소는 완화될 것이다. 또한, 최종 책임 소재가 기계가 될 수는 없으므로 최종 결정권은 여전히 전문 직종 종사자에게 남아 있을 가능성도 있다. 넷째, 민원실의 인력도 대폭 축소될 것이다. 우선 서류 접수와 발급 인력은 기계로 대체되어 현저히 줄어들 것이다. 또 현재 일본에서 로봇이 인간의 모든 작업을 대신하는 무인호텔이 영업 중이고, 사라질 직업 중 1위가 텔레마케팅으로 꼽히고 있는 상황에서 대민 업무도 줄어들 수 있다. 프런트 오피스 인력은 줄어드는 대신, 백오피스back-office 인력이 민원 업무와 창구 업무까지 모두 담당할 가능성이 높아진다. 예를 들어, 앞서 법무, 의료 관련 공무원이 전문적 의사결정 외에 대민 업무까지 포괄하여 담당함으로써 직무의 완결성이 높아질 것이다.

〈표 4-2〉 첨단기술의 발전으로 정원 조정이 예상되는 직무

단기	중기	장기
■ 신고 접수 인력 축소 　- 출생신고, 사망신고, 전입신고 등을 사건 현장(병원 등)에서 혹은 인터넷으로 신고 ■ 사물인터넷이 비품 관리, 도서 관리, 건물 관리, 기계 운영 대체	■ 민원 인력 로봇 대체 　- 주민자치센터, 민원센터, 우체국의 기능 전환, 통폐합·광역화 ■ 우편·소방·경찰 현장 인력의 로봇, 드론 대체에 따라 관제실 중심으로 인력 이동 ■ 도서 관리, 교육 기능의 인공지능 지원 ■ 회계, 법무 업무의 인공지능 활용 및 부서별 회계, 법무 인력의 범부처 통합	■ 조달, 구매 인력과 관련 아웃소싱 축소 　- 3D 프린터로 공직자가 현장에서 직접 물품 제작

퇴화란 한순간에 사라지는 것이 아니라 오랜 시간 서서히 사라지거나 기능이 전환되는 현상을 말한다. 〈표 4–2〉에서 보는 바와 같이 퇴화가 예상되는 공직 내 직무도 한순간에 사라지는 것은 아니다. 인력을 대체할 기술적 편익이 검증되고 기술적 신뢰가 확인되며 사회의 기술적 응력을 검토한 후, 이해관계 당사자와 충분한 협의를 거쳐 기능 전환이 이루어져야 할 것이다.

특히, 2045년 이후 장기적으로는 3D 프린터로 공직자가 현장에서 직접 물품을 제작하는 방식이 확산될 것이다. '주가드Jugaad'는 인도 북부 펀자브 지방에서 주변의 부품들로 짜깁기해서 만든 짐차 겸 자동차, 즉 저가의 자동차 프랑켄슈타인을 말한다. 인도 및 글로벌비즈니스센터에서 고위직을 역임한 영국 케임브리지대 저지경영대학원 나비 라드주Navi Radjou 교수는 이처럼 "미래에는 저비용 고가치의 즉흥적 자원 활용이 인류의 보편적 사고방식이나 생활 방식이 될 것이다. 언젠가 필요할지도 모르는 소프트웨어를 만일에 대비하여 패키지로 거대하게 만드는 JICjust-in-case 사고방식이 아니라 적기에 공급하는 JITjust-in-time가 더 중요한 시대가 온다."고 말했다. 이런 검소하고 유연한 주가드식 철학이 공직에도 파급될 것이다.

: 진화직무의 개발

퇴화직무와 대비한 개념으로서 '진화직무'란, 사회적 필요에 대응하기 위해 혹은 기술의 발달에 따라 기존의 직무가 현격하게 변화하거나 새롭게 탄생하게 되는 직무, 혹은 그렇게 될 필요가 있는 직무를 말한다. 사회에서는 예측할 수 없을 정도로 다양한 직종이 탄생할 것으로 예상되지만, 그중 공직에서도 생겨나거나 생겨나야 하는 것을 꼽으면 다음과 같다.

첫째, 무형자산가치평가직을 꼽을 수 있다. 기존의 금융 혹은 재화를 대체할 만한 새로운 가치체계가 탄생할 것으로 예상되고 있다. 빅데이터가 폭증하면서 거래의 수단이 되는 경우 시장 질서의 한계를 보완하기 위한 품질 인증, 위해 인증, 가격 규제 등은 정부가 개입해야 할 문제이다. 탄소배출권은 이미 시중에서 거래되고 있지만, 글로벌 거버넌스 체제에 참여하거나 영향을 미칠 수 있는 전문 가치평가사 양성이 국가 차원에서 필요할 것이다. 기타 가상머니는 물론 다양한 가상적인 가치체계 혹은 통화 수단이 탄생하고 거래되면서 이들의 오·남용을 규제하기 위한 정확한 가치 평가가 필요하게 될 것이다.

둘째, 위기관리직이 융·복합 통섭統攝의 대표적 직무로 탄생할 필요가 있다. 기술이 고도로 네트워크화되고 문제가 글로벌화되면서 복잡성이 증가하게 되면 위험에 대한 예측 가능성이 떨어지고 위기의 일상화가 진행될 것이다. 사태의 책임 소재나 대응체계도 불분명해질 것이다. 이에 고유의 전문 분야에 특화되어 있으면서 위기의 사회적, 심리적, 정치적 측면 등 위기관리에 관한 보편적 지식과 경험을 갖춘 전문 분야의 횡단적 직무가 필요할 것이다. 또한, 위기관리직의 일부로서 상황 판단과 공감 능력이 탁월한 리스크 커뮤니케이터risk communicator를 양성할 필요가 있다. 재난예방-대응-사후처리 중 국민과의 혹은 기관 간의 효과적인 소통을 위한 리스크 커뮤니케이션 역량을 강화해야 할 것이다. 리스크 커뮤니케이션을 위한 재난 빅데이터 처리 능력과 재난 예측 강화 교육도 필요하게 될 것이다.

셋째, 지속가능개발직은 또 다른 융복합 분야가 될 것이다. 기후변화 문제는 자연과학, 공학적 지식으로는 한계가 있어 인문사회적 지식의 융합이 요청되는 대표적 분야이다. 유엔 지속가능 개발 목표에서 보는 바와 같이 지속가능 혹은 기후변화 분야는 범지구적 공동운명체가 형성, 유지될 수 있는 대표적 프레임이다. 짧은 기간 동안 개발과 환경 모두에서 성공을 거둔 대한민국이 해외 원조 사업으로 내세울 만한 유력한 분야가 될 것이다.

넷째, 기술윤리규제직은 향후 정부의 핵심적인 기능이 될 것이다. 우선 통제 불능으로 패러다임을 바꿀 가능성이 농후한 사이버 범죄와 보안에 대한 새로운 정책과 제도 개발이 필요하며 이에 특화된 전문 인력이 필요할 것이다. 반인륜적 혹은 위해적 유전자 복제가 횡행할 것으로 예상되므로 인문사회적 소양을 바탕으로 기술적 윤리지침과 규제를 꾸준히 갱신해야 할 것이다.

: 마이스터형 직무의 증대

계층이 많고 위계질서가 엄격한 피라미드형 조직의 문제가 불거지면서 그동안 이를 시정하기 위한 노력이 지속되었으나 그리 성공적이지 못했다. 중간층에게 실무층^{하위층}과 고위층과 구별되는 독자적인 역할과 기능이 주어져 있으며 그에 걸맞은 독특한 역량이 요청되었기 때문이다. 즉, 주로 실무층을 감독하고 고위층을 보좌하는 매개 역할을 했던 것이다.

앞으로 다가올 기술혁신은 로봇 등의 인력 대체로 인해 정형적인 성격의 업무에 주로 종사하던 하위직의 존재 자체에 의문을 던지는 계층

구조로 변모할 것이다. 즉, 피라미드형에서 중위직과 하위직이 통합된 '중하위직'으로 구성된 옆으로 퍼진 형태의 수평형으로 변화할 것이다. 이를 '문진형 조직'으로 부를 수도 있는데, 이는 조직의 형태를 납작하게 설계하여 수직적 계층을 단순화시킨 형태를 말한다. 또 이들은 '다이렉트형 조직'에서 일하는데, 정보와 지식이 중간관리자에게 집중되는 것이 아니라 기계의 작동을 모니터링하거나 현장 또는 실무에서 로봇의 지원을 받는 형태를 말한다.

미래에는 하위직의 정형화된 반복 업무를 로봇이 처리하기 시작하면서 기존 실무직이 맡던 업무가 축소될 것이며, 대신 실무직이 중간층의 업무까지 포괄적으로 담당하는 형태가 될 것이다. 이 새로운 개념의 실무직은 사무실 혹은 현장 업무에 종사하는 경우 로봇, 기타 기계의 지원을 받으면서 정책 집행에서 기존 중간층이 담당하던 정책 결정까지 포괄적으로 담당할 것이다.

또는 주로 모니터와 계기판을 보면서 자동 시스템이 제대로 작동하는지, 혹은 이상 징후는 없는지 모니터링에 종사하고 이상 상황이 감지될 때에는 스스로 판단하여 문제 해결까지 수행하기도 할 것이다. 즉, 관제실의 기능과 인력이 확대될 것이다.

반면 급속한 환경 변화, 사회문제의 복잡성, 다양한 사회 갈등의 증대로 인해 고위직의 비정형적 업무는 증대될 것이다. 전문성 높은 업무에 종사하던 중위직의 일부 업무를 받아서 인공지능의 지원으로 처리할 것이다. 또 국민이 소셜미디어를 통한 직접민주주의를 사실상 관장하게 되어 기존의 정무직 공무원이나 정치인이 하던 정치적 성격의 업무를 대거 이양받을 것이다.

인류의 역사에서 분업이 효율적이라는 조직 관리의 철칙은 지속적으로 유지되어 왔다. 주장의 내용은 서로 다를 수 있지만, 미국의 경영학자이자 능률기사 테일러Frederick Winslow Taylor의 과학적 기법, 막스 베버의 관료제 모형, 신자유주의적 행정 모형인 신공공관리new public management, NPM에서 공통적이고 기본적인 작업 방식은 분업이었다. 이제는 인공지능의 지원으로 분업화의 원리를 수정해야 할 시점에 이르렀다.

'마이스터형master 공무원'이란, 정책 집행과 정책 결정까지 정책 주기의 전 과정을 통합하여 담당하면서 담당 정책에 대해 극진한 애착을 가지는 새로운 개념의 공무원을 의미한다.

이들은 인류역사상 마이스터 혹은 장인master craftsman이 가졌던 특성이 있다. 첫째, 일의 전 공정에 종사하고 책임을 진다. 둘째, 일의 과정과 결과물에 대한 높은 긍지와 자부심, 애착 그리고 장인정신을 가진다. 셋째, 일을 중심으로 한 커뮤니티, 즉 길드guild가 형성되어 있다.

다수가 기존에 함께하던 일을 혼자 해도 잘할 수 있을까? 미래 사회는 창의성과 전문성을 갖춘 1인이 근로자 없이 사업을 운영하는 기업을 의미하는 '1인 창조기업'이 확산될 것이다.

창조적 작품의 일관성을 유지하기 위해서는 1인 작업이 유리하다. 사공이 많으면 배가 산으로 간다는 말이 있다. 영국의 소설가 조앤 롤링Joan K. Rowling이 『해리포터』 시리즈를 약 4억 5,000만 부 이상, 일본 만화가 오다 에이치로尾田栄一郎 의 『원피스』가 약 4억 부 이상 판매되는 기염을 토했다. 세계적 거장들은 하나의 스토리를 일관되게 이어나가는 데 있어 다른 사람과의 협업이 별로 효율적이지 못했다.

이미 조직 관리에서는 직무 확대job enlargement를 통한 직무 충실성job

enrichment을 높여야 한다는 이론이 있다. 분업화된 공정에서 부속품처럼 일함으로써 일하는 의미를 찾지 못한 사기 저하의 부작용에 대한 경고이다. 작업 공정의 전 과정을 이해하고 폭넓게 개입하는 것이 일에 대한 의미를 부여함으로써 동기부여와 작업 효율을 높일 것이다.

'마이스터형 직무'가 늘게 되면서 계급 구조는 단순화되고 등급 체계는 세분화된다. 현재의 9개 계급은 궁극적으로 3~4개 계급으로 축소될 수 있을 것이다. 이미 1, 2, 3급이 고위공무원단으로 통합된 사례의 연장선이라고 보면 된다.

대신 고위공무원단의 직무급 책정 시 활용하는 등급의 개념이 중·하위직까지 확산될 필요가 있다. 즉, 직무평가를 통해 각 직무의 곤란성과 책임도를 평가하여 보상체계와 연결하는 것이다. 기존에 직무평가가 실행되기 어려웠던 배경에서 많은 비용과 객관성의 결핍이라는 문제가 있었다. 그러나 이제 인공지능을 활용하여 평가하면 적은 비용으로 과학적 결과물을 도출할 수 있을 것이다.

일하는 방식과 조직 구성 방식의 탈관료제화

: 유연근무제도의 확산

미국 인적자원관리협회Society for Human Resource Management에서 2010년에 실시한 『기업 인사과가 향후 10년간 맞이할 도전과제』라는 연구에 의하면, 신세대 재원을 등용하기 위해 가장 효과적인 요소로 58%의 인사전문가가 유연근무제를 꼽았다.

2016년 일본 도요타가 일주일에 두 시간만 회사에 출근하고 나머지는 집에서 일하도록 하는 형태로 재택근무제도를 도입한다고 한다. 그러나 현재 근무 형태 및 평정 기준은 근무시간을 기준으로 설정되어 있다. 이로 인해 근무 상황에 대한 감독이 곤란한 원격 근무와 재택근무는 활성화되지 못하고 있다. 근무 상황보다는 결과물에, 감독보다는 자율에 평가의 방향을 설정할 필요가 있다.

다시 말해 '가치 창출 평가'가 필요한데, 이는 사무 공간이 축소·해체됨에 따라 언제, 어디서나 소신 있게 근무할 수 있도록 근무한 시간보다 창출하는 가치를 기준으로 평가하는 시스템이 필요할 것이다. 기본 인프라로서 원격 근무, 재택근무 등 유연근무를 토대로 해야 할 것이다. 이는 '9 to 6'의 근무 형태 및 평정 기준에 일대 변혁이 일어나는 효과가 있을 것이다. '가치 창출 평가'는 가상 오피스의 비중이 공간 오피스의 비중을 넘어서는 시점을 기준으로 단기와 중장기로 구분할 수 있다.

단기적으로는 첫째, 기반 인프라 구축을 위해 전국 16개에 불과한 스마트 워크 센터 수와 원격회의를 지속적으로 확대해야 한다. 둘째, 부처별로 보안과 민원 대응 여부 등을 고려하여 원격 근무 혹은 재택근무가 가능한 업무 그리고 성과평가를 결과물로 평가할 수 있는 업무를 선정하고 산출물 중심의 성과평가지표를 개발해야 한다. 셋째, 휴가 외에 '원격 근무월' 혹은 '원격 근무년'을 공무원 후생복지의 차원에서 시행하되, 초기에는 스마트 워크 센터 근무를 원칙으로 하되 점차 재택근무로 확대해야 할 것이다. 넷째, 육아휴직 중에도 원격 근무가 일부 가능하고 본인이 원한다면, 일한 시간만큼 육아휴직을 연장해 줌으로써 업무 공백을 최소화하는 방안도 고려할 수 있을 것이다. 다섯째, 평가자와 동일 공간에서 근무하는 것이 승진에 유리하게 작용하는 평가 문화를 없애야 할 것이다.

가상 오피스virtual office가 공간 오피스의 비중을 넘어서는 2025년경, 즉 중기에 접어들면 근무 환경과 복무 원칙에 획기적인 전환이 있을 것으로 기대된다. 즉, 의사소통, 근무 감독, 성과평가 등을 위한 첨단 기술이 보편화됨으로써 재택근무와 원격 근무가 급격하게 확산될 것이다. 그 결과는 다음과 같이 나타날 것이다.

첫째, '9 to 6' 근무 형태와 주 40시간의 정규 근무시간 지정이 곤란해지고 수시근무가 불가피해질 것이다. 따라서 근무시간 산정 기준의 개선이 필요하게 된다. 계량적인 근무시간이 아닌 결과물로 평가받는 체제가 강화될 것이다. 둘째, 단기에서 시행하던 '원격 근무월' 혹은 '원격 근무년'의 시행 장소를 지정된 스마트 워크 센터로 한정하지 않고 가정에서도 허용하는 '재택 원격 근무월' 혹은 '원격 근무년'을 시행할 필요가 있을 것이다. 셋째, 무인자동차 내에 개인사무실 혹은 회의실을 완비해야 작업이 가능할 것이다. 2030년경에는 무인자동차가 보편화될 것이다. 넷째, 작업이 감독자가 근접해 있지 않은 사무실 공간 외에서 이루어지면서 채용의 기준과 인재상에도 변화가 있을 것이다. 감독 없이도 스스로 일할 수 있는 사람이 필요하게 될 것이다. 다섯째, 감독 관계에도 변화가 일어날 것이다. 소수의 정규직이 원격 근무 혹은 재택근무를 하는 다수의 유연근무직을 감독하는 체제로 변할 것이다.

궁극적으로 2035년에 이르게 되면, 사무실의 종말이 도래할 것이다. 가상·증강현실, 홀로그램 기술을 활용하여 가상 홀로그램 오피스가 구현되면서 물리적 공간을 대체하고 공간의 제약이 최소화될 것이다.

동료와 같은 장소에서 근무하는 효과가 실현되면서 업무 효율성을 위한 인간관계의 희생이 더 이상 존재하지 않을 것이다.

∷ 태스크 플래시몹 구현

현재 한국 정부의 가장 심각한 구조적 문제 중 하나는 관료제의 병폐로 나타나고 있는 극심한 할거주의割據主義이다. 기본적으로 타 부처 혹은 타 부서와의 협업에 대해 상당한 경계심이 잔존하며 협업의 단초가 될 수 있는 파견 혹은 인사 교류에도 소극적이다. 근본적인 원인 중 하나는 부서 혹은 부처 단위가 대체적으로 직렬 중심의 기능 혹은 전문 영역별로 구성되고 이를 경계로 수직 방향으로는 자신의 직속상관에게만 복종하게 되는 기능적·위계적 조직, 즉 엄격한 관료제 조직이 형성되어 있기 때문이다.

관료제bureaucracy를 탈피하기 위한 모형으로서 애드호크라시와 같은 탈관료제적 유연 모형이 등장했으며, 이 중에서 흔히 활용되는 태스크포스task force는 다양한 부서의 차출 인력으로 구성되지만, 이 내부의 운영 양식도 위계적이며 구성원의 전문성도 그리 높지 못하여 제 기능을 하지 못하고 있다. 특히 자발적 참여 의사가 결여되어 있고, 소속 조직을 임시로 떠나 있다는 불안감이 팽배하여 동기부여의 동력이 약한 편이다.

미래형 정부 조직의 협업 구조로서 태스크 플래시몹task flash mob을 들 수 있다. 이는 다양한 직렬이 SNS를 매개로 하여 프로젝트에 자발적·순간적으로 결집하여 협업한 후, 일이 끝나면 해산하는 일종의 태스크포스를 말한다.

전문가들의 임시적 결속이라는 점에서는 기존의 태스크포스와 유사하지만, 다른 점은 SNS와 클라우드 시스템을 매개로 한다는 점, 이 매개를 통해 자발적이고 순간적으로 결집한다는 점이다. 이런 점에서 가상세계와 현실이 혼합된 메타버스metaverse 환경에서 일어나는 '벌떼식 작업'이라고도 할 수 있다.

이 작업 환경이 가능한 배경에는 첫째, 고도의 과학기술 발달로 인해 공식적인 소속 팀 혹은 부서 내에서만 가능하던 일이 개인 혼자 수행 가능해지면서 협력의 폭이 넓어졌기 때문이다. 둘째, 고도의 기술 지원으로 업무 단위당 종결 시간이 매우 단축되면서 근무시간이 짧아지기 때문이다. 셋째, 능력에 따라 자신의 임무가 조기에 완수되면 여분의 시간을 다른 프로젝트나 다른 사람과의 만남에 소요할 수 있는 여유가 생긴다. 물론 여분의 시간을 업무에 투자하므로 응분의 인센티브가 주어져야 자발적이고 적극적으로 참여할 수 있을 것이다.

CHAPTER 2

인재자원 개발과 관리

1 어떤 인재를 선발할 것인가

채용·임용의 다각화와 맞춤화 실현

: 미래 인재상을 지향하는 융합형 직무 중심 시험제도

미래 인재상에 비춰볼 때 현재의 공무원 채용 패러다임에 문제가 있을 수 있다. 엄청나게 성장하고 있는 세계적인 기업 구글에서는 HR 업무의 90%를 '채용'으로 본다고 한다. 그만큼 이미 성인이 된 사람을 교육하는 효과에 대해 확신이 적은 것이며, 그 비용과 시간을 차라리 제대로 된 사람을 뽑고 적소에 배치하려는 것이다. 우수한 인재를 뽑았다고 자신하기 때문에 입사 후에는 역량 평가조차 하지 않는다고 한다.

앞서 논의한 바와 같이 미래의 공직자는 더 이상 관료제에 종속된 관료가 아니라 '인공지능관료제'로부터 독립한 자율적 공직자이다. 현재의 선발제도가 암기식 필기시험 중심으로 관료제의 틀에 잘 적응할 수 있는 순응형 관료를 뽑는 것에 목적이 있었다.

반면, 미래에는 네 가지 인재상에 맞는 역량, 즉 길잡이, 융합·협업, 창조적 정보조합, 감성적 교감에서 높은 능력을 보이는 인재를 선발해야 할 것이다. 기존의 선발제도는 현재의 틀에서 과감히 벗어나지 않는 한, 미래 수요를 거의 충족시켜 주지 못할 것이다.

결국, 현행 공채제도를 총체적이고도 근원적으로 혁신하기 위해서는 다음 네 가지 미래 역량에 맞게 여섯 가지 원칙, 즉 미래 채용 패러다임의 구상 원칙을 지향해야 할 것이다.

첫째, 단순한 적성과 암기력보다는 감성지수emotional quotient, EQ, 창의성, 문제 해결 능력, 인성 등을 종합적으로 평가할 수 있는 융합형 직무 중심 시험제도가 필요할 것이다. 둘째, 일회성 시험이 아니라 공직자로서의 인성과 적성을 장기간에 걸쳐 훈련받고 검증받은 사람 위주로 선발해야 할 것이다. 셋째, 공직 지망생이 사교육 시장에 의존하지 않고 공교육을 최대한 활용할 수 있도록 해야 할 것이다. 넷째, 인공지능과 로봇을 활용하여 비용과 공정성의 문제를 획기적으로 해소할 필요도 있을 것이다. 다섯째, 처음부터 입직 계급을 구분하여 시험을 보지 않고 입직 계급은 추가 검증 및 훈련 결과를 토대로 부처별로 결정할 수도 있을 것이다. 여섯째, 교육훈련의 효과는 대상자가 어릴수록 높다. 성인 교육의 효과에 대해 과대 포장하는 경우가 있는데 성인을 변화시키는 것은 매우 어려운 일이다. 차라리 학교 재학 중에 집중적으로 투자하는 것이 효율적일 것이다.

우선 직무 기반 채용제도의 인프라로서 가칭 '공직직무능력표준'을 수립할 필요가 있다. 이는 공직 현장에서 직무를 수행하기 위해 요구되는 지식·기술·소양 등의 내용을 직류별로 체계화한 표준이다. 국가직무능력표준National Competency Standards, NCS과 한국연구재단 연구 분류특히 융합 분야를 토대로 하여 직무분석을 가미하여 수립할 수 있을 것이다.

'공직직무능력표준'을 수립하면 다음 네 가지 효과가 있다. 첫째, 직무수행 능력과 융합적 지식체계와 사고방식을 검증하는 것이 목적일 것이다. 둘째, 산업현장과 지식체계에 대한 국가 차원의 표준에 적절히 대응함으로써 국가 차원의 공동생산체계co-production를 갖추는 효과도 있을 것이다. 셋째, 민간 부문과 선발 방식을 유사하게 함으로써 인재 확보를 두고 민간과 경쟁을 벌일 수 있는 적극적 모집positive recruitment이 가능할 것이다. 넷째, 민간 부문의 인재와 직무 능력 혹은 지식체계가 유사해지므로 민간 부문과 인적 교류가 활발해질 수 있으며, 아래에서 논의할 민·관 공유 인재풀인 주문형 인재 선발의 구축이 가능해질 것이다.

미래 인재상을 지향하는 융합형 직무 중심 채용제도는 단계별로 다음과 같이 설계될 수 있다.

첫 번째, '학교 내 공무원 트랙'은 공직자에 적합한 윤리, 소양 중심의 이수과목을 개설 및 이수하도록 하고 비교과 활동과 자원봉사도 일정 이상 참여하도록 한다. 공무원 트랙에 속한 지망생에 대한 소속 학교의 교사 혹은 교수의 지속적인 인성평가도 병행된다.

두 번째, '1차 직무 기반 서류전형'은 지원자가 공고된 직무 설명 자료를 기반으로 요구 내용을 써넣으면, 교육 이수 내용, 자격, 경험, 경력 등을 해당 직무의 요구 능력과 대조하는 작업이다. 추가로 빅데이터를 통한 추가 검증이 더해질 수도 있다.

세 번째, '2차 직무 기반 사례전형'은 사례 중심 전형으로서 실무 관련 사례case를 제시하고 검증하는 방식이다. 직무 관련 사례는 부처별 상황이나 전문성을 고려하여 각 부처가 DB를 구축하도록 한다. 문제해결 중심의 프로젝트 보고서를 작성한 후 발표와 질문, 응답을 거치는 방식이다. 이 전형에서는 필기 방식 혹은 가상·증강현실 방식 모두가 가능하다. 현재에도 언론기사를 쓰는 인공지능이 활약하는 것처럼 미래에는 보고서를 읽고 평가하는 기술이 발전할 것이며 답안지 채점의 객관성을 확보할 수 있다. 혹은 사례 검증에 가상·증강현실이 적용되어 검증의 현실감을 극대화할 수 있다. 특히 실기시험이 필요한 경우, 혹은 소방, 경찰 등 현장 업무에 있어서는 이 기술 활용의 효용성이 더욱 높을 것이다.

네 번째, '3차 연수원 훈련 및 검증'은 구 사법연수원식으로 훈련과 평가를 병행하여 채용 후보자를 선발하는 최종 단계이다. 일회성 구술면접에서 오는 태도, 인성, 능력 등의 가공성 혹은 일회성을 극복할 수 있다. 센싱sensing 기술을 통한 행태와 능력의 근접 모니터링을 통해 평가가 더욱 정확하고 치밀해질 수 있다. 이를 통해 비용 문제를 획기적으로 해결할 수 있을 것이다. 최종 2차 사례전형 점수와 연수원 점수를 토대로 각 부처에서 연수원생의 입직 계급을 결정한다. 입직 계급은 관리직과 실무직 두 가지로 축소해야 한다. 앞서 논의한 바와 같이 정부 조직 직급이 축소되어 수평형으로 변화할 것이기 때문이다. 그리고 실무직에 대해서는 아래에서 논의된 바와 같이 패스트트래커로서 속진 기회를 지속적으로 제공해야 한다.

∶ 부처별, 지자체별 맞춤형 인재 선발

현재 선발제도는 부처별, 지역별 특수성을 반영하기에는 한계가 있다. 개방형 직위제와 경력경쟁채용이 부처별 특수성을 반영하려는 예외적 경로이지만, 이마저 다양하지 못하다. 각 중앙부처 및 지자체에 적합한 역량 모델을 개발하고 다양한 입직 경로를 발굴할 수 있도록 임용권을 대폭 위임함으로써 능력, 경력, 정체성이 각기 다른 맞춤형 인재를 모집하기 위한 연구가 필요할 것이다.

앞서 논의한 바와 같이 직무 중심 채용 패러다임으로 발전하게 되면 각 부처는 통합 채용제도의 소프트웨어 구축에 전면적으로 참여하게 될 것이다. 첫째, 각 부처 및 직무의 특성을 고려한 '공직직무능력표준'을 수립해야 할 것이다. 둘째, 2차 직무 기반 사례전형에서 직무 관련 사례 DB를 구축해야 할 것이다. 셋째, 연수원 이수 후 최종 평가점수를 토대로 입직 계급을 결정하면 될 것이다. 즉, 직무 관련 설계와 구축은 각 부처가 담당하고 공통 역량 관련 평가 혹은 제도 운영과 감독 등은 중앙 인사관장기관이 담당하면 될 것이다. 따라서 현재의 부처별 경력경쟁채용도 필요 없게 되어 새 패러다임으로 통폐합이 가능해질 것이다.

이에 덧붙여 부처별, 지자체별로 당면한 갈등의 구조에 따라 대표관료제representative bureaucracy가 형성되어야 할 것이다. 대표관료제의 본래 목적 중 하나는 갈등 조율의 실험장으로 활용하는 것이다. 세대, 인종별 대표 공무원을 해당 집단을 대상으로 하는 정책 결정에 일정 인원을 배치하도록 한다.

대표성이 높은 공무원들은 정부와 사회집단 간의 소통 채널로서 공식적인 매개 역할을 하게 될 것이다. 예를 들어, 노인 정책 담당 부서나 노인인구가 많은 지역은 50대 이상의 인력이, 청년 정책 담당 부서나 청년 인구가 많은 지역은 20대 인력이, 외국인 정책 담당 부서나 외국인 밀집 지역은 귀화외국인이 담당하는 것이다.

： '지역균형선발'에서 '글로벌포용선발'로의 확대

공직 경로의 다양화 방안 중 비교적 성공적인 제도인 지역균형선발제도를 통한 선발 인원을 지속적으로 확대하여 공개채용, 경력경쟁채용과 함께 3대 주요 입직 경로로 정착시킬 필요가 있다.

앞서 우리나라의 전통적인 인사제도에서 논의했듯이 우리의 인사제도에는 지역균형선발의 뿌리가 매우 깊다. 고려와 조선에서 과거 초시의 합격자 수를 지역별로 미리 할당했다. 이러한 지역균형선발의 역사적 전통을 계승하여 그 비중을 지속적으로 확대하되, 학교별 공직 맞춤형 표준모듈^{공무원 트랙} 과정을 개설하여 인성교육과 검사를 강화할 필요가 있을 것이다.

현재 대졸 전형과 고졸 전형으로 구분되는데, 특히 고졸 전형은 선先 취업−후後 진학을 유도함으로써 지역 균형은 물론 실질적인 학군평준화와 대입경쟁을 완화할 수 있는 유용한 수단으로 활용할 필요가 있다. 현재 국가직에만 한정된 전형을 지자체에도 적용하여 지방공무원 선발에도 적용하도록 지원한다. 즉, 광역자치단체별 고졸 전형은 기초자치단체 간 균형을 촉진할 것이다.

중장기적으로는 제도를 국외까지 확대할 필요가 있을 것이다. 미래에는 물리적 영토 중심의 거주지와 태생적 국적의 의미가 매우 쇠퇴할 것이다. 포용의 범위가 넓어질수록 영토의 범위는 확대될 것이다. 또 국민들의 창의력과 사회적 동화, 이동성을 인정하고 고려하는 국가만이 살아남을 것이다.

아시아, 미주, 유럽별 대학 혹은 고교 출신을 선발하는 방안이 있고, 한국인 2~3세 혹은 입양아를 대상으로 국적 제한을 폐지한 지역별 할당제를 통해 포용적 균형 선발을 실시할 수도 있을 것이다. 남북통일이 성취될 경우 북한 지역을 균형 선발의 대상으로 포함시킴은 물론이다. 어떤 경우라도 물리적 공간과 별도로 가상적 커뮤니티를 지역으로 간주하여 선발하는 방법도 있을 수 있다.

대한민국이 진정한 세계 리더로 발돋움하기 위해서는 국적을 초월하여 글로벌 단위의 인력시장에서 인재를 발탁해야 할 것이다. 미래에는 세계를 떠도는 국제적 하이퍼 유목민hyper nomad과 하위 유목민hypostatic nomad이 급증할 것이다. 하이퍼 유목민은 더 나은 보상과 삶의 질을 찾아 전 세계를 이동하는 지구촌 브레인인 반면, 하위 유목민은 빈곤에서 벗어나기 위해 전 세계를 이동하는 희생자가 될 것이다.

이처럼 채용의 범위를 글로벌 수준까지 확대하여 국가가 포용하는 범위를 확대하는 제도를 '글로벌포용선발제도'라고 하면 어떨까? 과거와 현재에는 실적주의를 통한 기회의 평등과 적극적 조치를 통한 결과의 평등이 채용 원칙의 근간을 구성했으나, 이를 뛰어넘어 '포용의 평등'이 새로운 채용 원칙으로 대두될 필요가 있을 것이다.

: 주문형 인재 선발

기존에는 정부가 경직적이고 획일적인 정기시험을 통해 지원자의 역량이나 직무 적합성에 대한 극히 제한된 정보를 가지고 공무원 선발이

275

이루어졌다.

이미 비디오온디맨드video on demand, VOD, 북온디맨드book on demand 등이 상용화되었듯이, 미래에는 주문형 인재 선발HR on-demand 시스템을 활용함으로써 인재 수요자인 정부가 요구하는 대로 즉시 대응하여 적시에 적재적소의 인재 선발 서비스 시대가 가능해질 것이다.

주문형 인재 선발 시스템에는 민·관이 공유할 수 있는 인력풀이 전문 분야별로 구축되어 있어 언제든지 필요하면 수시모집이 가능할 것이다. 인공지능의 전략적 활용으로 주문·맞춤형 인재의 유치와 풍부하고 정확한 빅데이터의 수집·분석을 통해 공정하고 정확한 인사를 실현할 수 있는 여지가 확대될 것이다.

주문형 인재 선발 시스템에 접근하여 인재 정보를 주로 활용하는 직원들을 '아이디어 정찰자idea scout' 혹은 '아이디어 연결자idea connector'라고 부를 수 있다. '아이디어 정찰자'란 조직과 외부 간 경계 영역에서 지식과 기술의 흐름을 파악하고, 그것이 조직 성과에 얼마나 도움이 되는지를 예측하여 내부 전문가와 외부 전문가를 연결하는 역할을 한다. 이들은 지식과 기술 유통의 최전선에 서 있는 첨병 역할을 할 것이다. '아이디어 연결자'란, 조직 내부에 전문가 인맥을 갖추고 아이디어 정찰자와 연결해 주는 역할을 할 것이다.

주문형 인재 선발 시스템의 활용 방안을 구체적으로 살펴보면 다음과 같다.

첫째, 인재가 공직에 지원하기 이전에 개인의 일대기 빅데이터를 수집·분석하여 고급 인재를 선점할 수 있는 적극적 모집positive recruitment이 가능해질 것이다. 둘째, 선발 과정에 투입되던 인력과 비용을 획기적으로 절감할 수 있을 것이다. '로봇채용관'은 인력 수요와 공급을 스스로 분석하고 모집 계획을 수립하며 선발 과정에도 인사심사자와 인사권자에게 정확한 정보를 제공함으로써 채용 전 과정을 아우르는 '채용 스트리밍hiring streaming'에 투입될 것이다. 셋째, 중장기적으로는 인력풀에 인간뿐만 아니라 로봇도 추가되어 로봇 공무원의 채용을 지원하게 될 것이다.

기술 발전에 대응한 기술직 채용의 확대

⋮ 융복합형 테크노크라트의 확대

정보통신기술, 생명기술, 나노기술 등 기술의 혁명적인 발전과 기술 상호 간의 융합, 그리고 실생활에의 획기적인 활용이 급증하면서 기술 발전의 기반이 마련되었다. 이에 인문사회계 인력에 대한 수요는 줄어들 것이고 이공계 인력에 대한 수요는 급증할 것이다. 이공계 지원자가 늘고 있으며 고등교육 구조 개편도 이공계 양성 위주로 향하고 있는 추세이다.

이러한 변화와 맞물려 공직에서도 기술직 채용을 확대해야 할 것이다. 기술혁명의 규모, 속도와 연동하여 공직에 기술직 공무원을 대거 유치함으로써 장기적으로 기술직과 행정직 구성 비중을 현재 2：8에서 5：5로 전환해야 할 필요가 있다. 이를 위해 빅데이터, 인공지능, OS 프로그램 개발 등 소프트웨어 과목 신설 등 시험 및 교육과목 개편 등을 통해 고급 테크노크라트를 확충하고 양성해야 할 것이다.

그러나 기술직이라고 하더라도 지금과는 많이 다른 모습일 것이다.

인문사회적 소양 위에 전문 영역을 확보한 테크노크라트이며, 한 가지 기술이 아니라 제2의, 제3의 전문 기술을 섭렵하여 융·복합적 사고를 응용할 수 있는 '융·복합형 테크노크라트'이라고 할 수 있다. 국가 교육 과정에도 2018년부터 문·이과 통합과정이 도입되는 상황과 연동되어야 할 것이다.

⋮ 빅데이터 전문가, 프로그래머, 기술정책집행관 확대

50%까지 증가해야 할 융·복합형 테크노크라트의 종류 중 가장 비중이 클 것으로 예상되는 3대 전문가는 빅데이터 전문가, 프로그래머, 기술정책집행관일 것이다.

빅데이터 분야를 전문 직렬로 신설하고 이 아래에 4대 직군을 신설할 필요가 있다. 현재 빅데이터 전문가는 대체로 네 가지 종류로 구분된다. 데이터 비즈니스맨data businessmen은 활용 방안의 탐색, 데이터 창출자data creatives는 가공·분석·창출, 데이터 대리인data developer은 분류·저장·유지관리, 데이터 연구가data researchers는 전문학술용도 활용에 종사한다.[12]

이 중 공직에서 가장 핵심적인 기능은 데이터 창출자로서 데이터의 깊이, 길이, 폭, 시점을 기준으로 빅데이터의 가치 평가를 실시하고 가공하는 것이다. 국가 기밀 데이터로부터 저가치 오픈 데이터와 고가치 교환 데이터를 선별하여 배포함으로써 정부 빅데이터가 미래 기업 데이터의 최대 소스이자 비즈니스 모델의 중심이 되도록 해야 할 것이다. 이 방식은 이미 미국의 데이터베이스 마케팅 전문기업 액시엄Acxiom 사례에

---

12 함유근, 『이것이 빅데이터 기업이다』, 삼성경제연구소, 2015.

서 찾아볼 수 있다.

〈표 4-3〉 프로그래머 공직자의 필요성과 대책

필요성	대책
▪ 협업 플랫폼으로 인한 정보 보안 혹은 안보 문제 ▪ 외주에 천문학적 비용 소요 ▪ 외주업체와의 거래 비용 ▪ 2018년 초·중·고 정규 과목으로 코딩 과목 개설에 따른 프로그래밍 능력자 폭증	▪ 전산직렬 흡수하여 프로그래머 관련 직렬 신설 ▪ 사이버 안보를 위해 프로그래머와 해커를 공직으로 흡수 ▪ 공직 밖 프로그래머의 준공무원 성격 유지 ▪ 정부 편으로 만들 수 있는 인센티브 제공, 공공성과 애국심 고취(미국 사이버 패스트 트랙 사례)

〈표 4-3〉과 같이 전산직렬과 통합한 프로그래머 관련 직렬이 필요할 것이다. 우선 클라우드 컴퓨팅과 같은 협업 플랫폼이 공직 전체에 걸쳐 기반화됨으로써 정보 보안 혹은 안보의 문제가 갈수록 심각해질 것이다. 알고리즘이 행정 전반에 적용되면서 프로그래밍을 외주에 맡기는 것은 천문학적인 비용이 들고 정보 보안과 관련해서도 위험성이 너무 높다. 정보 관련 업체는 영세하거나 직원이 자주 교체되어 거래 비용이 많이 드는 편이다.

특히 2018년 초·중·고 정규 과목으로 코딩 과목 개설에 따라 프로그래밍 능력자가 폭증할 것으로 예측되며 양질의 프로그래머를 조기에 유치하는 적극적 모집 노력이 필요할 것이다.

사이버 안보를 위해 프로그래머와 해커를 공직으로 흡수하여 공직자로 양성하는 것이 가장 좋을 것이다. 그러나 미국방위고등연구계획국 DARPA의 해킹 양성화 프로그램인 사이버 패스트 트랙Cyber Fast Track, CFT 사례에서 보는 바와 같이 정부 밖 프로그래머와 해커의 공공성과 애국심을 자극하는 방편, 혹은 정부 편으로 만들 수 있는 인센티브를 제공하는 것도 대안이 될 수 있다. 그래서 공직 밖 프로그래머를 준공무원적 성격으로 유지할 수 있을 것이다.

프로그래머와 화이트 해커white hacker 공무원들은 공무원이면서도 게이머 세대의 속성을 동시에 가질 것이다. 독일의 저명한 미래학자이자 트렌드 전문가 마티아스 호르크스Matthias Horx에 의하면, 게이머 문화의 특성은 오만불손, 능력, 협력, 융통성, 경쟁의 재미, 반항적 태도 등이라고 한다. 인사행정관들이 해야 할 일은 이런 문화적 욕구를 충족시키면서도 동시에 이들에게 공직관과 국가관을 주입해야 하는 상반된 과제를 완수해야 할 것이다.

과학기술의 급격한 발전은 인간사회에 예측하지 못한 수많은 사회문제를 양산할 것이다. 기존에 정부가 기술과 관련하여 사회에 개입하는 방식은 주로 기술 개발 지원 혹은 외국의 사례를 토대로 한 단순한 방식의 규제밖에 없었다.

그러나 환경문제, 식·의약품, 유전자 복제 문제와 같이 과학기술을 응용한 정부규제가 정치적 문제로 확산되기도 한다. 하버드대학교 케네디스쿨의 자사노프S. Jasanoff에 따르면, 규제과학regulatory science은 학술과학과 전혀 다른 연구 목적, 연구 평가 절차, 그리고 연구 결과를 갖는다고 했다. 규제과학의 연구 목적은 규제를 위해 필요한 정보를 생산하거나 정책 결정자에게 정보를 제공하는 것이다.

미래에는 기술 관련 사회문제가 급증함은 물론 규제과학과 같이 과학의 이성적 정보와 사회 혹은 정치의 비이성적 욕구 사이의 경계가 흐릿해져 무엇이 진정 과학적 진실인지 판단하기 어려운 상황에서 정부의 역할이 주목을 받을 것이다. 따라서 기술규제, 기술표준, 기술윤리, 기술공감 등과 관련한 기술정책집행관을 양성하는 것이 필요할 것이다.

기술규제 전문가는 과학기술의 표준 품질 기준, 과학기술 관련 전문 규제에 관한 전문성이 있어야 할 것이다.

국제표준 전문가는 기업들의 각종 국제 표준 관련 애로사항을 해결하고 국제표준 설정에서 한국이 주도권을 잡을 수 있는 전략을 마련해야 할 것이다.

기술윤리 전문가는 유전자 복제 등 기술의 부정적 파급효과 급증에 따른 기술윤리 관련 규제 방침을 정하고 입법화하는 역할을 해야 할 것이다.

마지막으로 기술공감 전문가는 국민들의 기술 정보 접근을 용이하게 지원하고 국민의 과학기술 관련 정책 과정과 표준 설정에 대한 참여 증가를 촉진하며 관련 이해관계자 간의 조정과 중재자 역할을 해야 할 것이다.

2 어떻게 인재를 양성할 것인가

첨단 기술의 활용과 기계와의 협업 역량 강화

: 가상·증강현실 기술을 통한 체험식 교육·훈련
현재 교육훈련의 주된 방식은 집체식과 강의식 교육훈련이다. 교육

효과를 개선하기 위한 다양한 교육훈련 방법이 도입되고 수강자 편의를 위한 사이버 강좌가 증가하고 있지만, 그 효과가 어느 정도인지는 지속적인 검증이 필요한 형편이다.

미래에는 가상현실 혹은 증강현실현실과 가상을 혼합한 형태을 활용한 시뮬레이션을 통해 교육훈련을 실시할 수 있을 것이다. 일방적 지식 전달이 아니라 지식 공유와 공감을 통해 방향을 제시해 주는 교육이 가능해질 것이다. 특히 사례연구, 역할연기, 현장실습 등과 접목하면 획기적인 효과가 있을 것이다.

첫째, 가상·증강현실의 체험을 통해 직무의 요구 수준에 미치지 못하는 현재 능력의 수준을 측정하고 그 간극을 메우는데 최상의 효과를 보일 것으로 예상된다. 교육의 효과는 듣거나 보거나 읽거나 하는 것보다 직접 몸소 체험할 때 극대화되는 것으로 알려져 있다.

둘째, 공직윤리와 규범을 교육하는 데에도 활용될 수 있다. 예를 들어, 업무 중 겪게 되는 이해 충돌 혹은 갈등 발생 상황을 시뮬레이션화하여 원활히 대처하는 방안을 훈련할 수 있을 것이다. 이로써 올바른 공직관과 국가관을 정립할 수 있을 것이다.

셋째, 인사이동 시 옮겨갈 자리에 대한 적응력을 사전에 모의 훈련함으로써 이동에 대한 불안감을 줄이고 적응력을 향상시킬 수 있을 것이다. 전직 희망 혹은 발령이 난 경우 옮겨갈 자리, 혹은 퇴직 후 재취업 현장 등에 대한 가상 체험을 제공할 수 있다. 더 나아가 구성원의 경력발전계획career development plan, CDP을 세우는 데도 도움이 될 것이다.

넷째, 다양한 직무 중에서도 가장 효과성 증대의 폭이 클 것으로 예상되는 것은 재난대응 혹은 치안 등 위기관리 분야가 될 것이다. 예측할 수도 없는 무수한 위기 상황의 시나리오를 시뮬레이션화하여 체험함으로써 예방과 대응 능력을 극대화시킬 수 있을 것이다.

⠿ 인공지능, 로봇, 드론 등 자동화 및 무인기술 교육훈련 강화

1980년대 후반 정보체계론이 행정고시 1차 과목으로 도입된 것은 공직자도 정보화 사회의 물결에 대응해야 한다는 절박감에서 비롯되었다. 또 정보화 자격증 소지자를 대상으로 공무원 공개채용에서 가산점을 부여했다. 그러나 이런 노력들이 사회 변화에 대한 인식이나 지식의 수준을 측정하는 최소한의 수단이 될 수는 있다고 하더라도 실제 정보기술의 활용 능력을 평가하는 수단이 되는 데에는 한계가 있었다. 정보기술 활용 능력은 주로 현장 업무 처리 과정이나 실습교육에서 습득하는 것이 현실이었다.

인공지능, 로봇, 드론 등 첨단 기술이 업무의 상당 부분을 대체하는 상황이 도래하고 있는 시점에서 이들을 실제 현장에서 활용할 수 있는 능력을 평가하거나 배양해야 할 필요는 필연적 사실이 되어가고 있다. 우선 기초적 지식이나 이해 수준을 평가하기 위해 채용 시험 과목으로 도입하는 방안을 생각해 볼 수 있다.

이 기술들이 공직 내에서 컴퓨터처럼 보편화되기 전까지는 활용 경력자들 위주의 경력경쟁채용으로 선발하여 재교육시키는 방법이 가장 효율적일 것이다. PC가 보급되기 시작할 때까지만 하더라도 1인 1PC가 실현되리라고는 누구도 예상하지 못했듯이 중장기적으로는 1인 1로봇 혹은 1인 1인공지능이 실현될 수도 있을 것이다. 이 시기에는 전 공직 지원자를 대상으로 활용 평가를 시험 과목으로 포함시켜야 할 것이다.

그러나 기술 보편화에 따른 책임 소재의 문제를 고려하지 않을 수 없다. 공직 내에 아무리 기술이 널리 보급된다고 하더라도 민간 부문보다는 업무 대체율이 낮을 수밖에 없을 것이다. 왜냐하면, 공직은 법적 책임성, 의사결정의 파급력과 공공성 등 민간 부문과는 현격히 다른 특성이 있기 때문이다.

정책 결정을 기계에게 전적으로 맡긴 후 사후에 파급되는 사회적 문제에 대해 기계에게 책임을 물을 수는 없다. 이미 무인자동차의 운행 중 사고에 대한 책임 소재를 두고 논란이 일기 시작한 것을 보면 쉽게 예측할 수 있는 이슈이다. 따라서 업무의 완전자동화보다는 기계의 조작과 활용 혹은 오작동 시 대응에 관한 역량, 그리고 기계의 윤리적 활용은 기술 발전에 맞추어 지속적으로 교육되어야 하는 것이 공직의 특수한 요건이 될 것이다.

기술 진보의 속도만큼이나 세대 간 혹은 개인 간 기술적응력의 수준은 다양해질 것이다. 따라서 필연적으로 맞춤형 자기주도적 학습이 필요하다. 여기에는 지식지도knowledge map 기반의 교육설계, 자가측정 기술, 지능형 CDPintelligent career development plan와 같은 학습 기술을 들 수 있다.

기술교육을 포함하여 공무원 교육 프로그램 전체에도 적용될 수 있는 교육 방법의 로드맵은 다음과 같다.

'단기'에는 지식지도 기반 맞춤형 온라인 교육훈련은 수강생별 최적의 학습 주제와 학습 순서에 관한 정보를 제공해야 할 것이다. 학습 과정 중 학습 성과와 능력의 상시 자동평가와 대책을 제안함으로써 일회성 시험을 폐지한다. '중기'에는 자가측정기술이 고도화될 것이다. 테스트 없이 개인의 업무 활동이나 복무 상황을 센싱하고 개인별 지능형 CDP와 연동하여 부족한 능력과 개인의 경력에 맞는 맞춤형 교육과정에 대해서 인공지능이 대책을 마련하여 개별 통보하게 된다. 가상·증강현실 기술이 교육의 보편화된 방법이 될 것이다. '장기'적으로는 교육훈련제도가 필요 없게 될 것이다. 칩 이식 혹은 뇌파과학으로 개인별 부족 역량을 치유받는 시대가 도래할 것이다.

인간 본연의 사색 능력 및 공직자로서의 소명과 가치 교육 강화

: 신설 '국가인재한림원'을 통한 첨단 기술 및 공직가치 교육

기계가 인간의 영역을 대체할수록 인간 본연의 존재와 가치를 살리기 위한 노력이 필요하고 구글 등 국가의 능력을 뛰어넘으려는 세계적 거대기업이 등장하면서 국가관, 공직관에 대한 재고가 필요하게 될 것이다.

미래의 네 가지 인재상은 물론 국가관, 공직관을 함양하기 위한 국가적 차원의 신설기구인 '국가인재한림원^{가칭}'의 설립이 필요할 것이다. 여기에서는 신기술 교육뿐만 아니라 인본적 역량과 공직가치에 관한 집중 교육을 통해 미래형 인재를 양성해야 할 것이다. 즉, 신기술 발전에 따른 진화 직무에 부합하는 교육을 포함하여 감수성, 사색 능력 등 인간 본연의 능력 배양과 공직자로서의 소명과 가치 교육을 전담하는 것이다.

위와 같은 특별 국가기관이 필요한 이유는 다음과 같다.

첫째, 공동국가hollow state, 국가의 권력 약화에 대응한 인사행정체계가 필요할 것이다. 세계적 유목기업과 유목자본이 공공 기능을 잠식할 것이고 이에 대한 대응이 필요하다. 결국, 다국적 기업이 하이퍼 제국으로 성장함에 대응하여 세계정부가 수립될 것이며 이에 맞는 새로운 국가관, 공직관의 정립이 필요하다. 즉, 민·관 구분이 모호해지고 국경 개념이 희미해지면서 공직관과 국가관에 있어서도 퇴보가 일어날 것에 대비해야 할 것이다.

둘째, 공무원 개인이 접근 가능한 개인정보, 고가치 정보 혹은 안보관련 정보가 급증하고 있어, 유출될 수 있는 위험은 매우 커질 것으로 예측된다. 반면, 예상되는 공무원의 일탈 증가에 따른 고위험자에 대한 특별 감독이나 단속에도 한계가 있을 것이다.

유사한 개념의 교육기관인 프랑스의 국립행정대학원ENA은 공직자를 공직관과 국가관 파급의 핵심 엘리트로 양성하고 있다. 교육기관은 아니지만 이미 미국에서는 사이버 패스트 트랙 사례에서 보는 바와 같이 사이버첩보 전문 인력풀을 구축하고 여기에서 공무원을 수시모집하고 있다. 사이버 안보를 위해 프로그래머와 해커를 공직으로 흡수함으로써 공직 밖 프로그래머가 준공무원 성격을 가지도록 독려하고 있는 것이다.

: 국제적 실천가로서의 공무원

향후 글로벌화는 더욱 가속화되고 확장되어 국경의 개념이 무색할 정도로 하나의 공동운동체로서 움직일 것이다. 대한민국의 지위는 독보적이다. 최악의 후진국에서 선진국으로까지 단기간 성장한 경험을 살려 글로벌 리더 국가로서의 면모를 갖추는데 공무원이 예외일 수 없다. 대한민국의 공무원이 더 이상 국내에 갇혀 있는 것이 아니라 세계를 리드하는 '국제적 실천가global doer'로서 역할을 확대해야 할 것이다.

첫째, '국제적 실천가'는 국격 향상 프로젝트에 직접 참여함을 의미한다. 이 프로젝트는 대한민국을 개방적이고 모범적인 국가로 인식하게 하는 범국가적 조치를 말한다. 글로벌 커뮤니티와 공생 발전에 적극적으로 참여·기여해야 할 것이다.

둘째, 세계정부의 수립과 운영에서 리더십을 발휘해야 할 것이다. 미래학자들은 몇 개의 초거대 다국적기업들이 기술을 토대로 세계를 지배하는 세상을 예측하며, 이를 '하이퍼 제국'이라고 부르기도 한다. 하이퍼 제국에 대응하여 각 국가들은 세계정부를 수립하려고 노력할 것이다.

'1공무원 1지역' 제도는 국제적 환경 변화에 대응할 수 있는 대표적 대안이 될 수 있다. 이 제도를 통해 다각적 외교통상에 직접 활용할 뿐만 아니라 대한민국을 '글로벌 지식창고국가·허브국가'로 발전시키는 것이 목적이다. 즉, 세계 여러 국가에 관한 다양하고 상세한 지식이 축적되어 있고 접근이 용이한 세계 교류의 허브를 구축하는 작업이 필요할 것이다.

구체적으로 다음과 같은 행동 대안들이 있다.

첫째, 교육, 파견 국가를 다양화하고 우수 지역연구회 혹은 해외자매도시연구회를 장려하는 것이다. 둘째, '지역 지식의 전도사'를 경력경쟁 채용으로 선발하여 본 업무 외에도 현장교육on-the-job-training을 실시하는 것이다. 이 전도사들은 현지 거주 경력 기준, 혹은 SNS 등을 통한 해외 교류 활동성과 네트워킹을 검증하여 가상네트워킹 거주 경력 기준으로 채용한다. 셋째, 외무·내무직 간 경력·가치의 괴리를 극복하기 위한 좀 더 적극적인 인사 교류가 필요하다.

그러나 글로벌 수준의 공무원 참여와 더불어 유목기업과 유목자본의 공공 기능 잠식에 대한 대응도 인사행정의 차원에서 필요하다. 대응과 참여라는 양날의 칼을 가지고 국가의 공동화 현상에 대응해야 한다.

구글이 최근 한국의 지도 반출을 요청했다가 정부와 충돌을 일으키고 있는 것처럼 세계적 기업과 자본들이 막대한 빅데이터를 수집하고 국가 인프라에까지 접근하면서 국가 기능의 근간을 흔들 가능성이 커지고 있다. 우선 국가관, 공직관을 재확립하고 교육, 감찰 등을 강화할 필요가 있다.

3 어떻게 인재를 활용할 것인가

개인의 역량과 적성을 고려한 인재 활용

: 인간 중심형·다품종 소량 인력 양성 시스템의 구축

〈표 4-4〉에서 보는 바와 같이 인사행정의 역사를 구분할 때, 과거 제1차 시기는 환경에 대응하는 소극적 인사행정이었고, 현재는 제2차 인사행정혁명을 거쳐 공급자 중심의 획일적 인사행정이 진행 중이다. 앞

으로 제3차 인사행정혁명을 통해 전략적 인사관리와 수요자 중심 집단별 서비스로 패러다임이 바뀔 것이다.

〈표 4-4〉 인사행정혁명의 변천

제1차 인사행정혁명	제2차 인사행정혁명	제3차 인사행정혁명	제4차 인사행정혁명
- 환경 대응 소극적 인사행정	- 공급자 중심 획일적 인사행정	- 전략적 인사관리 - 수요자 중심 집단별 서비스	- 인간 중심형·다품종 소량 인력 양성 시스템 구축 - 인공지능 기반 개인별 맞춤형 CDP 시스템
	현재의 인사행정		

그러나 미래에는 집단별 대응으로는 미흡하다. 제4차 인사행정혁명을 통해 IT 기반의 '인간 중심형·다품종 소량 인력 양성 시스템' 구축이 가능해질 것이다. 이는 산업 공정에 첨단 기술혁신을 적용한 독일의 인더스트리 4.0Industry 4.0 프로젝트의 개념과 유사하다. 중장기적으로 제4차 인사행정혁명이 완성되는 시점에는 인공지능 기반의 개인별 맞춤형 경력발전계획CDP 시스템이 완성될 것이다. 심지어 공무원의 퇴직 후를 포함한 전 생애에 걸친 계획도 가능하게 할 수 있을 것이다.

결국, 조직의 인력 활용 수요와 구성원의 경력 욕구가 일치해야 한다는 목표가 실현 가능하게 될 것이다. 인공지능과 빅데이터 등 혁신기술을 기반으로 CDP의 새로운 국면을 맞이할 수 있을 것이다. 본래 CDP는 개인이 조직 내부에서 자신의 경력을 설계하고 관리할 수 있도록 인사관리자와 협의를 거쳐 지원을 받아야 정상적으로 기능할 수 있으나, 현실적으로 관리자나 개인이나 모두 정보 부족과 예측 능력의 부족으로 정상화되는 사례는 흔하지 않다. 그러나 혁신기술을 통해 이 문제가 해결되면서 개인별 맞춤형 CDP 시스템이 가능해질 것이다.

이미 '피플 애널리틱스People Analytics'라는 빅데이터를 사용하는 인사관리 시스템이 초기 도입 단계에 있다. 누가 언제 스트레스를 받고 직장을 언제 그만둘 것 같은지, 혹은 누가 유능한 재원이고 승진해야 할지를 게임 플레이 방식을 바탕으로 그에 대한 정보를 예측하는 '낵knack'이라는 프로그램이 개발되었다. 석유회사 셸Shell은 '베팅할 가치가 있는' 직원들과 아이디어를 뽑을 때 이 프로그램에 전적으로 의존하고 있다.

제4차 인사행정혁명 시대에는 인사행정직의 역할이 다음과 같은 방향으로 진보할 것이다.

첫째, 목표관리 전문가이다. 직원이나 팀의 목표 설정에서 스케줄 관리와 평가에 이르기까지 성과관리와 컨설팅을 담당하는 기능이다. 조직 성과의 극대화를 위한 인력의 전략적 활용에서 주역을 맡게 될 것이며 개인에게도 목표 달성을 통한 성취감을 배양하게 될 것이다.

둘째, 시뮬레이션 전문가이다. 현재 기초적인 수준의 인력 계획에서 주로 활용되고 있는 시뮬레이션은 인공지능의 발달로 차원을 달리하여 발전할 것이고, 이에 더하여 가상·증강현실과 결합되어 인사행정의 전 영역에 걸쳐 활용도가 확산될 것이다. 미래 예측의 수준이 정확하고 정밀할 뿐만 아니라 시각화의 수준도 향상되어 인사 담당자가 의사결정을 하는 데 있어 현실감을 불어넣어줄 것이다.

셋째, 위기관리 전문가이다. 각종 위기가 발생했을 때 정확한 정보 없이 TF 조직을 구성하는 것 외에는 인사행정직이 할 수 있는 것은 별로 없었다. 미래에는 정확한 인사정보가 실시간으로 업데이트됨에 따라 다양한 위기관리에 대응한 인력배치 능력도 급격히 향상될 것이다.

넷째, EQ·EGO^{자아} 컨설턴트이다. 인간은 기계의 확산에 압도되거나 소외될 것이다. 창조적 아이디어를 생산하기 위해 인간의 감수성이 더욱 중요해질 것이고, 기계로부터 차별화된 존재적 가치를 확인하기 위해 인간은 더욱 감성이나 철학에 의지하려 할 것이다. 인사 담당자는 이성적인 분석 능력 외에 철학적인 인간 특성과 인생의 의미를 강화시키고 확산시키는 조직 내 감성상담사로서 거듭나게 될 것이다.

⋮ 인공지능과 빅데이터 활용을 통한 인력 계획

기존의 인력 계획은 공석의 발생을 예측하고 충원 계획을 세우는 단순 과정이 인력 계획의 주요 내용이었고, 이마저도 부정확한 예측 능력으로 예측 주기가 매우 짧았다. 인공지능과 빅데이터의 활용은 인력 계획 과정을 인력관리의 전략적이고 핵심적인 요소로 부각시킬 것으로 기대된다.

조직의 목표에 부합하여 단기는 물론 중장기적인 인력 계획을 체계적으로 수립·운영하고, 공식 조직은 물론 프로젝트팀과 같은 조직 구성에의 최적 조합 인력 배치까지 도모할 수 있을 것이다. 공석이 발생하더라도 2인의 업무량 계획을 충족할 수 있는 역량의 1인이 발견되면, 그 1인만 선발하는 방안을 통해 인건비도 절감할 수 있을 것이다.

따라서 인력 계획은 현재와 같이 공석 수와 인원수와 매치가 아니라 '직무별 역량 수요와 후보의 역량 수준의 매치'를 중심으로 이루어질 것이다. 게다가 이 모든 것이 수시로 혹은 실시간으로 갱신되는 큰 변화가 있을 것이다.

위와 같은 시뮬레이션과 선형계획^{linear programming} 등의 복잡한 관리과학기법들이 인공지능과 빅데이터의 활용으로 가능하게 될 것이다. 물론 인사권자의 정치적 고려 등 다양한 변수들을 계산식에 입력할 수 있다. 최종적으로 인사권자에게 몇 가지 대안들이 제시될 것이고 결국 최종 결정은 인사권자가 하게 될 것이다.

앞에서 살펴본 바와 같이 직무들도 환경의 변화에 따라 적자생존의 길을 걸을 수밖에 없었다. 그런데 만약 퇴화될 직무의 수^{없어질 일자리}를 보충할 정도로 진화될 직무의 수^{생겨날 일자리}가 늘어나면 문제가 없을 것이지만, 그렇지 못할 가능성도 높을 것이다. 인력 수요는 줄어드는데 인력공급은 늘어남에 따라 공직 내 인력 과잉의 문제가 발생하고 해결책이 필요하게 될 것이다. 그러나 공직 인력의 과잉문제는 다음과 같은 변수들 때문에 산업구조의 변화에 따른 민간 부문의 문제 이상으로 심각해질 수 있을 것이다.

첫째, 공직의 로봇 대체는 생각보다 속도가 빠를 수 있다. 경제가 침체될수록 정부는 차세대 먹거리인 로봇의 수요 창출을 위해 로봇 기술을 전후방적 산업체계에 대거 도입할 것이다. 그 시장개척의 선두에 공직을 배치하고 공직의 상당 부분도 로봇으로 대체될 것이다. 둘째, 신규 공무원 공급은 늘어날 것이다. 청년실업률이 높아질수록 실업구제책으로서의 공직을 활용할 가능성이 높다. 즉, 청년실업의 구제를 위해 신규 채용 공무원 정원을 지속적으로 증가시킬 것이다. 셋째, 장기로 진행될수록 공무원 수요는 급격히 감퇴될 것이다. 단기·중기에는 산업구조가 바뀌면서 인프라 교체의 과정에서 노동집약적 성격을 가지는 일자리가 어느 정도 필요할 것이다. 예를 들어, 사물인터넷 인프라와 재생에너지 체제를 대규모로 구축하는 과정에서 노동수요가 마지막으로 급증할 것이다. 그러나 인프라 구축이 완성되는 순간 지능형 사물 인터넷이 약간의 감독 인력을 남기고는 공직의 상당 부분을 잠식할 것이다.

위와 같은 복잡한 정원 관리 문제를 인공지능과 빅데이터의 지원으로 어렵지 않게 해결할 수는 있겠지만, 중요한 변수로 입력되어야 할 부분이 '통일 문제'일 것이다. 잉여 공무원 정원을 통일 대비 인력으로 전환하여 훈련시킨다면 공무원 정원 문제와 통일 문제를 동시에 해결할 수 있을 것이다. 남북통일 시 북한 지역 파견 인력으로 약 5,000명을 양성하는 것이다. 이에 더하여 북한 현지 핵심인력 약 5,000명과 함께 총 1만 명, 즉 통일인구의 약 1%에 해당하는 북한 재건 조직을 구성하는 것이다.

핵심인력 성장을 위한 환경 조성과 경로 지원

: 일반행정가도, 전문가도 아닌 제너페셜리스트

한국 공직 사회가 그동안 발전 가능성과 인력 활용의 융통성에 무게를 두어 일반행정가generalist를 선호하고 양성하는 데에 초점이 맞추어졌지만, 지속적으로 전문성에 대한 사회적 요청이 제기되고 있다.

미래에는 일반행정가적 속성과 전문가specialist적 속성을 겸비한 제3의 인간형이 핵심인력으로 성장할 가능성이 높아질 것이다. 이 인간형을 T자형 '제너페셜리스트gener-pecialist'라고 부를 수 있다. 미래 사회의 불확실성과 복잡성에 대응하여 인력 활용을 유연하게 하면서도 전문성에서 나오는 창의성을 발휘할 수 있도록 하는 것이다. 이는 앞서 4대 인재상 중 '융합·협업형 인재'로 성장할 수 있는 기회이며, 그 효과는 다음과 같다.

첫째, 고유의 전문 영역을 가지면서, 제2, 제3의 일탈적 영역에서 즐거움fun을 느끼게 되면 환경 변화에 대해 적응력이 높아질 것이다. 둘째, 고유의 전문 영역을 가지면서, 다른 영역과 융합·통섭하면 구 패러다임의 행정·정책을 창조적으로 파괴할 수 있는 창의력이 높아질 것이다. 셋째, 전문 영역에 대한 연구 능력에 관리 능력을 겸비하게 되면 이론을 정리하고 실현할 뿐만 아니라 국민에게 체감시킬 수 있는 이론－실천의 연계 능력이 높아진다. 넷째, 나 혼자 무엇을 알고 무엇을 혼자 할 수 있는가보다 네트워크를 통해 무엇을 찾고 누구의 도움을 얻어낼 수 있는 네트워크 활용성이 높아진다.

혹자는 이를 융·복합적 AND형 인간이라고 부르기도 한다. 한 가지만 잘하고 다른 것은 못하는 OR형 인간은 도태될 것이다. 하나를 빼어나게 잘하지만 다른 분야에도 일정 수준 식견과 능력을 갖춘 퓨저니스트fusionist를 양성해야 할 것이다.

그러나 제3의 인간형을 획일적으로 모든 조직과 직무에 적용할 수는 없다. 직무별로 차별화된 T자형의 모양을 마련할 필요가 있다는 것이다. '납작 T자형'은 전문성 깊이는 낮지만, 일반적 능력이 넓은 인재를 말한다. 반면, '길쭉 T자형'은 전문성은 깊지만, 일반적 능력은 넓지 않은 인재를 말한다.

기존의 행정직은 납작 T자형으로 개발하고, 기술직은 길쭉 T자형으로 개발하는 것이 적절하다. 기술직의 경우 전문성이 일반역량보다는 다소 강하게 개발될 것이다. 이를 Y자형 경력발전제도로 연결할 수도 있다. 납작 T자형은 정책 관료로, 길쭉 T자형은 전문관료로 경력을 선택할 수 있을 것이다_{김태유·신문주, 2009}.

교육부의 2018년 문·이과 통합 과정 실시는 T자형 인간형에 대한 사회 수요를 보여주는 단적인 예이기도 하고, 이 교육과정의 효과를 단절시키지 않고 공직에도 연장시키는 것이 국가적 인력정책의 효율성 측면에서도 바람직할 것이다.

⋮ 핵심인재 패스트트래커 제도 도입

현재 계급제를 기반으로 하는 한국 공직 사회에서의 승진은 최고의 희망 사항일 것이다. 지나친 승진 경쟁은 조직 문화를 피폐하게 할 뿐만 아니라 패자에게는 조직 몰입도를 상실하게 만들 것이다. 그동안 동기부여의 일환으로서 영국의 속진제를 도입하려는 논의가 없었던 것은 아니다.

그러나 모두가 승진을 갈구하는 문화 속에서 평가의 객관성이 확보되지 않은 상황은 오히려 위화감 조성 등의 부작용만 초래할 것으로 예상되어 도입에 대한 공감대가 형성되지 않았다. 그러나 미래 공직 내에서 승진 일변도의 가치와 문화가 다양화됨으로써 실현 가능성이 높아질 것이다.

미래 공직 사회에서는 서로 가치나 문화가 다른 '패스트트래커'와 '포스트트래커^{post-tracker}'가 등장할 것이다. '포스트트래커'는 'track ^{궤도}'을 'post ^{초월}'한 직원들을 말한다. 승진에 연연하지 않고 중하위직에 머무르면서 여유 시간을 가지거나 여가생활을 즐기는 데에 가치를 두는 집단이다. 그만큼 사회에서 즐길 거리가 많아졌다는 의미이기도 하다. 이들에게는 여가를 확대시켜 주어 굳이 승진이나 큰 보상을 갈구하지 않으려는 가치를 충족시켜 주어야 할 것이다.

그러나 '패스트트래커'처럼 성취욕이 강하고 우수한 역량을 갖춘 핵심인재에게는 보다 많은 권한과 책임을 주고 자율권을 부여해야 할 것이다. 도전적 직무로 이동 배치하여 도전 기회를 제공하고 그에 상응하는 보상을 제공해야 할 것이다.

그리고 '포스트트래커'와는 차별화되는 역량평가와 역량교육, 그리고 경력관리를 제공해야 한다. 즉, 현재 한국의 고위공무원단이 받아야 하는 다양한 프로그램을 승진을 위한 수직적 궤도를 따라 배치해야 할 것이다.

다만 '패스트트래커'에게 요구되는 책임성과 투명성의 수준은 이전과 비교하면 현격히 증대될 것임에 주목해야 할 것이다.

첫째, 사회 양극화의 심화로 사회 갈등이 심각한 수준에 이를 것이고 사회문제는 예측이 어려울 정도로 복잡성이 증대되어 고도의 역량과 노력이 필요할 것이다. 둘째, SNS와 전자투표가 일상화되면서 대의민주주의가 무너지고 직접민주주의가 탄생하게 될 것이다. 이제 고위공무원이 기존에 정치인이 하던 대의 기능까지 맡을 가능성이 높아질 것이다. 셋째, 법무, 회계 등의 전문 직종이 인공지능으로 대체되듯이 정책 결정 과정에서 인공지능과 SNS에 상당히 의존하게 된다는 것은 분권화와 투명성에 크게 노출된다는 것을 의미한다. 그러나 최종 책임을 기계에게 물을 수 없기 때문에 결국 담당 패스트트래커가 책임져야 할 것이다.

4 어떻게 인재를 평가하고 보상할 것인가

협업과 가치 창출에 기반한 성과평가제도 확립

: 코피티션 평가

현재 공직 사회의 가장 고질적인 문제 중 하나는 형식적 경쟁과 과도한 경쟁이 혼재되어 있다는 점이다. '형식적 경쟁'이란, 방향성은 경쟁을 지향하지만 실제로는 연공서열 혹은 '나눠 먹기' 식으로 경쟁을 회피하는 상황일 것이다. 과도한 경쟁이란, 신자유주의식 행정으로 정의되는 '신공공관리'를 토대로 확산된 경쟁이 협업을 방해하는 상황이다.

향후 '코피티션'이라는 신개념이 도입되어야 하고, 이를 기준으로 성과평가가 이루어진다면, 경쟁과 협업 모두에서 긍정적인 상승효과가 있을 것이다. '코피티션'이란, '경쟁'은 물론 '협업·공생'이 필요한 공직생태계에 대한 기여도 평가이다. 여기서 중요한 것은 공직을 생태계로 비유한다는 점이다. 생태계에는 약육강식과 적자생존이 존재하기는 하지만, 동시에 협업과 공생이 공존하는 상생의 장이다.

'코피티션'의 정립을 위해 정부 공유에 대한 인센티브를 뛰어넘어 정부의 정보·지식 통합관리와 완전 공유가 필요하며, 우선 복합적응 시스템complex adaptive system과 클라우드 컴퓨팅 등의 기술 플랫폼이 설계되어야 할 것이다. 복합적응 시스템은 협업·네트워킹 방법에 대한 정보를 제공하는데, 정부 내외의 누구와 어떤 방식으로 협업할지를 안내하며, 집행 결과를 피드백하여 활용하는 자기학습 기능도 갖추고 있다.

또 클라우드 컴퓨팅이 이미 활용 단계에 와 있지만, 보안의 문제는 물론 우선 부처 간 어떤 정보를 공유하고 공유하지 말아야 할지에 대한 법적 기준이 선제되어야 할 것이다.

우리의 공직 문화 하에서는 타 기관에서 활용도가 높은 지식일수록 개인이 아닌 제공기관에 지식 마일리지knowledge mileage를 부여하는 쪽이 부작용을 최소화할 것이다. 즉, 지식 마일리지는 제공한 개인만을 위한 것이 아니라 소속 기관을 위한 것이라는 인식이 생길 때 지식 공유의 문화가 형성될 것이다.

'코피티션'의 정상화를 위해서는 플랫폼의 토대 위에 기관 간 협업 역량의 성과를 평가하여 지표화하며, 부처·부서 간 칸막이를 낮춘 정보 공유 우수기관에 대해서는 인센티브를 제공하는 방안 마련이 필요할 것이다. 우선 핵심 행정정보, 재난안전 정보, 지식 공유 수준을 지정하고 이에 따라 인센티브를 제공할 필요가 있다.

앞서 논의한 '태스크 플래시몹' 역시 부서 간, 직렬 간 협업을 촉진할 수 있는 '코피티션' 체계의 일종으로서 인센티브가 제공되어야 할 것이다.

⋮ 유비쿼터스 성과평가

성과평가제도의 필요성과 제도 수립에도 불구하고 성과평가가 형식적으로 운영되는 사례가 빈번한 이유는 평가의 객관성과 공정성에 대한 불신 때문에 구성원 간 지표와 운영 방식에 공감대가 형성되어 있지 않기 때문일 것이다.

평가는 기다리는 것이 아니라 실시간으로 이루어져야 한다는 신개념이 등장하고 있다. 블로그 전용 플랫폼 회사인 미디엄Medium은 '하이파이브High Five'라는 온라인상 칭찬 테크놀로지를 활용 중이다. 협업 플랫폼을 통해 실시간으로 평가하고 피드백할 수 있도록 만들었다. 이커머스 사이트 전문회사인 쇼피파이Shopify에서 개발한 유니콘Unicon이라는 플랫폼도 직원들이 서로에게 유니콘을 줄 수 있는데, 이것의 숫자에 비례하여 매월 보너스가 지급된다.

평가에서 가장 근본적으로 변화되어야 할 두 가지가 있다. 첫째, 인간인 직속상관이 일방적으로 평가하여 엄격한 위계질서가 고착화되어 있는 관료제 구조를 타파하는 것이다. 둘째, 평가의 시간과 장소가 정해져 있어서 이 상황에서만 성과를 가시적으로 보이면 된다는 기회주의적 사고를 타파하는 것이다.

위 두 가지 과제를 해결하기 위해 적용될 미래의 첨단 기술로는 센서가 언제 어디에든 산재되어 있다는 의미의 유비쿼터스화된 센싱 기술이다. 이를 통해 언제 어디서든, 또한 직속상관만이 아니라 다양한 사람이 평가자로 참여하게 되는 '다면적 상시평가'가 가능하게 될 것이다.

이를 통해 기존에 발생되던 인간의 오류와 상호불신을 획기적으로 줄여줌으로써 성과평가의 객관성과 공정성은 물론 성과-보상의 연계성을 개선해 줄 것이다.

유비쿼터스 성과평가의 사례로 들 수 있는 것은 다음과 같다. 첫째, '민원인 만족도 평가 센서'가 있다. 민원인의 눈빛, 표정, 뇌파 등의 반응을 자동 수집·분석하여 무의식적인 평가를 가능하게 할 것이다. 둘째, '펀fun 성과관리 시스템'이다. 성과 포인트 획득이 게임 포인트를 얻는 듯한 즉각적인 동기부여를 유발하는 목적이 있다. 또 생활의 상당 부분을 게임에 몰입할 것으로 예상되는 미래 세대에 적합하다. 게임과 같은 실시간 성과평가에 따라 가점을 획득하면 개인 디바이스로 즉시 통지됨으로써 성과–보상 간의 유의성을 극대화할 수 있을 것이다. 셋째, 다소 논란의 여지가 있을 수 있지만, 자동 상시 기록 평가 시스템이 있다. 프랑스의 미래학자인 자크 아탈리Jacques Attali는 하이퍼감시와 자기감시라는 개념을 소개하고 있다.

그의 주장을 인사행정에 적용하면, 하이퍼감시란 직원이 더 나은 성과를 내고 있는지, 혹은 규범에 맞추어 복무하는지 전 과정을 밀착 감시하는 기술을 말한다. 자기감시란, 직원 자신이 목표로 설정한 성과를 내고 있는지, 혹은 규범에 맞추어 복무하는지 스스로 감시하는 기술을 말한다.

법규·절차와 상관의 지시·감독에 얽매이지 않고 지속적으로 자동 업데이트되는 규범 프로그램이 성과 추진과 복무의 매 과정을 안내하고 경고할 수 있다. 이로써 공직에 대한 전통적인 외적 통제와 내적 통제가 각각 하이퍼감시체계와 자기감시체계로 전환될 수 있다.

위와 같은 '빅 브라더big brother'의 등장에 대한 우려의 시각에 대해 자크 아탈리는 미래 사회는 이미 아무것도 숨길 수 없는 '감시사회'이지만 감시의 이점이 너무 커서 프라이버시에 무심하게 된 '프라이버시 관용 사회'로 변모하게 될 것이라고 반론을 폈다. 또한, 규범과 행동 기준을 제시하고 거기에 개인이 스스로 맞추려고 하면서 자기절제와 시민 정신이 극대화될 수 있으므로 오히려 긍정적인 측면도 있다고 했다.

그리고 평가와 보상에서 '기회의 평등'과 '절차적 정의'가 보장된다면 큰 문제가 없다는 것이 보편적인 연구 결과의 내용이다. 모두에게 공정한 기회가 주어지고, 절차와 방법에 대해 구성원들이 동의하며, 평가나 보상 결정의 과정을 절차적으로 공정하면서 투명하게 지켜볼 수 있다면 어떤 결과가 나오든 구성원들은 거부하지 않을 것이다.

유연한 보수 합리화와 퇴직제도 구축

: 정년 기준 조정과 임금피크제의 모듈화

공무원의 신분은 법적으로 보장되기 때문에 지금까지 공직에서 퇴직 이슈는 그리 크게 다루어지지 않았다. 그러나 의료 기술의 발달과 수명 연장으로 인해 '최적 퇴직 모델optimal turnover model'에 대한 논의가 불가피하게 제기될 수밖에 없다. 이 모델은 '개인별 맞춤형 정년제도', '임금피크제 모듈화', '전직 지원 서비스'가 적절히 조화를 이루면서 설계될 필요가 있다.

첫 번째, '개인별 맞춤형 정년제도'에 대해 살펴보자. 현재 60세로 획일화되어 있는 정년제도는 그 과학성과 객관성이 충분하지 않다고 할 수 있다. 60세가 넘으면 근무 효율성이 급감하여 조직에서 더 이상 활용하기에 적합하지 않은 연령이라는 가정 역시 검증된 바가 없다. 특히 조만간 100세 수명이 보편화되는 시대가 온다고 하는데, 그렇게 되면 정년도 연장되어야 한다는 주장이 강하게 제기될 것이다. 또 공무원연금기금이 고갈됨에 따라 정책적으로 정년을 연장할 수밖에 없을 것이다. 공무원연금기금의 고갈 수준과 연동하여 재원 확보는 물론 정년연장제도의 보완이 필요할 것이다. 예를 들어, 연금기금 10% 감소에 1년 정년 연장하는 방식을 고려해 볼 수 있을 것이다.

그러나 연령과 근무 효율성 혹은 건강 상태 간의 인과관계는 개인별로 매우 다양하다. 따라서 중장기적으로는 개인별 맞춤형 정년이 도입되어야 할 것이다. 앞서 논의한 바와 같이 센싱 기술을 통해 공무원들의 정신적·신체적 건강 상태를 과학적이고 상시적으로 측정하여 개인별로 정년의 기준을 조정하는 것이다. 그리고 정기적으로 정년의 기준을 정기적으로 예고함으로써 오래 일하고 싶은 사람에게는 건강을 잘 지키고 관리하도록 권장하는 것이다.

또는 건강 상태와 개인별 근무성적을 조합하여 정년을 연동할 수도 있을 것이다. 개인별 근무성적을 소속 팀이나 조직의 근무성적과 엄격히 구분하는 것은 어려운 것이므로 근무성적만을 가지고 정년을 정하는 것은 매우 위험하다. 물론 자신이 스스로의 정년을 판단하여 예고하는 방법도 있을 수 있다.

두 번째, '임금피크제 모듈화'에 대해 살펴보자. 정년이 근무 효율성의 저하와 관계가 있다는 가정하에, 개인별 정년이 정해지면 임금피크제를 통해 근무시간과 임금이 조정되어야 할 것이다. 마이클 에이벨슨Michael Abelson은 비용과 편익의 차이를 극대화하는 최적의 퇴직률이 존재한다며, '최적 퇴직 모델'을 제시한 바 있다.

2016년 현재 공공기관을 비롯하여 정부에도 공무원 정년을 연장하는 동시에 임금피크제를 병행하는 방안이 논의되고 있지만, 노조 등의 반대에 부딪히고 있는 이유 중 하나는 개인별 특성을 반영하지 않고 공무원 전 집단에 획일적인 적용을 시도하기 때문이라고 볼 수 있다.

앞서 논의했듯이, 제4차 인사행정혁명 시대에는 모든 인사행정이 인공지능 기반의 개인별 맞춤형 모델로 운영되듯이, 인공지능이 각 개인별 맞춤형 임금피크제 모델을 설계해 줄 수 있을 것이다.

개인별 차별화된 정년 시점과 표준 임금삭감분, 그리고 기타 성과 관련 변수 간의 다양한 조합을 통해 임금피크제를 모듈화할 수 있을 것이다. 퇴직예정자는 임금삭감분 수준을 자문받은 후 퇴직 시점을 스스로 선택함으로써 선택의 폭을 넓힐 수 있을 것이다. 이 경우에도 임금피크제 적용 중에 공무원연금의 일부를 조기에 지급하여 보전하는 방안도 있을 수 있다.

세 번째, '전직 지원 서비스'에 대해 살펴보자. 임금피크제 기간에는 재취업을 돕기 위한 전직 지원 서비스 혹은 아웃플레이스먼트 서비스 outplacement service를 통해 전직 지원이 필요할 것이다. 이미 미국에서는 『포춘』이 선정한 500대 기업 중 약 75% 이상이 이 프로그램을 도입할 정도로 일반화되어 가고 있다.

과거 공직 사회는 전직 지원에 대해 다소 소극적이었다. 퇴직 예정자의 경력이나 능력을 고려하지 않은 채 주로 집체식 교육을 통해 지원했다.

우수한 인재를 영입하는 것도 중요하지만 부적합한 인재를 퇴출시키는 것도 중요하다. 그동안 정년이 법적으로 고정되어 있어 저성과자라고 하더라도 대체로 정년에 맞추어 퇴직하려고 했기 때문에 퇴직을 유도할 수 있는 기재가 부족했다. 또 공직을 떠나 더 좋은 기회를 잡으려는 인재들도 퇴직 후의 불확실성 그리고 공무원의 경직성에 익숙해져 있었기 때문에 퇴직을 망설이는 경우가 많았다.

미래에는 정년의 의미가 희미해지면서 누구든지 언제든 퇴직할 수 있는 기회가 열릴 것이다. 공직이 적성에 맞지 않거나 저성과자에 대해서는 퇴직을 유도할 수 있는 효과적 방안이 필요하다. 첫째, 공무원 전직·재취업을 위한 '1인 1특기 만들기' 지원이 필요할 것이다. 되도록 직무와 별개의 공직 내 교육, 동아리, 연구회를 통한 전문성 습득이 바람직하며, 퇴직 후 전직과의 연관성은 부패의 고리가 될 수 있기 때문에 직무와 별개의 전문성을 습득하도록 하도록 지원하는 것도 필요하다. 둘째, 가상·증강현실 기술을 통한 전직 혹은 재취업 현장의 사전 가상 체험을 통한 적성, 역량 등 자체 검사를 실시하는 것이다. 좀 더 진보된 기술로서 홀로그램을 활용할 수 있을 것이다. 홀로그램 기술은 전직 혹은 재취업 현장의 인력들과 의사소통과 협업 참여를 체험하도록 지원할 수 있다.

∴ 초고령화 사회에 대비한 지속가능한 공무원연금

공무원연금제도를 현 상태로 지속된다면, 향후 재정적자를 감당하기 어려운 상황에 직면하여 고스란히 국민들에게, 후손들에게 부담으로 작용하게 될 것이다. 특히 세계에서 가장 빠르게 진행되고 있는 고령화는 연금 정책에 큰 부담이 될 수밖에 없다. 평균기대수명이 30년 정도 연장되면서 연금수급자의 수와 연금 수혜 기간도 급격히 늘어나게 된다. 따라서 공무원연금의 개혁 방향은 현재의 재정적 안정을 통해 미래에도 제도가 유지될 수 있도록 지속가능성을 높여야 할 것이다.

첫째, 정부는 향후 연금수급자 증가에 따라 장기적으로 연금 재정 부담에 미치는 영향을 분석하여 공무원연금의 재정건정성을 높여 나가야 할 것이다. 또한, 국민연금과의 형평성을 높여 나가야 할 것이다. 2015년 공무원연금 개혁에도 불구하고 공무원연금의 국민연금과의 형평성 부문에서 미흡한 측면이 있을 수 있다. 공무원연금의 지속가능성을 높이기 위해서는 국민, 공무원, 노조, 언론, 전문가들이 참여하는 협의체를 구성하여 공무원연금 개혁의 운영 상황을 점검하고 개선 과제와 합리적인 대안을 마련하여 발전해 나갈 필요성이 있을 것이다.

또한, 국민연금과의 형평성 측면에서 개혁이 이루어졌다고는 하나, 어느 정도 시기가 지나게 되면, 또다시 형평성 문제에 대한 논란이 있을 수 있으므로, 국민연금과 공무원연금에 대한 심층적 분석과 접근이 이루어져야 할 것이다. 둘째, 이미 현실화되고 있는 초고령 사회 환경 변화에 맞추어 연금의 지급개시연령을 조정하는 등 공무원연금을 개혁해 왔다. 지급개시연령이 60세에서 단계적으로 65세까지 연장되는 새로운 개혁안을 통해 공무원연금의 지속가능성이 다소 보완된 것이 사실이다. 또한 지급개시연령을 보완하기 위해 정년 연장, 임금피크제 도입 등 다양한 방안들도 향후 중장기적으로 검토할 필요가 있다. 특히, 퇴직 후 재취업 활성화 방안은 정부가 적극적으로 고민할 시기가 되었다. 즉, 60세에서 65세까지 5년간의 소득 공백 기간 동안 공무원의 전문성을 사회에 기여할 수 있도록 전직 교육, 봉사활동, 사회공헌 등을 체계적으로 지원할 수 있도록 세컨드 라이프second life 활동 등을 지원할 필요가 있을 것이다. 셋째, 필요에 따라서는 정부가 나서서 각종 퇴직 공무원들의 다양한 퇴직 후 사회 공헌 프로그램들을 종합적으로 검토·준비함으로써 오랜 경험과 다양한 전문성을 가진 공무원들의 역량을 퇴직 후에도 사회에 공헌할 수 있는 기회를 지속적으로 확대해 나갈 필요가 있다.

5 어떻게 인재들이 긍지와 보람을 느끼게 할 것인가

긍지와 보람으로 충만한 창의적·자율적인 공직 문화

: 창의촉진형 리더십의 보급

기술의 발달은 목적하는 바를 거의 충족시킬 수 있는 유효한 수단이 될 것이고, 인간은 이제 창의적인 아이디어가 가장 중요한 가치로 인정받는 시대가 될 것이다. 반복적이고 정형적인 업무는 주로 기계에게 맡기고 창의적이고 혁신적인 정책과 서비스 모델을 끊임없이 개발하는 것이 공무원의 주된 업무가 될 것이다. 또한, 인간의 능력이 기계의 힘을 빌려 거의 전지전능한 수준에 다가감에 따라 인간의 영적이고 정신적인 측면의 가치가 급속도로 증대될 것이다. 이에 따라 리더십 유형도 재설계되어야 할 것이다.

그렇다면 리더는 공무원들의 창의성을 어떻게 끌어낼 것인가? 하버드 경영대학원의 테레사 아마빌Teresa Amabile 교수는 창의성을 구성하는 세 가지 요소로 내적 동기, 전문적 지식과 경험, 창의성 스킬을 들었다. 이 중에서 특별히 관심을 두어야 할 것이 내적 동기라면서 금전적 보상은 한계가 있고, 일 자체에 대한 흥미와 관심 등의 내적 동기가 창의성을 발현시킬 것이라고 주장했다.

미래에 가장 바람직한 리더십은 직원들이 창의성을 발휘할 수 있도록 그들의 내적 동기를 자극할 수 있는 역량을 갖추어야 할 것이다. 이는 통제와 감독 중심의 리더 역량과는 패러다임을 달리하는 것이다. 구체적인 내용은 다음과 같다.

첫째, 강력한 조직의 미션을 통해 내적 동기를 부여하는 리더십이다. 구글의 미션은 "세상의 모든 정보를 체계화하여 누구나 접근할 수 있고 유용하게 사용할 수 있도록 하는 것"이라고 했다. 또한, 구글의 기업철학은 '문샷 싱킹moonshot thinking'이다. 이런 말들은 세상을 바꾸겠다는 미션 하에 직원들의 몰입을 끌어내어 불가능해 보이는 것을 가능하게 하는 창의적이고 혁신적인 사고를 강조하는 것이다. 이를 위해 구글 직원들에게는 근무시간의 20%가 개인 프로젝트를 운영하는 데 자유롭게 사용하도록 배정되어 있다.

둘째, 하고 있는 일의 사회적 의미를 찾도록 하는 리더십이다. 컨설팅 업체 KPMG가 2014년 자사 직원을 대상으로 한 설문조사 결과, 부서장에게 자사의 사회 공헌에 관해 설명을 들은 직원일수록 회사를 '일하기 좋은 직장'이라고 표현했으며, 일의 사회적 의미에 관해 설명을 듣지 않았을 때 이직을 고려하지 않은 비율이 38%에서 설명을 들은 후에는 68%가 이직을 고려하지 않게 되었다고 했다.

2013년 11월 30일 자『뉴욕타임스』기사에 따르면, 2011년 여론조사 기관 해리스 인터액티브Harris Interactive가 발표한 보고서에서 21~31세의 청년들에게 성공적인 커리어에서 가장 중요한 의미는 '의미'이며, 3/4이 '의미 있는 일하기'를 성공적인 커리어의 가장 중요한 세 가지 요소 중 하나로 뽑았다.

셋째, 개인의 성취 욕구를 충족시켜 주는 리더십이다. 테레사 아마빌 교수가 3년간 7개 기업의 직장인 238명의 일기를 분석한 결과, 자신이 직장에서 '전진'하고 있다고 느낄 때 내적 동기가 커진다는 사실을 발견하고, 이를 '전진의 원리progress principle'로 불렀다. 한 자리에 오래 있는 것보다 업무 순환을 장려하고 사내 잡 포스팅job posting 같은 공모를 통해서 원하는 기회와 도전을 찾아 자리를 이동하도록 지원하는 것이 중요하다고 했다. 즉, 업무 순환의 과정에서 개인은 성취 욕구를 충족하는 것이 중요하다.

1989년 미국과 일본 기업을 대상으로 실시된 연구 결과에 따르면, 미국 기업의 아이디어당 평균 보상액은 602달러로 일본 기업의 2.83달러보다 훨씬 높았지만, 1인당 아이디어 제안 수는 일본 기업이 37.4건으로 미국 기업 0.12건보다 훨씬 많았다. 그 원인으로 일본 기업의 직원들이 자신의 제안이 조직을 변화시킨다는 성취감을 안겨주었기 때문이라고 했다.

2015년 토론토대학교 연구진이 3,000개 기업을 대상으로 실시한 설문 조사에서 개인별 금전적 보상은 아이디어를 끌어내는 효과를 내지 못했지만, 팀 단위의 단체 보상은 창의성을 크게 높였다고 했다. 창의성은 직원들의 협업을 촉진하는 촉매로 작용하며 팀 내에서는 성과를 내지 못하더라도 안전하다는 생각으로 위험을 감행할 수 있는 분위기가 조성된다고 분석했다.

: 감성적 교감을 위한 유니버설 동아리

유니버설 디자인universal design이란, 다양한 사람들의 욕구를 충족시킬 수 있는 보편적 디자인 개념을 말한다. 이 새로운 개념의 디자인이 부상하게 된 직접적인 계기로 전 세계적인 고령화 현상을 들 수 있으며, 특히 상품 구매 여력이 충분한 선진국에서 주목받고 있다. 우리나라도 2018년에 전 인구의 14%가 65세 이상인 고령사회로 진입할 것으로 예상되고 있으므로 고령 인구의 상품 구매를 유도할 수 있는 상품 디자인의 보편화가 요청될 것이다.

마찬가지로 공직 내에서도 '유니버설 동아리universal circle'의 개념을 도입하고 제도적으로 지원해야 할 것이다. 이는 고령화에 따른 다양한 연령층뿐만 아니라 해외 출신이 영입됨에 따른 다양한 문화적 욕구를 충족시킬 수 있는 보편적 동아리 개념이 필요할 것이다. 함께 놀이와 재미를 공유하는 분위기가 조직 내 소외와 갈등을 완화하는 방안이 될 것이다.

미래에는 인류가 '재미'를 찾아 헤매는 시대가 될 것이다. 만약 조직이 구성원들의 재미에 대한 욕구를 충족시켜 주지 못한다면, 구성원들의 몰입은 그만큼 저하될 것이다. 일과 취미나 여가의 경계가 매우 희미해질 것이다. 유니버설 동아리는 재미에 대한 욕구와 조직의 다양성을 동시에 충족시켜 주는 효과가 있을 것이다. 구체적으로 다음과 같은 기대효과가 있을 것이다.

첫째, 창의성과 갈등 관리를 향상시킬 수 있을 것이다. 과학기술의 도움으로 근무시간은 급격히 단축되고 공무원들은 주로 창의적인 업무나 갈등 관리 등에 종사하게 된다. 두뇌에 활력을 주기 위해서는 동아리 활동이 필요할 뿐만 아니라 이미 세대, 성, 인종, 지역 등에서 다양화된 공직의 다른 집단들과 교류함으로써 다양성을 경험하는 것은 창의성과 집단 간 이해도를 높이는 데 기여할 것이다.

둘째, 공직 내 다양성이 증대되면서 다양한 소외집단이 발생하고 그들의 조직 몰입이 저하될 것인데, 이에 대한 대응방안으로 유효할 것이다. 역시 공직의 주류는 중장년층이 될 것이다. 청년 공무원들은 인원수에서도 뒤지지만, 숙련도와 통찰력, 그리고 건강과 활력까지 갖춘 중장년 공무원에 비해 상대적으로 사기가 저하될 것이다. 소외당하던 일부 청년 공무원들이 공직에 적응하지 못하고 떠나는 경우가 나타날 것이다.

셋째, 앞서 논의된 태스크 플래시몹의 효과를 극대화하기 위한 기반 조직이 될 것이다. 유니버설 동아리는 1차적으로 정서적 교감을 목적으로 하는 비공식 조직이지만 그 구성원들 간에 형성된 네트워킹이 결과물을 내야 하는 공식적 조직을 구성하는 데에도 큰 도움이 될 것이다. 유니버설 동아리가 진정한 감성적 교감을 촉진하기 위해서는 세 가지 조건이 충족되어야 할 것이다. 첫째, 문화의 유용함을 최대한 다수가 경험할 수 있는 '동등한 사용', 둘째, 다양한 선호도와 능력을 고려하여 설계하는 '사용의 유연성', 경험, 지식, 언어 등 사용자 수준과 관계없이 이해할 수 있는 '단순하고 직관적인 사용'이 가능해져야 한다.

유니버설 동아리들의 성과물을 공식 업무의 성과로 인정하는 방안은 그 동아리들에 대한 직원들의 참여를 유도할 수 있을 것이다. 즉, 공식 업무의 연장으로 인정해 줘야 할 것이다. 궁극적으로는 공식 조직과 유니버설 동아리에 교차 소속된 매트릭스 조직으로 조직이 운영될 것이다.

⋮ 자유공무원제로 전환

직업공무원제가 무사안일과 복지부동과 같은 관료제의 병폐를 촉발하게 된다는 부정적인 평가에도 불구하고 그동안 한국 인사행정이 직업공무원제의 틀 안에서 유지되어 올 수 있었던 것은 분명히 큰 장점을 가지고 있었기 때문임을 부인하기 어렵다. 그 장점 중 대표적인 것은 젊은 인재가 일찍 공직에 입문하여 오랜 기간 공직 사회의 구성원으로 성장하면서 공직을 유일한 생계수단으로 생각할 뿐만 아니라 긍지와 보람으로 충만한 천직으로 생각하게 만든다는 것이다.

그러나 이제 기술의 혁명적 진보가 다가오면서 환경에 유연하게 대응할 수 있는 공무원 체계가 마련되어야 함은 피할 수 없는 현실이 되었다. 본디 직업공무원제가 계급제와 관료제의 성격을 포함하고 있기 때문에 결국 이 제도들 모두의 개혁이며 이는 공직 체계 전체의 패러다임을 바꾸는 중요한 작업이라고 할 수 있을 것이다.

미래의 고용구조는 전문직정규직, 임기제, 시간제로 구성되는 삼엽조직shamrock organization으로 발전해갈 것으로 예상된다. 고용계약 형식을 기반으로 하는 위 세 가지의 신분은 조직의 1/3을 각각 구성할 것으로 예측된다. 사실 현재 한국에서 민간 부문의 비정규직 비율은 이미 30%에 육박하고 있다. 따라서 직업공무원도 '자유공무원' 체계로 바뀔 것이다. '자유공무원'이란, 개인의 수요와 경력계획에 따라 정규직, 임기제, 시간제 간을 자유롭게 이동하는 새로운 공무원의 신분을 말한다. 물론 위 세 가지는 서로 독립적인 것이 아니라 두 가지 혹은 세 가지 신분을 동시에 겸할 수 있다. 단, 다음과 같은 요건이 마련되어야 할 것이다.

첫째, 신분에 따른 차별이 제거되어야 할 것이다. 지금과 같이 비정규직을 기피하는, 혹은 정규직으로 진입하기 위한 과도기 정도로 생각하는 인식이 없어질 정도로 평등한 대우가 필요하다. 둘째, 임기제와 시간제 공무원이 실제 집행 업무를 담당하고 정규직은 이들을 현장에서 혹은 원격에서 감독·평가하는 업무에 종사하게 되어야 안정적인 구조가 될 것이다.

삼엽조직 속의 '자유공무원제'는 관료제를 타파하는 데 효과적일 것이다. 막스 베버의 관료제 모형의 요건 중 폐쇄형 조직과 풀타임 고용이 있는데, 이들은 각각 임기제와 시간제로 전환될 수 있기 때문이다. 공직이 민간 부문만큼 완전한 삼엽조직으로 분산되어야만 하는지에 대해서는 사회적 공감대와 정치적 결단이 필요하여 불확실하지만, 그와 같은 민간 부문의 여파를 외면하거나 피해가기는 쉽지 않을 것이다.

이와 같은 논란에도 불구하고 고용 수요의 변화, 인건비 절감, 일자리 공유와 같은 장점에 힘입어 임기제와 시간제의 비중은 지속적으로 증가할 것이고 정규직의 성격이 강한 직업공무원의 정원은 어느 시점부터는 동결되고 결국 감소세로 전환될 것이다.

맞춤형 공무원 복지 체계의 확충

⋮ 건강지킴이 복지 카페테리아

공무원의 수요에 맞춘 선택적 복지제도 혹은 복지 카페테리아가 실시 중이지만 민간 부문에 비해 상대적으로 적은 보수를 받는 부분을 보충해 줄 만큼 다양한 복지 수요를 충족시켜 주지 못하고 있다. 미래에는 업무 시간의 단축이 예상되고 여가와 오락을 즐길 시간이 늘어나면서 다양한 복지 수요가 팽창할 것으로 예상된다.

미래에는 공무원 후생복지 수요 분석에 빅데이터를 활용하여 복지 수요 집단을 세분화하고 개인별 복지 이력 기반으로 맞춤형 복지 서비스를 설계하여 제공해야 할 것이다. 공무원 개인의 홍채와 지문 인식 기술을 활용하여 자신의 복지 이력을 조회 후 자동 복지 메뉴를 설계하는 방식까지 발전할 수 있을 것이다.

특히 복지 수요의 충족에 매우 효과적일 것으로 예상되는 의료 서비스 옵션에 주목할 필요가 있다. 건강상의 사전 예방적 관리 체계를 구축하고 상시적인 건강관리 서비스를 실시함으로써 공무원의 건강 보장 인프라를 강화하는 방안이다.

2015년 토론토대학교 연구진이 3,000개 기업을 대상으로 실시한 설문 조사에서 의료비와 학자금 같은 복리후생은 직원들이 회사와 자신의 관계를 장기적인 관점에서 바라보고 있다고 생각하며 안정감을 느끼게 한다고 보고한 바 있다.

맞춤형 건강관리 서비스는 다음과 같은 내용을 포함한다.

첫째, 센싱 기술을 활용하여 원격으로 그리고 상시적으로 공무원 개인의 신체·건강기록, 생활·사회활동 패턴 등의 정보를 수집·분석하고, 그 결과를 토대로 의료 서비스 옵션을 설계하는 방안이 필요할 것이다. 둘째, 근무 형태, 휴직이나 정년의 시점을 개인화할 수 있다. 위와 같이 자동적으로 수집·분석된 건강정보를 토대로 개별적 권고안을 제시하는 것이다. 현재와 같이 건강상태가 근무에 적합함에도 불구하고 획일화된 정년을 지켜야 하는 점, 혹은 건강상태가 좋지 않음에도 불구하고 무리하다가 악화되는 경우가 자동적으로 방지될 수 있을 것이다. 셋째, 수요자 요구에 따른 신종 복지 수요를 발굴해야 할 것이다. 특히 노동이 기계로 대체되면서 발생하게 될 권태감 혹은 향정신성 약품에 노출되면서 정신심리치료 혹은 자살방지치료와 같은 정신건강에 대한 복지 수요를 충족시켜 줄 필요가 있다.

: 웰다운 복지

한국 직장인들은 주 11시간 동안 스마트폰과 태블릿 PC로 잔무를 처리하고 있고, 86%가 퇴근 후에도 기기로 일하고 있다고 한다. 공무원도 여기서 예외일 리가 없다. 공무원들도 업무 과중과 잔업 처리로 인해 실제 휴가 혹은 복지 프로그램을 활용할 시간 자체가 부족하거나 눈치를 봐야 하는 경우가 많다.

1990년대 중반 이후 미국에서 슬로비slobbie족이 등장하고 있다. 1990년 오스트리아에서 창설된 '시간 늦추기 대회'에서 유래된 슬로비족은 치열한 경쟁에서 한 걸음 벗어나 삶의 여유를 가지면서 심적인 안정과 가족을 중시하는 사람들을 말한다. '천천히, 그러나 더 훌륭하게 일하는 사람들slow but better working people'로서 물질보다 마음, 출세보다 가정을 더 소중히 여긴다. 특히 2001년 9·11테러로 급격히 확산되었다고 한다.

공직에도 슬로비족이 등장할 것이다. 인공지능과 로봇의 시대가 도래했는데도 불구하고 현재와 같은 근무 방식을 고수하다가는 업무 과중이 극에 달할 것이다. 기술 발전으로 단위 업무당 소요 시간이 획기적으로 단축되고, 따라서 파편화된 초소규모의 단위 업무가 쏟아질 것이다. 또한, 정보 폭증으로 과도한 업무와 시간 압박에 시달리게 될 것이다. 따라서 업무 압박을 줄이고 공무원의 삶의 질과 근무의 질을 높일 수 있도록 다음과 같은 혁신적 방안이 필요할 것이다.

첫째, 슬로 워킹 문화를 확산하는 것이다. 파편화된 단위 업무별 마감 시간을 정해 놓는 것이 아니라 단위 업무를 포괄적으로 묶고 그 안에서 시간 조절을 자율적으로 한다면 그 문화의 확산에 효과적일 것이다. 또 일을 너무 빨리 마칠 수 없도록 하는 방법도 필요하다. 단위 업무당 마감 시간을 정하는 것이 아니라 소요 시간의 최저하한선을 정해 놓고 그전에는 일을 마칠 수 없도록 하는 방안도 있을 것이다. 둘째, 접속 피난처를 만드는 것이다. 현재는 심지어 근무시간 외에도 언제 어디서나 근무 관련 통신에 노출되어 있어 근무시간이 일상생활 범위를 침범하고 있다. 사이버 상시접속 환경을 차단함으로써 진정한 휴식을 취할 수 있는 장소를 제공할 필요가 있다. 셋째, 중장기적으로는 인공지능이 근무시간별 적정 업무량과 질을 권고하고 지속적으로 지도하는 방안을 마련할 수 있다. 이는 인간다운 근무 환경의 수준에서 설정되고 개인별 자동화된 목표관리제로 성과관리의 효율성을 극대화할 수 있을 것이다.

요약 summary

미래 비전

"관료제의 창조적 해체를 통한 새로운 인사 시스템 구축"

- '근대관료제'에서 '인공지능관료제'로 변화한다

- 관료제와 국가, 그리고 공무원

- 인공지능관료제, 미래 인재상의 실마리를 제공한다

공공 인재상

미래에는 어떤 인재가 필요한가

- 길잡이형 인재: 유연하게 대응하고 비전을 제시하며, 모험과 변화를 선도한다

- 융합·협업형 인재: 전문 영역을 소유하면서 H자 지식 체계나 사고력을 갖춘다

- 창조적 정보조합형 인재: 정보와 지식을 조합, 편집, 결합함으로써 새로운 것을 만들어 내거나 해결한다

- 감성적 교감형 인재: 인간 본연의 능력과 공직자로서의 소망을 정책과 행정 서비스에 담아낸다

어떤 일자리를 만들 것인가	미래 변화에 부응한 직무설계 및 직급 체계 정비	직무 다위니즘과 인력 재배치
		마이스터형 직무의 증대
	일하는 방식과 조직 구성 방식의 탈관료제화	유연근무제도의 확산
		태스크 플래시몹 구현
어떤 인재를 선발할 것인가	채용·임용의 다각화와 맞춤화 실현	미래 인재상을 지향하는 융합형 직무 중심 시험제도
		부처별, 지자체별 맞춤형 인재 발굴
		'지역균형선발'에서 '글로벌포용선발'로 확대
		주문형 인재 선발
	기술 발전에 대응한 기술직 채용의 확대	융·복합형 테크노크라트의 확대
		빅데이터 전문가, 프로그래머, 기술정책집행관 확대
어떻게 인재를 양성할 것인가	첨단기술의 활용과 기계와의 협업 역량 강화	가상·증강현실 기술을 통한 체험식 교육·훈련
		인공지능, 로봇, 드론 등 자동화 및 무인기술 교육훈련 강화
	인간 본연의 사색 능력 및 공직자로서의 소명과 가치 교육 강화	신설 '국가인재한림원'을 통한 첨단기술 및 공직가치 교육
		국제적 실천가로서의 공무원
어떻게 인재를 활용할 것인가	개인의 역량과 적성을 고려한 인재 활용	인간중심형·다품종 소량 인력 양성 시스템의 구축
		인공지능과 빅데이터 활용을 통한 인력 계획
	핵심인력 성장을 위한 환경 조성과 경로 지원	일반행정가도, 스페셜리스트도 아닌 제너페셜리스트
		핵심인재 패스트트래커 제도 도입
어떻게 인재를 평가하고 보상할 것인가	협업과 가치 창출에 기반한 성과평가제도 확립	코피티션 평가
		유비쿼터스 성과평가
	유연한 보수 합리화와 퇴직제도 구축	일괄적 정년 기준 조정과 임금피크제의 모듈화
		공무원연금의 지속가능성 제고
어떻게 인재들이 긍지와 보람을 느끼게 할 것인가	긍지와 보람으로 충만한 창의적·자율적인 공직 문화	창의촉진형 리더십의 보급
		감성적 교감을 위한 유니버설 동아리
		자유공무원제로 전환
	맞춤형 공무원 복지 체계의 확충	건강지킴이 복지 카페테리아
		웰다운 복지

317

CHAPTER 3

실행 과제별 로드맵

1 미래 변화에 부응한 직무설계 및 직급 체계 정비

미래 변화에 부응하여 직무설계 및 직급 체계를 정비해야 하는 것은 다음 두 가지 이유 때문이다. 첫째, 기술 발전과 직업 구조 변화를 주기적으로 점검·분석하여 사라질 직무^{퇴화직무}와 생겨날 직무^{진화직무}를 발굴해야 할 것이기 때문이다. 2035년까지 없어질 현재의 직업 비중은 약 50% 정도가 될 것이다. 둘째, 기계가 정형화된 혹은 전문성 높은 직무를 대체할 것이므로 현행 직급 체계와 정책 과정이 통합·재편될 필요가 있기 때문이다.

현재의 상황을 분석해 보면 두 가지 문제점이 있다. 첫째, 관료제와 과학적 관리론의 유산인 분업화에 매몰됨에 따라 담당 업무에 대한 책임성, 장인정신, 조정 등이 저하되었다. 둘째, 관리직은 정책 결정, 실무직은 정책 집행이라는 계급제적 분리로 인해 조정 기능이 미흡하고, 승진 과열 현상이 초래되고 있다.

미래 변화에 부응한 직무설계 및 직급 체계 정비를 위한 정책적 목표는 다음 세 가지다. 첫째, '직무 다위니즘' 원칙에 따라 '퇴화직무'를 기계와 '진화직무'로 대체함으로써 2045년까지 현 직무의 최소 50%를 대체할 필요가 있기 때문이다. 둘째, 2035년까지 사용 기술의 종류에 따라 크게는 중간층이 사라진 고위직과 하위직의 이원적 계급 체계를 완성할 필요가 있기 때문이다. 셋째, 2045년까지 공무원 개인의 직무 폭과 깊이를 통합·확대하는 신개념의 직무·직급 체계를 도입할 필요가 있기 때문이다.

미래 변화에 부응한 직무설계 및 직급 체계를 정비하기 위한 정책으로는 직무 다위니즘과 인력 재배치, '마이스터형 직무' 증대일 것이다.

우선, 직무 다위니즘과 인력 재배치와 관련하여 첫째, 2020년까지 신고 접수 인력의 50% 이상을 현장 일괄신고체계 혹은 IT 기술로 대체하고, 단순 반복 업무의 25% 이상을 사물인터넷으로 대체한 후, 잉여인력은 신설되는 위기관리직과 지속가능개발직으로 이전하도록 하는 것이다. 둘째, 2030년까지 민원 인력의 50% 이상을 로봇으로 대체하고, 현장 인력경찰, 소방 등의 25% 이상을 로봇과 드론으로 대체하며, 전문 직무의 25%를 인공지능으로 대체하는 것이다. 잉여인력은 신설되는 무형자산가치평가직빅데이터, 탄소배출권, 가상머니 등과 기술윤리규제직사이버보안, 유전자복제 등으로 이체하는 것이다. 셋째, 2045년까지 모든 단순 반복 업무와 민원 인력의 75%, 현장인력의 50%, 전문 직무의 50% 이상을 첨단 기술로 대체하고, 3D 프린터로 필요한 물자의 약 50%를 공직자가 현장에서 직접 제작하여 사용함에 따라 조달·구매 업무의 50% 이상을 축소해야 할 것이다. 대신 잉여인력은 신종 진화직무로 이체하면 될 것이다.

다음, '마이스터형 직무'의 증대와 관련된 정책으로는 첫째, 공직에서도 공무원 개인의 직무의 폭_{업무 공정의 앞·뒤 단계}과 깊이_{정책 과정의 결정·집행}를 통합한 '1인 창조직위'가 증가하게 될 것이다. 둘째, 사용 기술에 따라 상위직은 국민의 직접 참여 관리를 위한 SNS와 정책 결정 지원을 위한 인공지능을, 하위직은 상황실의 모니터링 시스템과 현장 지원을 위한 로봇을 주로 활용하는 것이다. 셋째, 2045년까지 직급에 관계없이 모든 공직자가 정책 결정과 집행 과정 전반에 종사하므로 직급은 세 개 또는 네 개로 통합하는 것이다.

초기에는 국가공무원법 제4조 제2항 제3호의 '인사관리의 효율성과 기관 성과를 높이기 위해' 적용하는 1급부터 9급까지 계급의 예외사항으로 직급을 통합하여 적용하다가 종국적으로 동법 제1항 '1급부터 9급까지의 계급으로 구분'에 대한 수정이 필요할 것이다.

이런 정책을 시행함으로써 기대되는 효과로는 첫째, 사회의 직업 구조와 행정수요 변화에 적절히 대응하고 첨단 기술의 활용과 불필요한 업무의 감축으로 행정의 효율성이 극대화될 것이다. 둘째, 개인의 업무 영역이 확대됨에 따라 조정 비용의 감소와 업무에 대한 담당자의 창의성, 책임성, 애착이 증대될 것이다.

미래 변화에 부응한 직무설계 및 직급 체계를 정비하기 위한 정책 추진 방안으로는 다음과 같은 것이 있다. 첫째, 2017년까지 공직 내외 전문가로 구성된 가칭 '미래공직구조개혁위원회'를 신설하여 미래지향적 직무 분석을 위한 준비 작업_{자료 수집, 법령 검토, 공직자 설득, 대외홍보 등}을 실시해야 할 것이다. 둘째, 2018년까지 실무팀인 가칭 '미래공직구조개혁 TF팀'을 구성하여 직무 분석 계획안과 행동지침안을 작성한 후, 2019년부터 5년 단위로 직무 분석을 실시한다. 셋째, 입법화 대안으로 두 가지 가 있을 수 있다. 제1안은 정권 변동에도 불구하고 행정개혁의 원칙을 유지할 목적으로 가칭 '행정개혁법'을 입법화한 후, 산업구조와 사회 수요 변화에 따라 인사혁신처장이 주기적으로 직무 분석을 시행하고 대통령이 구조조정을 단행할 수 있게 하는 것이다. 제2안은 직무 분석 규정 제5조 제1항에서 소속 장관이 아닌 인사혁신처장이 실시할 수 있는 직무 분석의 대상 직위에 관한 각 호의 하나로서 '산업구조와 사회 수요에 따라 관련 민관합동위원회가 의결한 직위'를 추가하는 것이다.

2 일하는 방식과 조직 구성 방식의 탈관료제화

일하는 방식과 조직 구성 방식의 탈관료제화를 추진해야 하는 것은 다음 두 가지 이유 때문이다. 첫째, 감독과 통제보다는 자율과 가치 창출을 존중하는 문화로 발전하며, 유휴노동인구를 끌어낼 수 있는 유연근무제도가 필요하기 때문일 것이다. 신세대 재원을 등용하기 위한 가장 효과적인 요인으로 유연근무제가 꼽히고 있다. 둘째, SNS와 클라우드 시스템 등 소통 기술의 발전으로 인해 관료제를 벗어나 문제 해결을 지원하는 유연·임시 조직의 활약이 기대되기 때문이다.

그러나 현재의 상황을 분석해 보면 두 가지 문제점이 있을 수 있다. 첫째, 직장 이탈의 금지 의무와 사무실 내 집합적 감독·통제는 효율성과 사기를 저하하는 요인이 될 수 있을 것이다. 둘째, 현재 업무 전담팀 등이 활용되고 있지만, 참여에 대한 유인 동기가 적고, 관료제 명령 계통과의 갈등이 발생할 수 있을 것이다.

일하는 방식과 조직 구성 방식의 탈관료제를 위한 정책 목표로는 첫째, 2020년까지 지속적으로 스마트 워크 센터를 확대하고, 센터 근무를 원칙적으로 원격 근무월^년제도를 시범적으로 시행하는 것이다. 둘째, 2030년까지는 재택 원격 근무월^년을 시행할 것이며, 무인자동차 사무실을 활용하여 태스크 플래시몹을 제도화할 수 있을 것이다. 셋째, 2045년까지는 필수 핵심인력을 제외하고는 사무실 근무가 전면 종료될 것이며, 태스크 플래시몹이 일상화되어 관료제와 함께 이원적 체계를 구성할 수 있을 것이다.

일하는 방식과 조직 구성 방식의 탈관료제를 위해서는 첫째, '원격근무제의 확대 및 활성화', 둘째, '태스크 플래시몹의 활성화'를 들 수 있을 것이다.

우선, '원격근무제의 확대 및 활성화'를 위해 첫째, 원격 근무시간을 순차적으로 허용하여 2030년까지 사무실 근무와 원격 근무의 비율을 5 대 5까지 이원화시키고, 근무시간과 결과물을 5 대 5까지 혼합하여 근무를 인정하며, 근무시간의 인정은 위치센서, 영상, 시스템 접속 등을 종합하여 판단할 수 있을 것이다. 구체적으로 국가공무원법 제58조 제1항의 직장 이탈 금지의 예외 사항으로서 '정당한 사유'를 '유연근무 등 정당한 사유'로 개정한다. 둘째, 2045년까지 가상·증강현실 기술과 홀로그램 기술을 활용한 가상 오피스가 공간 오피스를 전면 대체할 수 있도록 근거 법령을 마련해야 할 것이다. 구체적으로 '국가공무원 복무

규정' 제10조 제4항에 따라 국가공무원 복무·징계 예규에 원격 근무시간의 상한을 2030년에는 50% 이상, 2045년에는 100%로 명시해야 할 것이다.

다음, '태스크 플래시몹의 활성화'를 위해서는 첫째, 이종 직렬이 SNS를 매개로 자발적·순간적으로 결집하여 협업한 후 해산할 수 있도록 제도적 장치 마련이 필요할 것이다. 둘째, 기술 지원으로 단축된 법정 근무시간 이외의 시간에 활동할 수 있으며, 이를 '시간제 파견근무'로 인정해야 할 것이다. 이에 대한 근거 법령으로는 '국가공무원법' 제48조 실비 변상 등에 따라 공무원이 소속 기관장의 허가를 받아 본래의 업무 수행에 지장이 없는 범위에서 담당 직무 이외의 특수한 연구 과제를 위탁받아 처리하면 그 보상을 지급 받을 수 있도록 법적 조치를 취해야 할 것이다.

이러한 정책을 시행함으로써 두 가지 효과를 기대할 수 있을 것이다. 첫째, 원격근무제 정착으로 시간, 비용, 탄소배출을 절감할 수 있을 것이며, 우수한 인재 유치와 직원 사기 진작에도 기여할 것이며, 육아휴직 대체가 가능할 것이므로 업무 공백을 해소할 수 있을 것이다. 둘째, 태스크 플래시몹은 긴급 현안 업무와 갈등 문제를 신속하게 해결할 수 있어 부처 간 협업 기회와 문제 해결의 완성도 및 창의성을 높여 국가 경쟁력을 강화할 수 있을 것이다.

일하는 방식과 조직 구성 방식의 탈관료제를 위한 정책 추진 방안은 다음과 같다. 첫째, 유연근무 활성화를 위해서는 제도의 정교한 설계가 중요할 것이므로 주기적으로 운영 실태 등을 조사·분석하여 생산적인 공직 문화가 정착될 수 있도록 유인체계를 마련해야 할 것이다. 이를 위해 OECD 등 선진국의 사례나 국내 민간기업의 사례 등을 벤치마 킹하는 것도 하나의 대안이 될 수 있을 것이다. 둘째, 태스크 플래시몹 은 신종 모형으로서 실험 과정이 중요할 것이므로 2020년 이후부터 준 비와 시범 사업을 거쳐 확대하는 방안을 모색할 필요가 있을 것이다.

3 채용·임용의 다각화와 맞춤화 실현

미래 공무원의 네 가지 인재상 실현을 위해서는 길잡이형, 융합·협업 형, 창조적 정보조합형, 감성적 교감형 등 다양한 역량을 갖추고 있는 우수한 인재를 선발해야 할 것이다. 현재의 채용 및 임용제도는 지혜보 다는 지식이 많은 사람을, 인성보다는 지성이 우수한 사람을, 문제 해 결 능력보다는 순응도가 높은 인재를 선발하고 있으나, 이는 미래형 인 재상과 다소 배치된다 할 것이다.

채용·임용의 다각화와 맞춤화를 실현하기 위한 미래지향적 인재상은 융합형 직무 중심 선발제도를 기반으로 각 부처와 지자체 특성과 수요 자 중심에 적합한 우수한 인재를 선발하여 적시, 적재, 적소에 공급할 수 있는 시스템이 마련되어야 할 것이며, 국제적 마인드와 능력을 갖춘 글로벌 인재를 선발할 수 있는 채용 시스템을 마련해야 할 것이다.

채용·임용의 다각화와 맞춤화를 실현하기 위한 정책으로는 다음과 같은 것이 있다.

첫째, 미래 공무원의 네 가지 인재상에 걸맞은 우수한 인재를 선발하고, 각 부처의 다양한 인재 수요에 적기 공급하기 위해서는 무엇보다 채용 전문 기관이 필요할 것이다. 가칭 '국가인재시험평가원' 등 독립적인 채용시험 전담 기관 신설을 통해 체계적이고 전문적인 인재 선발에 나서야 할 것이다.

둘째, 2020년 이후 일정한 트랙 이수와 함께 아래의 3단계 전형을 포함하는 직급통합형 직무 중심 선발 시스템이 마련되어야 할 것이다.

① 먼저 공무원이 되기 전 학교에서 윤리·소양 과목 이수, 행정 활동에 필요한 기초 과목 이수, 비교와 활동으로써 자원봉사, 교수 간의 지속적인 인성평가 등을 이수토록 하고 시험에 반영해야 할 것이다.

② 그리고 학교 트랙 이수 여부와 빅데이터를 기반으로 '공직직무능력표준'을 충족하는지 등을 1차 직무 기반 서류전형을 통해 평가해야 할 것이다.

③ 또한 2차 직무 관련 사례^{각 부처가 기여}에 대해서 문제 해결 보고서를 작성하거나 혹은 가상·증강현실 속에서 사례에 대한 해결 능력을 행동으로 직접 보면서 심사자와 인공지능이 협업하여 직무 기반 사례 전형을 심사할 수 있을 것이다.

④ 마지막으로 '국가공무원인재개발원'은 훈련 과정에서 센싱 기술을 통한 태도· 능력 등을 검증하여 최종 평가점수로 입직 계급을 결정하는 것이다.

위의 선발 시스템을 실현하기 위해서는 '공무원임용시행령' 제5조 ^{시험의 방법}, 제6조 ^{시험의 단계}, 제7조 ^{시험 과목}, 제12조 ^{출제 수준}를 전면 개정해야 할 것이다.

셋째, 2030년부터 지역균형선발의 대상 범위를 글로벌 인재 선발까지 확대할 필요가 있을 것이다. 재외동포 2세 또는 3세, 해외입양아 출신, 글로벌 하이퍼브레인 등 외국인의 선발 비율을 1% 이상으로 확대하는 글로벌포용선발제도를 도입해야 할 것이다. 매년 신규 채용 총인원의 매년 일정 비율을 모집할 수 있도록 '국가공무원법' 제26조의 3과 '공무원임용령' 제4조 외국인과 복수국적자의 임용를 개정하고, '공무원임용시행령' 제20조의 6을 신설할 수 있을 것이다.

넷째, 2030년 이후 빅데이터, 인공지능을 기반으로 하는 주문형 인재 선발 시스템을 통해 수시 모집을 시행할 수 있도록 제도적 기반 마련이 필요할 것이다.

이렇게 정책을 시행한다면, 관료제에 종속된 영혼 없는 존재가 아니라 인공지능화된 관료제, 즉 '인공지능관료제'와 협업할 수 있는 살아 있는 공직 적합자를 선발할 수 있을 것으로 기대된다.

채용·임용의 다각화와 맞춤화 실현을 위해서는 첫째, 2017년 이후 가칭 '공직채용제도개혁위원회'와 TF를 출범하여 학교 내 공무원 트랙 신설을 위해 교육부와 협의하는 등 제도적 기틀을 마련해야 할 것이다. 둘째, 2019년까지는 공직 실정에 알맞은 '공직직무능력표준'을 마련하고, 부처 합동으로 직무 관련 사례 DB를 구축해야 할 것이다. 셋째, 2020년 이후에는 '주문형 인재 선발' 시스템을 현행 국가 인재 데이터베이스에 빅데이터와 인공지능 기술을 탑재하여 구축하는 것이 바람직할 것이다.

4 기술 발전에 대응한 인력 채용과 기술직 채용의 확대

기술 발전에 대응한 인력 채용과 기술직 채용 확대를 추진해야 하는 이유는 제4차 산업혁명에 따른 신기술의 급속한 발전으로 이공계 분야의 전문 지식, 산업 지원, 사회적 문제 해결에 대한 수요가 증가할 것이 때문이다. 이에 따라 공직 사회에서도 기술직 분야 증원과 전문 직렬의 신설이 필요할 것이다. 그러나 현재의 공무원 통계를 보면, 기술직과 행정직 구성 비율이 현재 2 대 8로서 행정직에 치우쳐 있을 것이다. 앞으로 행정직군 업무는 상당 부분 인공지능 등 기계로 대체될 것이므로 신산업 발전을 지원할 수 있는 기술 인력이 더욱 필요하게 될 것이다.

2025년을 목표로 공개경쟁채용시험에서 빅데이터를 수집하고 분석하는 등 새로운 첨단 과학 신기술에 걸맞은 공무원을 선발하기 위해 기술직 시험 과목을 개편해야 할 것이다. 또한, 늦어도 2030년까지는 기술직 비율을 행정직 대비 5 대 5까지 확보할 수 있도록 채용 규모도 확대할 필요가 있을 것이다. 기술 발전에 대응한 인력 채용과 기술직 채용을 확대하기 위해서는 첫째, 2023년 이후 경력경쟁채용에서 기술 분야 채용 인원을 2025년 이후에는 공개채용에서도 신기술 활용과 소프트웨어 과목 중심의 시험 과목으로 개편해야 할 필요가 있을 것이다. 둘째, 3대 중점 테크노크라트로 빅데이터 전문가 빅데이터 가치평가와 활용 등, 프로그래머 사이버안보 등, 기술 정책 집행관 기술 규제, 기술 표준, 기술 윤리, 기술 공감 등 채용을 확대해야 할 것이다.

이러한 정책을 시행함으로써 기술 활용성이 높은 고성과자와 미래 산업에 대한 지원 인력이 풍부해지며 외부 위탁 비중을 줄여 보안 문제를 극복할 수 있는 기대효과를 거둘 수 있을 것이다.

기술 발전에 대응한 인력 채용과 기술직 채용 확대 방안으로 첫째, 2019년부터 5년마다 가칭 '미래공직구조개혁 TF팀'을 구성하여 직무 분석을 통해 퇴화직무 또는 진화직무를 발굴하고, 기술직 소요 정원을 예측하여 중장기 공무원 선발 계획에 반영해야 할 것이다. 둘째, 일반행정 분야 공무원의 상대적 감소는 인문사회계열 학생과 교수 등 이해관계자들의 저항에 부딪힐 수도 있으므로, 충분한 시간적 여유를 가지고 충분한 논의를 거쳐 제도를 마련하고 시행되어야 할 것이다. 셋째, 일반행정 분야의 공무원을 대폭 감원하기보다는 증가하는 초고속 노령화 사회복지 수요에 효율적으로 활용할 수 있는 방안 마련도 필요할 것이다. 넷째, 2020년 이후 3대 중점 테크노크라트를 전문직 공무원 제도의 시범 사례로 추진할 필요가 있을 것이다. 다섯째, 2018년 이후 초·중·고 코딩 교육 의무화에 따라 풍성해질 프로그래머의 인재풀을 효과적으로 공직에 활용할 수 있을 것이다.

5 첨단 기술의 교육훈련과 기계와의 협업 역량 강화

기계와의 협업을 지원하기 위해 첨단 기술을 활용한 체험식·맞춤형 교육훈련을 통해 교육의 효과성을 높일 필요가 있을 것이다. 현재 사이버, 모바일, 현장 사례 중심의 교육이 확대되고는 있으나, 아직도 집합·강의식 이론 중심의 교육훈련이 이뤄지고 있어 교육의 효과가 높은 편은 아니다. 특히, 기술 활용 분야의 교육에 있어서 더욱 그렇다 할 것이다.

이러한 정책의 목표는 2020년 이후 협업지도 설계와 지식지도 기반의 맞춤형 온라인 교육 실시, 2035년 이후 가상기술과 로봇을 활용한 보편화된 교육을 실시하고, 자가 측정기술과 지능형 CDP와의 연동하며, 종국적으로 2045년 이후 교육훈련 제도는 종말을 고하게 될 것이다.

이러한 주요 정책으로는 다음 네 가지를 들 수 있다. 첫째, 지식지도 기반 맞춤형 온라인 교육훈련을 통해 수강생별 최적의 학습 주제와 학습 순서가 제공되고 학습 과정 중 학습 성과와 능력이 상시 자동적으로 평가되어 피드백이 가능하게 될 것이다. 둘째, 자가 측정 기술을 통해 업무 활동 과정 중에 부족한 역량 발견이 가능하게 될 것이다. 또한, 이러한 정보가 지능형 CDP와 연동되어 맞춤형 지도가 개별 통보될 것이다. 셋째, 장기적으로는 칩 이식 혹은 뇌파과학으로 개인별 부족 역량을 보충하게 될 것이다. 넷째, 협업지도는 부처 간 협업 매뉴얼을 표현한 아키텍처이며, 이를 기반으로 가상현실을 시뮬레이션화하여 위기관리 능력을 교육할 것이다. 구체적으로 공무원인재개발법 시행령 제8조_{인재개발의 방법} ④ "원격 강의 시스템 등 교육훈련용 시설을 최대한 활용' 의무를 '원격 강의 시스템, 첨단 학습 시스템 등'으로 개정하고 ⑥ '교육 결과가 경력개발계획과 연계되도록 하여야 한다."를 신설하면 될 것이다.

이런 정책을 시행함으로써 기술 활용의 교육훈련 효과성이 향상됨은 물론이고 그것이 역량개발계획과 업무 성과로까지 이어지는 메인 스트리밍이 가능하게 될 것이다.

정책 추진 방안으로는 첫째, 교육 시스템은 2020년 이후 시범 실시가 필요할 것이다. 2035년 이후 정식 출범하도록 준비해야 할 것이다. 교육 콘텐츠는 기술 발전에 따라 약 3년 단위로 주기적으로 업그레이드하면 될 것이다. 둘째, 가장 큰 장애 요인으로는 막대한 재원 확보가 필요할 것이므로 민간 자본 유치 또는 콘텐츠 수익 사업을 시도해 볼 필요도 있을 것이다. 셋째, 공무원 실무 수습자, 행정인턴 등 예비공무원들 또는 공익요원들은 젊은 청년 세대로서 신기술의 활용 수준에 익숙해져 있을 것이므로 조직 내 현장교육^{OJT}과 기술 보급의 주도자로 활용할 필요성이 있을 것이다.

6 인간 본연의 사색 능력 및 공직자로서의 소명과 가치 교육 강화

인간 본연의 사색 능력 및 공직자로서의 소명과 가치 교육 강화 추진의 필요성으로는 기계가 인간의 영역을 차지하고 초거대 다국적기업이 국내 기간산업을 잠식하는 등 국경의 개념이 희미해짐에 따라 투철한 인성과 국가관을 갖춘 국내적, 국제적 핵심인재 집단이 필요해졌기 때문이다. 현재의 상황은 인성·공직관 검증과 교육이 부족하며 국제적 마인드와 활동 영역이 제한되어 있으며, 특히 미래의 국가 공동화 현상에 대비·대응할 리더에 대한 역량 교육이 부족한 실정이다.

정책 목표로는 2020년까지 가칭 '국가인재한림원'을 신설하여 국가 핵심인력을 양성하고 그 일환으로써 '국제적 실천가' 양성 프로그램을 실시해야 할 것이다.

이러한 정책으로는 첫째, 국가인재한림원 입소자는 직급별, 직렬별로 10% 이상을 선발하여 퇴직 시까지 정기적인 교육과 특정 보직을 거쳐야 하는 핵심인력집단으로서 주로 첨단 기술과 국가관을 중심으로 리더십 교육을 이수해야 할 것이다. 둘째, 그 입소자 중 10% 이상을 국제적 실천가로 선발하여 국제화 교육과 국격 향상 프로젝트, 1공무원 1지역전문제도 등 국제화 사업 및 국제기구와 세계공동정부의 수립과 운영에 참여시키는 등 국제 전문가로 양성해야 할 것이다. 셋째, 국가인재한림원 이수자는 패스트트래커속진임용 또는 향후 남북통일 시 통일 정책 추진 등 주도 세력으로 활약하도록 육성해야 할 것이다.

이런 정책을 시행함으로써 기대되는 효과로는 국가 공동화 현상에 대비하여 국가의 정체성과 안보의 최후 보루로 활약할 수 있는 인성과 지성을 겸비한 핵심인력의 양성과 역할을 기대할 수 있을 것이다.

이러한 정책 추진 방안으로 첫째, 국가인재한림원은 기존의 국가공무원인재개발원과 고위공무원단제도, 외교직과의 기능 중복에 논란의 여지가 있을 수 있으므로 2019년 이후 설립위원회를 설치하는 등 특수한 설립 목적과 정체성을 확보하기 위한 논의가 필요할 것이다. 둘째, 국가인재한림원의 설립을 위해 공무원인재개발법 하에 국가인재개발원을 소속 기관으로 신설하는 방안과 공무원인재개발법 하에 국가인재개발원을 독립된 기관으로 신설하는 방안, 공무원인재개발법과 별도로 국가 인재한림원에 관한 법률을 신설하는 방안 등을 검토해야 할 것이다.

7 개인의 역량과 적성을 고려한 인재 활용

개인의 역량과 적성을 고려한 인재 활용은 제4차 산업혁명이 산업과 IT를 접목한 개념인 것처럼 인사행정과 IT를 접목한 차세대 인사행정의 패러다임 변화가 필요하기 때문이다. 제1차 인사행정혁명은 환경에 대한 수동적 대응, 제2차 인사행정혁명은 공급자 중심의 획일성을 특징으로 하며, 제3차 인사행정혁명이 전략적 인사관리와 수요자 중심의 집단별 서비스라고 한다면, 현재 제2차에서 제3차로 넘어가는 과도기적 시기라고 할 수 있을 것이다.

정책 목표로는 "2020년부터 제4차 인사행정혁명을 기획해야 할 것이고, 2030년 이후는 개시해야 할 것이다. 이를 실현하기 위해서는 다음 세 가지 방법이 있을 수 있다. 첫째, 인간 중심형, 다품종 소량 인력 양성 시스템을 구축하고 인공지능 기반의 개인별 맞춤형 경력 개발 시스템 운영이 필요해질 것이다. 둘째, 인사행정직의 역할은 목표 관리, 시뮬레이션, 위기관리, EQ/EGO 컨설턴트의 수행 능력이 있는 전문가로 확대·발전될 것이다. 셋째, 인공지능과 빅데이터를 활용하여 직무별 역량 수요와 후보자의 역량을 정확하고 정교하게 매칭시킬 수 있을 것이다. 따라서 '국가공무원법' 제32조의 5에 경력발전계획과 지원 시스템에 관한 조항의 신설이 필요할 것이며, 이는 교육훈련, 보직, 승진 등 인사행정의 토대가 될 것이다.

이런 정책을 시행한다면 승진과 보직에 대한 불만이 감소될 것이고, 인사행정의 효율성과 예측성이 획기적으로 증대될 것으로 기대된다. 정책 추진 방안으로는 첫째, 제4차 인사행정혁명은 인공지능과 빅데이터 기술을 기반으로 하므로 관련 기술이 검증되고 비용 절감이 예상되는 2030년을 전후하여 구축하고 활용될 수 있도록 해야 할 것이다. 둘째, 2017년 이후 제4차 인사행정혁명 시대에 적합한 인사·조직 직류를 확대하고, 교육훈련 등을 통해 전문성을 강화하는 등 전담 인력을 양성해야 할 것이다.

8 핵심인력 성장을 위한 환경 조성과 경로 지원

핵심인력 성장을 위한 환경 조성과 경로 지원을 추진해야 하는 이유는 제4차 인사행정혁명 시대에 직무의 분석·평가, 직원의 역량·성과평가의 정확성과 정밀성이 극대화될 것이므로 고성과자를 대상으로 속진제도를 효과적으로 적용할 필요성이 있기 때문이다. 현재 실행 중인 속진임용 제도는 대상자 선정의 기준이 모호하는 등 수용성이 낮다고 볼 수 있을 것이다.

이러한 정책을 지원하기 위해서는 객관적 기준에 따라 핵심인재 패스트트래커를 발굴하여 역량 평가와 역량 교육, 경력 관리를 차별화할 필요가 있을 것이다.

　이러한 정책을 뒷받침하기 위해서는 첫째, 고위공무원단은 수평적 이동을, 패스트트랙은 수직적 이동을 목적으로 이원화하여 'T자 핵심인재 경력 경로'를 구축해야 할 것이다. 구체적으로 '국가공무원법' 제2조의 2가 고위공무원단 규정이므로 제2조의 3에 패스트트랙 규정을 신설해야 할 것이다. 둘째, 패스트트래커의 선발 기준은 일반행정가^{generalist}와 전문가^{specialist}적 역량을 겸비한 융·복합형 인간형_{두 개 이상의 전문 영역, 연구 능력과 관리 능력의 겸비, 아이디어 네트워크 활용 능력 등}일 수 있으며, 향후 신설되는 '국가인재한림원' 이수자들 중 빅데이터와 인공지능의 지원을 받아 선발할 수 있을 것이다. 셋째, 국가공무원법 제40조의 4가 우수 공무원 등의 특별승진 대상자를 '공적이 있다고 인정하는 자' 등으로 다소 모호하게 정하고 있는 바, 패스트트래커 중 선발하는 것으로 한정할 필요가 있을 것이다. 구체적으로 국가공무원법 제40조의 4에서 "공무원이 다음 각 호의 어느 하나에 해당하면…… 특별 승진 임용하거나 일반 승진 시험에 우선 응시하게 할 수 있다."를 '공무원이 패스트트래커면서 다음 각 호의 어느 하나에 해당하면…… 특별승진임용하거나 일반승진 시험에 우선 응시하게 할 수 있다."로 개정할 수 있을 것이다.

　이런 정책을 시행하면 실적과 능력에 따라 그에 상응하는 승진 기회를 제공함으로써 실적주의 원칙을 실현하고 조직에 활력을 불어넣을 것으로 기대된다. 정책 추진 방안으로는 첫째, 2030년 제4차 인사행정 혁명을 전후하여 그 이전에는 국가인재한림원 이수자 중 빅데이터 분석과 위원회 심사를 병행하여 후보자 선발과 승진 속도를 적절히 조절한다. 둘째, 그 이후에는 인공지능이 제안하는 개인별 경력 트랙과 기대 성과에 대해 후보자와 계약을 체결함으로써 향후 승진 속도를 조절할 수 있을 것이다.

9 협업과 가치 창출에 기반한 성과평가제도 확립

협업과 가치 창출에 기반한 성과평가제도 확립을 추진해야 하는 이유로는 행정의 패러다임이 신공공관리 시대의 경쟁체제에서 후기신공공관리post-NPM 시대의 협업체제로 변모하는 상황에 대응할 필요가 있기 때문일 것이다.

현재의 상황과 문제점을 살펴보면, 첫째, 성과평가에서 신자유주의식 과도한 경쟁과 '나눠먹기식' 형식적 경쟁이 혼재되어 있어 각각 협업능력과 실적주의를 저해한다. 둘째, 근무성적의 직무수행 능력 평가지표에 경쟁력 위주의 내용 기획력, 추진력, 신속성, 팀워크, 고객 지향성, 전략적 사고 등이 포함되어 있으나, 협업에 관한 평가항목이 없다는 것이다.

정책 목표로는 2017년 이후 행정의 패러다임을 '코피티션'으로, 평가의 비전을 '공직생태계'에 대한 기여도로 전환함으로써 경쟁과 협업·공생 모두를 평가하며, 2030년 이후 상시적인 '유비쿼터스 성과평가'가 가능토록 해야 할 것이다.

정책 내용으로는 다음 네 가지가 있을 수 있다.

첫째, 2017년 성과계약제, 근무성적평가 등 각종 평정제도에 '협업'에 대한 평가지표를 포함하도록 의무화해야 할 것이다. 구체적으로 공무원 성과평가 등에 관한 규정 제7조의 2와 제14조에 규정된 평가항목에 단서 조항으로 "협업 능력을 평가항목에 포함시켜야 한다."를 추가할 수 있을 것이다.

둘째, 클라우드 시스템의 업로드 대상 콘텐츠의 범위를 지속적으로 늘리고 기여도에 따라 적립된 지식 마일리지를 '협업력' 지표와 연동시킬 필요성이 있을 것이다. 공무원 성과평가 등에 관한 규정 제6조 제1항에 인사혁신처장은 각급 기관이 공무원에 대한 성과평가를 합리적으로 실시할 수 있도록 평가 기법 등을 개선해야 할 것이다.

둘째, 복합 적응 시스템은 협업지도를 통해 정부 내 구성원 간 협업의 노드와 네트워킹 방법에 대한 정보를 제공할 것이다. 구체적으로 공무원 인사기록·통계 및 인사사무 처리 규정 제6조의 2^{인사 기록의 전자적 관리 등} 제5항 규정에 "인사혁신처장은 협업을 위한 적임자를 검색하기 위한 목적으로 전자인사관리 시스템 혹은 그것과 연계된 시스템을 활용할 수 있도록 지원할 수 있다."를 신설하고 전자인사관리 시스템과 복합 적응 시스템을 연동시킬 필요가 있을 것이다.

셋째, 유비쿼터스 평가는 ① 민원인 만족도 평가센서^{민원인의 눈빛, 표정, 뇌파 등을 센싱}, ② 펀fun 성과평가 시스템^{게임과 같이 실시간 성과평가, 가점 획득, 통지가 동시 발생}, ③ 자동 상시 기록 평가 시스템^{직원의 특이 행동에 대한 센싱과 자동기록}이 포함되어야 할 것이다.

이런 정책을 시행함으로써 협업이 촉진되어 시너지효과가 극대화되며 객관적인 기준에 의한 평가를 통해 평가 결과에 대한 수용성이 향상될 것으로 기대된다. 그리고 성과평가제도의 확립을 위한 추진 방안으로는 첫째, 클라우드 시스템의 활용도와 협업의 효과성을 위해서는 콘텐츠와 시스템 기여도 등에 대해 인사혁신처에서 실시하는 '인사 혁신 수준 진단' 지수에 반영하는 등의 조치가 필요할 것이다. 둘째, 복합 적응 시스템을 인사혁신처가 국가 협업 시스템을 주도할 수 있는 전략적 인프라로 활용해야 할 것이다. 셋째, 유비쿼터스 평가는 기술적인 성숙도는 물론 프라이버시와 감시에 대한 관용 문화가 형성되어야 하므로 시범 사업 실시 후 정착이 필요할 것이다.

10 유연한 보수 합리화와 퇴직제도 구축

유연한 보수 합리화와 퇴직제도 구축을 추진해야 하는 이유는 고령화로 인해 스마트 헬스케어 시스템을 활용한 최적퇴직 모델에 대한 논의가 필요할 것이며, 이를 토대로 공무원연금의 지속가능한 발전 방안을 모색해야 하기 때문이다. 현재 획일적으로 정년을 60세까지 정하고 있으나, 그 이후 생산성이 떨어지는지 등에 대한 검증이 충분하지 않으며, 특히 100세 수명 시대가 도래함에 따라 연금 재정에 대한 국민적 관심이 재점화될 우려가 있을 수 있다는 것이다.

유연한 보수 합리화와 퇴직제도를 구축하기 위해서는 2030년 이전

'스마트 헬스케어' 관련 기술의 발전 속도에 맞추어 개인별 맞춤형 정년과 임금피크제 모듈화를 실시해야 할 것이며, 이를 연금 지급 개시의 연령 또는 지급 방식과 연계를 목표로 추진할 필요성이 있을 것이다.

이러한 정책 목표 달성을 위해서는 다음 네 가지를 추진해야 할 것이다.

첫째, 개인의 신체적·정신적 건강 상태를 과학적·상시적으로 센싱하여 개인별로 맞춤형 정년을 조정해야 할 필요가 있을 것이다. 구체적으로 국가공무원법 제74조^{정년}의 내용을 일괄적 60세부터 맞춤형 정년으로 개정할 필요가 있을 것이며, 또한 정년 결정의 과학성과 객관성을 확보하기 위한 규정을 마련할 필요가 있을 것이다.

둘째, 개인별 정년을 기준으로 인공지능이 맞춤형 임금피크제 모델을 설계해야 할 것이다. 구체적으로 국가공무원법 제46조^{보수 결정의 원칙} 제6항에 임금피크제의 적용 가능성에 대한 조항을 신설해야 할 것이다.

셋째, '1인 1특기 만들기'와 가상·증강현실 기술을 통한 전직 혹은 재취업 현장의 가상체험 등 전직 지원 서비스를 실시할 필요가 있을 것이다. 이는 퇴직자가 연금에만 의존하여 연금 재정 고갈을 초래하는 문제를 해결할 수도 있을 것이다.

넷째, 정년 60세 후 연금 지급개시연령 65세까지 5년간의 소득 공백 기간을 메꿀 수 있는 '임금피크제'를 도입함으로써 적더라도 소득이 65세 연금 지급 개시까지 지속될 수 있도록 해야 될 것이다.

개인별 효율성 급감 이전까지 근무하게 함으로써 조직의 생산성에 최대한 기여하게 될 것이며 노인인구를 생산인구로 유지하는 효과가 있을 것이며 연금 재정에도 기여할 수 있을 것이다.

이를 추진하기 위해서는 첫째, 현재 60세 정년의 유효 시한을 2030년까지로 유효시간을 정하고, 초고령화 사회에 접어드는 2040년 이후는 건강 상태에 따라 최장 65세까지로 정하는 맞춤형 정년으로 운영하며, 2070년 이후는 정년을 전면 폐지할 필요가 있을 것이다. 둘째, 개인별 정년에 대한 소명 절차와 개선 방안 협의 제도를 마련하여 조정의 기회를 제공할 필요가 있을 것이다. 셋째, 전직 지원 서비스는 부처별 혹은 직렬별 특징을 반영하여 특화되어 있는 민간업체에 위탁할 수 있을 것이다.

11 긍지와 보람으로 충만한 창의적·자율적 공직 문화 조성

긍지와 보람으로 충만한 창의적·자율적 공직 문화를 조성해야 하는 이유는 정형화된 업무는 기계가, 비정형적·창의적인 업무는 인간이 맡게 될 것이므로 창의성을 독려하는 자율적 조직 문화가 필요하기 때문이다. 현재는 경직된 근무시간과 근무 환경, 다양성을 거부하는 조직 문화, 주어진 일만 하면 인정받는 틀에 박힌 관료제 구조에서는 창의성이 발현되기 어려운 실정이다.

이러한 정책 목표로는 기계의 업무 대체 수준에 따라 제도적으로 창의성을 존중하고 권장하는 조직 문화를 조성하는 것이다. 이러한 정책을 추진하기 위해서 다음 네 가지가 필요할 것이다.

첫째, 2020년부터 성과계약제, 근무성적평가 등 각종 평정제도에 창의성을 평가지표에 포함하도록 의무화하고 창의성 교육을 강화해야 할 것이다. 구체적으로 공무원 성과평가 등에 관한 규정 제7조의 2와 제14조에 규정된 평가 항목의 단서 조항으로 "창의성을 평가 항목에 포함시켜야 한다."를 추가하는 것이다.

둘째, '유니버설 동아리' 활동을 통해 다양한 연령대와 출신 등 참여의 다양성을 고조시킴으로써 창의성과 집단 간 감성교감을 높여야 할 것이다. 이에 대한 근거법령으로는 공무원인재개발법 시행령 제7조^{인재}개발의 구분 제5항에서 자기개발 학습은 공무원이 직무를 창의적으로 수행하고 공직의 전문성과 미래지향적 역량을 갖추기 위해 스스로 학습·연구 활동을 할 수 있도록 해야 할 것이다.

셋째, 임기제와 시간제의 정원을 각 30%로 정하는 삼엽조직을 2030년부터 추진하고 연금, 수당, 휴가 등에서 차별적 요소를 제거함으로써 기본 틀을 '직업공무원제'와 '자유공무원제'로 이원화할 필요성이 있을 것이다. 구체적으로 국가공무원법 제26의 2 시간제 공무원, 제26의 5 임기제 공무원에 관한 규정을 마련할 필요가 있을 것이다.

넷째, 공무원의 정치적 중립성, 신분 보장, 겸직 금지의 의무 등 직업공무원제를 전제로 하는 기본 규범에 대해 총체적으로 검토해야 할 것이다.

이런 정책을 시행함으로써 자율적인 조직 문화 속에서 직원의 사기가 상승하게 될 것이며, 기계가 해결하기 어려운 복잡하고 비정형화된 문제를 창의적으로 해결할 수 있는 문제 해결 능력 향상이 기대된다 할 것이다.

정책 추진 방안으로는 첫째, 2030년을 기점으로 그 이전에는 직업공무원제의 유지·개선 하에 창의성 평가와 교육을 실시하고 그 이후에는 직업공무원제와 자유공무원제를 병행하면 될 것이다. 둘째, 2019년부터 직무 분석에서 각 직무의 정형화 수준 혹은 기술 발전에 따른 기계대체 수준을 분석하고, 이를 바탕으로 해당 직무의 필요 역량 중 창의성의 비중을 조절해야 할 것이다. 셋째, 직접민주주의의 확대와 대의민주주의의 축소가 공무원의 정치적 중립성과 신분 보장에 미치는 영향, 그리고 법정 근무 시간의 획기적인 단축이 겸직 수요에 미치는 영향 등에 관해 면밀히 분석하여 권리의 제한을 완화하는 방안 등을 모색할 필요가 있을 것이다.

12 맞춤형 공무원 복지 체계 확충

맞춤형 공무원 복지 체계를 확충해야 하는 이유는 공무원 후생복지도 제4차 인사행정혁명의 패러다임에 적합하게 다품종 소량으로 설계되어야 할 필요성과 공직 인구의 고령화 및 인간의 정체성 상실에 따른 신체적·정신적 건강에 대한 수요 급증에도 대응할 필요성이 있기 때문이다. 현재 공무원들에 대한 복지 혜택의 규모와 다양성도 충분하지 못하고 금전적 보상을 보완할 목적으로 하는 물질적 보상이 대부분이라고 할 것이다.

이를 위한 정책 목표로는 첫째, 신체건강기록, 생활·사회활동 패턴 등을 센싱하여 수집·분석하고 의료 서비스 옵션을 설계하는 등의 자료로 활용하는 것이다. 둘째, 정신심리 치료 혹은 자살방지 치료와 같은 정신건강에 대한 복지 혜택을 제공해야 할 것이다. 구체적으로 공무원 후생복지에 관한 규정 제16조 제1항에서 운영기관의 장은 심리 상담을 '제공할 수 있다.'를 '제공해야 한다.'로 의무화해야 할 것이다. 셋째, 슬로 워킹 문화의 파급을 위해 파편화된 단위 업무를 통합·관리할 수 있게 하고 통합 단위 업무당 표준 소요 시간을 설정해야 할 것이다. 넷째, 근무시간 외 일정 시간을 통신 접속이 완전히 차단되는 접속피난처에서 진정한 휴식을 취하게 할 필요성이 있을 것이다. 구체적으로 공무원 후생복지에 관한 규정 제15조 제2항에 "인사혁신처의 장은 운영기관의 장이 소속 공무원이 신체적·정신적 건강을 유지할 수 있도록 다양한 복지 프로그램을 설계하여 제공해야 한다."를 신설하는 방안도 검토할 필요가 있을 것이다.

이런 정책을 시행함으로써 수집·분석된 헬스케어 정보가 휴직 혹은 정년 결정의 토대가 될 것이며, 육체적·정신적 건강의 관리지원을 통해 직원의 사기를 극대화하는 기대 효과가 있을 것이다.

정책 추진 방안으로는 첫째, 비용 절감과 선택의 기회를 확대하기 위해 민간 복지 카페테리아 프로그램에 위탁 검토할 필요가 있을 것이다. 둘째, 2020년부터 공무원 복지 프로그램의 패러다임을 물질적 혜택 위주에서 물질-정서적 혜택으로 균형을 유지토록 전환할 필요가 있을 것이다. 셋째, 2025년부터 업무 단위별 소요 시간의 단축이 극에 달해 파편화된 단위 업무의 폭주가 일어날 것이므로, 이 시점의 직무 분석부터 직무 단위 통합과 통합 단위별 소요 시간을 산정함으로써 슬로 워킹 문화의 정착을 지원해야 할 것이다.

강성철·김판석·이종수·진재구·최근열, 『새 인사행정론』(제8판), 대영문화사, 2014.

강정수, 「인공지능과 공유경제로 보는 노동의 미래」, 『ICT·인문사회융합동향』, 정보통신정책연구원, 2015.

강제상, 『정부 인사행정 발전방안』, 한국인사행정학회, 2015.

고경환 외, 「2009년도 한국의 사회복지지출추계와 OECD 국가의 장애인소득보장체계 비교」, 한국보건사회연구원, 2009.

국가과학기술위원회, 『과학기술강국을 향한 힘찬 도전과 비상』, 2012.

권용수·박수영, 『차기 정부 인사개혁 과제』, 2012.

권용수, 「공무원 역량기반교육훈련에 관한 고찰」, 『한국인사행정학회보』 5¹, 2006.

김규정, 『행정학원론』, 법문사, 1989.

김규정, 「신고행정학 원론」, 법문사, 1987.

김근세, 「박정희 발전관료제의 성격과 역사적 기원」, 한국행정학회, 2012.

김도현, 「홀라크라시 실험을 응원하며」, 『아시아경제』, 2015. 6. 11.

김보현, 「인사관리의 문제점」, 『지방행정』 8(69), 1959.

김보현, 「공정한 인사는 어떻게 운영할 것인가?」, 『지방행정』 3(5), 1954.

김상욱, 『정부 인력 규모 예측모델 개발』, 행정자치부, 2004.

김성태, 『2011 국가정보화백서』, 한국정보화진흥원, 2011.

김수영, 『행정개혁론』, 박영사, 1988.

김윤권, 『정부 조직관리의 협업행정에 관한 연구』, 한국행정연구원, 2014.

김윤권 외, 『정부·지방자치단체 스마트오피스 적합모델 연구』, 한국 행정연구원, 2014.

김용진, 「인사행정의 합리화」, 『지방행정』 7(64), 1958.

김용하, 「지속가능한 복지정책 방향」, 서울대 사회발전연구소, 2012.

김중양, 『한국인사행정론』, 계명사, 1989.

김중양, 『한국인사행정론』(제3판), 법문사, 1999.

김판석, 「공무원 교육훈련의 전환: 혁신과정과 주요 변화 및 향후 가제」, 『한국인사행정학회보』 6(1), 2007.

김판석·윤주희, 「고려와 조선왕조의 관리등용제도」, 『한국사회와 행정연구』 11², 2000.

김한기, 「공무원의 생활보장과 인사 교류」, 『지방행정』 4(5), 1955.

김현기 외, 『2018년, 인구변화가 대한민국을 바꾼다』, 한스미디어, 2008.

노륭희, 「인사행정과 직계제」, 『지방행정』 8(75), 1959.

노정현, 『한국근대화론』, 박영사, 1980.

노정현, 「한국인사행정기관의 문제점」, 『사회과학』, 1964.

닐로퍼 머천트 외, 김정혜(역), 『미래 사상가들에게 묻다』, 한빛비즈, 2015.

류석진, 「미래 사회의 리더십: 권력의 미래, 미래의 권력 그리고 리더십」, 2014년 미래전략포럼, 2014.

린다 그래튼, 조성숙(역), 『일의 미래: 10년 후 나는 어디서 누구와 어떤 일을 하고 있을까』, 생각연구소, 2012.

마티아스 호르크스, 송휘재(역), 『미래에 관한 마지막 충고』, 스마트비지니스, 2007.

문명재 외, 『정책환경 변화에 따른 미래 행정수요 연구』, 행정안전부, 2012.

민현구, 「과거제는 한국사에 어떤 유산을 남겼나」, 『한국사 시민강좌』 제46호, 일조각, 2010.

박동서, 『발전행정과 한국인사행정이론』, 1968.

박동서, 「승진제도개선에 관한 연구」, 서울대학교 행정대학원, 1979.

박동서, 『인사행정론』, 법문사, 1981.

박동서, 「인사행정과 보수제」, 『지방행정』 8(75), 1959.

박동서, 「인사행정관리 제1회」, 『지방행정』 9(77), 1960(a).

박동서, 「인사행정관리 제6회」, 『지방행정』 9(82), 1960(f).

박동서, 『한국행정론』, 법문사, 1978.

박동서·이한빈 외, 「인사행정」, 『한국 행정의 역사적 분석』, 서울대 행정대학원, 1969.

박명수, 『한국행정론』, 대왕사, 1986.

박연호, 「한국 공무원 보수에 관한 분석적 고찰」, 『경희행정논총』 창간호, 1983.

박영원, 「공무원연금개혁의 주요 내용과 향후 과제」, 『이슈와 논점』 제1023호, 국회입법조사처, 2015.

박응격, 「인사행정의 의의와 인사제도의 변천」, 『지방행정』 40(457), 1991.

박재원, 「한국 고급공무원의 승진제도에 관한 실증적 연구: 가치분석적 접근방법의 적용」, 박사학위논문 경희대학교 대학원, 1989.

박천오, 「인사개혁의 변화(2005년과 2011년의 비교연구): 중앙부처 공무원들의 인식을 중심으로」, 『한국인사행정학회보』 10(3), 2011.

박희봉, 「관료조직 대안으로서의 자생조직모델」, 『지방정부연구』 4(2), 한국지방정부학회,

2000.

백종섭, 「차기 박근혜 정부 중앙인사기관의 위상과 기능」, 『한국인사행정학회보』 12¹, 2013.

서영지, 「로스쿨도 사법시험도 '계층 이동 사다리' 역할 못한다」, 『한겨레신문』, 2015. 6. 22.

서원석·박홍엽, 「BSC와 논리모델의 비교연구」, 『한국인사행정학회보』 5(2), 2006.

설동훈, 「한국의 지역갈등 현상 분석」, 국민통합공감위원회, 2013.

소니아 애리슨, 『150세 시대: 더 오래 사는 시대, 무엇을 알고 준비할 것인가?』, 타임비즈, 2012.

송혜경, 「국무회의록을 통해 살펴본 제1공화국 후기의 국가관리와 공무원 인사정책」, 『한국인사행정학회보』 9(1), 2010.

송혜경, 「제1공화국 인사행정에 관한 연구」, 연세대 행정학박사 학위논문, 1998.

신병주, 『조선평전: 60가지 진풍경으로 그리는 조선』, 글항아리, 2011.

심우배 외, 『기후변화 대응 물관리 정책방안 연구』, 국토연구원, 2011.

안드레아스 에쉬바흐, 김태성(역), 『100년의 기회, 미래를 잡아라』, 리얼북, 2008.

안병만, 『한국정부론』, 다산출판사, 1985.

안성환, 『사회복지조직과 애드호크라시의 변화전략에 관한 연구』, 한영신학대학교 상담복지대학원, 2010.

안전행정부, 「2013년도 공무원교육훈련지침」, 안전행정부 인사실 교육훈련과, 2013.

안전행정부, 『2013 정부조직개편 백서』, 안전행정부, 2013.

양희동, 「공유경제 비즈니스 모델과 향후 전망」, 2014. 10.

앨빈 토플러, 장을병(역), 『미래의 충격』, 범우사, 1990.

에릭 슈미트·제러드 코언, 이진원(역), 『새로운 디지털 시대』, 알키, 2014.

여경훈, 「OECD 평균의 3분의 1에도 못 미치는 수준」, 『오마이뉴스』, 2012. 6. 12.

여유진·정유식, 『사회통합 실태진단 및 대응방안 II』, 한국보건사회연 구원, 2016.

연합뉴스, 「공무원 지방인재 채용목표제 내년부터 7급으로 확대」, 『연합뉴스』, 2014. 5. 28.

오석홍, 「참여정부와 인사행정개혁」, 『정부학연구』 13², 2007.

오석홍, 『인사행정론』, 박영사, 1993.

오석홍, 『조직이론』, 박영사, 2003.

오석홍, 「미군정기(1945년~1948년)의 우리나라 인사행정제도」, 『행정논총』 3¹, 1965.

오성호·권경득, 「생산적 인력관리를 위한 한국 중앙인사기관의 역할과 구조」, 『한국행정학회』 제5권, 2002.

우윤석, 「감성 지능적 정부의 개념화와 구현을 위한 모색: 미학적 아나로기와 도구적 활용을 중심으로」, 『한국논총』 46(2), 서울대학교 한국행정연구소, 2008.

유민봉·박상민, 『한국인사행정론』, 박영사, 2013.

윤선영, 「사내에 보스가 너무 많다… 직원들 해방시켜라」, 『매일경제』, 2015. 9. 11.

이근주, 「해방 이후 우리나라 중앙부처 공무원 교육훈련에 대한 추세분석」, 『한국인사행정학회보』 9(1), 2010.

이남희, 「고려시대의 과거제와 공공성」, 『동양정치사상사』 12², 2013.

이남희, 「과거제도 그 빛과 그늘」, 『오늘의 동양사상』 제18호, 2008.

이돈태, 「21세기 혁신, 업무 공간부터 리디자인하라: 창의적 업무 환경 만들기」, IGM 세계경영연구원, 2010.

이상건 외, 『녹색성장형 국토발전 전략 연구(교통 부문)』, 국토연구원, 2009.

이상연, 「행시 최종합격자, 10명 중 8명꼴 'SKY'」, 『법률저널』, 2008. 12. 19.

이선우·전진석, 「개방형 임용제도의 허실」, 한국행정학회, 1999.

이성무, 「조선 교육제도의 정돈과 과거제의 새 모습」, 『한국사 시민강좌』 제46집, 일조각, 2010.

이성복, 『한국행정사』, 아세람, 2004.

이완종, 「예외(인사면)를 인정하지 말아야 한다」, 『지방행정』 8(27), 1959.

이지연, 『진로교육의 관점에서 본 학교폭력의 원인과 대처 방안』, 한국직업 능력개발원, 2012.

이창길, 『인적자원행정론』, 법문사, 2013.

이창원, 『새조직론』, 대영문화사, 2005.

이혜림·이지평, 「일본의 사회보장·세제 개혁으로 본 저출산 고령화 사회의 고민」, LG경제연구원, 2014. 5. 20.

인사혁신처, 「공무원 보수 직무와 성과중심으로」, 2015. 12. 7.

인사혁신처, 『2015년 공무원연금개혁 백서』, 인사혁신처, 2015.

자크 아탈리, 양영란역, 『미래의 물결』, 위즈덤하우스, 2007.

정권택 외, 『인재경영을 바라보는 두 시선』, 삼성경제연구소, 2015.

정영호·고숙자, 『사회갈등지수 국제비교 및 경제성장에 미치는 영향』, 한국보건사회연구원, 2014.

정용덕, 「정부구조, 조직, 인사」, 『한국행정 60년 연속과 변화』, 2008.

정우열·정재도, 「우리나라 중앙인사기관의 변천 과정에 관한 연구」, 『한국행정사학지』 37호, 2015.

정우진, 「창의적이고 혁신적인 사무 공간 구축 방법론」, 2011.

정정길, 『행정학의 새로운 이해』, 대명출판사, 2002.

제러미 리프킨, 안진환(역), 『한계비용 제로 사회: 사물인터넷과 공유경제의 부상』, 민음사,

2014.

제이콥 모건, 이현정(역), 『직장인 미래수업』, 비전코리아, 2015.

조경호, 「공무원의 성과평가 공정성 요인에 대한 인식 연구」, 『한국인사행정학회보』 11³, 2012.

조경호·박천오·김근세, 「중앙부처 다면평가: 실태와 과제」, 『한국인사행정학회보』 3¹, 2004.

조석준, 『한국행정학』, 박영사, 1986.

조성대, 「한국 인사행정제도의 사적 고찰」, 『한국행정사학지』 제3호, 1994.

조성대, 「한국인사행정제도의 개혁방안」, 『사회과학연구』 5, 1993.

중앙인사위원회, 『참여정부 공무원인사개혁백서』, 중앙인사위원회, 2007.

진종순, 「균형인사정책의 효과성에 관한 연구: 적극적 대표성을 중심으로」, 『한국정책과학학회보』 13(4), 2009.

총무처, 『1967년 공무원처우개선백서』, 총무처, 1967.

최관섭·박천오, 「중앙부처 공무원의 성과평가제도 수용성: 성별·직급별·연령별 인식을 중심으로」, 『한국인사행정학회보』 13(3), 2014.

최윤식, 『2030 대담한 미래』, 지식노마드, 2013.

최재식, 「공무원연금제도의 재정건전성 제고를 위한 정책대안 분석」, 성균관대학교 박사학위논문, 2003.

최재열 외, 『조직이론의 현재와 미래』, 학문사, 1999.

최진남, 「몰입과 창의성, 돈으로 살 수 있나?」, 『동아 비즈니스 리뷰』, 2010. 1. 15.

최호진 외, 『미래 선진한국의 행정연구』, 법문사, 2008.

트렌즈(Trends) 지 특별취재팀, 권춘오(역), 『10년 후 일의 미래』, 이상과일상, 2013.

피터 비숍, 「새로운 조직」, 『Tech Forum 2009』, 한국산업기술진흥원, 2009.

하미승, 「보수·진보정부의 인사정책 산출 비교연구」, 『행정논총』 51(1), 2013.

하미승, 『21세기 정부 인사관리의 패러다임에 관한 연구』, 한국인사행정학회, 2010.

한만봉·정덕희·김진욱·심응섭, 「조선왕조 과거시험주기 정책적 주장분석」, 『공공행정연구』 7(1), 2005.

하태권, 「한국인사행정의 변천: 가치갈등적 관점에서의 고찰」, 『한국행정학보』 24(1), 1990.

행정개혁위원회, 『행정개혁에 관한 건의』, 행정개혁위원회, 1989.

행정자치부 조직기획과, 『중앙행정기관 정부기능분류체계』, 행정자치부, 2015.

행정안전부, 『2008 행정안전백서』, 2008.

행정안전부, 『행정안전백서』, 행정안전부, 2008.

행정안전부·공무원연금공단, 『공무원연금제도 50년: 1960~2010』, 행정안전부·공무원연금공단, 2011.

행정안전부, 『2011 행정안전백서』, 2012.

허동현, 「근·현대 서양인들의 한국관」, 『국제한국학연구』 5, 2011.

홍승완, 「71세 이탈리아·53세 중국… '억만장자 평균연령'으로 본 나라별 경제속살」, 『헤럴드경제』, 2015. 5. 29.

Frey, Carl Benedikt & Michael A. Osborne, The future of employment: how susceptible are jobs to computerisation?", 2013. www.oxfordmartin.ox.ac.um/downloads/academic/The_future_of_Employment.pdf.

Heylighen, Francis, The generalized "Peter Principle", Principia Cybernetica, 1993. web. pespmc1.vub.ac.be/PETERPR.html(검색일: 2016. 08. 17.).

Inayatullah, S., Causal Layered Analysis: An Integrative and Transformative Theory and Method, in J. C. Glenn, & T. J. Gordon(eds.), Futures Research Methodology version 3.0, Multimedia CD, 2009.

OECD, Gross domestic spending on R&D, OECD, 2016. https://data.oecd.org/rd/gross-domestic-spending-on-r-d.htm.

PWC, Future of Government, PWC, 2013. https://www.pwc.com/gx/en/psrc/pbulications/assets/pwc_future_of_government_pdf.pdf.

Vanhuysse, P. Intergenerational Justice in Aging Societies: A Cross-national Comparison of 29 OECD Countries, Gütersloh: Bertelsmann Stiftung, 2013.

Whelan, E., Parise, S., Valk, J. & R. Aalbers, R., Creating Employee Networks that Deliver Open Innovation, Sloan Management Review, 53(1): 37-43, 2011.

World Economic Forum, Future mapping 2030, 2008.